河合塾
SERIES

JN083356

新英語長文問題集

New Approach

③

600-700 words

読解のカギは単語力

瓜生 豊・早﨑スザンヌ・矢次隆之　共著

問題編

Vocabulary
Building

Summary

Exercise

河合出版

河合塾
SERIES

採点基準

要点解説

語句リスト

新英語長文問題集

New Approach

③

600-700 words

読解のカギは単語力

瓜生 豊・早﨑スザンヌ・矢次隆之　共著

問題編

Vocabulary

Building

Summary

Exercise

河合出版

もくじ

本書の使い方

読解問題について

　各回で目標解答時間を設定しているので，時間も意識しつつ取り組んでください。また，配点は全問題共通で50点満点としています。全設問を解き終わった後は，解答・解説編の【解答】と【配点と採点基準】を参照して，答え合わせ・採点をしてみてください。

《Vocabulary Building Exercise》について

　空欄を含む例文と【　】内の英語で記された単語の意味を参照して，空欄に入る適切な単語を *Ans.* 内から選んで書く，計10問の穴埋め式の単語問題です。例文の文意と英英辞書をイメージして書かれた【　】内の意味を理解したうえで，適切な単語を選ぶ問題なので，語彙力・読解力ともに鍛えることができます。

《Summary》について

　問題英文の要約文内にある空欄を埋めるのに適切な単語を *Ans.* から選んで書く，計5問の穴埋め式の単語問題です。問題英文全体の趣旨を理解する，要約文でそれがどうまとめられているかを読み解く，その上で適切な単語を選ぶ，という工程を踏む必要があるので，しっかり時間をかけて取り組むことで読解力・語彙力の両方を鍛えることができます。

第1問 『対人的交流と健康の相関関係』

目標解答時間：35分　配点：50点

次の英文を読み，設問に答えなさい。

When someone sets out to improve their health, they usually take a familiar path: starting a healthy diet, adopting a new workout routine, getting better sleep, drinking more water. Each of these behaviors is important, of course, but they all (　a　) physical health ― and a growing body of research suggests that social health is just as, if not more, important to overall well-being.

One recent study published in the journal *PLOS ONE*, for example, found that the strength of a person's social circle ― as measured by inbound and outbound cell phone activity ― was a better predictor of self-reported stress, happiness and well-being levels than fitness data on physical activity, heart rate and sleep. That finding suggests that the endless amount of data doesn't tell the whole story, says Nitesh Chawla, one of the co-authors of the study.

Chawla says, "My lifestyle, my enjoyment, my social network, all of those are strong indicators of my well-being."

Chawla's theory is supported by plenty of (　b　) research. Studies have shown that social support ― whether it comes from friends, family members or a spouse ― is strongly associated with better mental and physical health. A robust social life, these studies suggest, can lower stress levels; improve mood; encourage positive health behaviors; improve illness recovery rates; and aid virtually everything in between. Research has even shown that a social component can (1) boost the effects of already-healthy behaviors, such as exercise.

Social isolation, meanwhile, is linked to higher rates of (2) chronic diseases and mental health conditions. The detrimental health effects of loneliness have been compared to smoking 15 cigarettes a day. It's a significant problem, especially since loneliness is emerging as a public health epidemic in the U.S. According to recent surveys, almost half of Americans, including large numbers of the country's youngest and oldest adults, are lonely.

A recent study conducted by health insurer Cigna set out to determine what's causing those high rates of loneliness. Unsurprisingly, it found that social media, when used so much that it limits face-to-face communication, was tied to greater loneliness, while having meaningful in-person interactions and being in a committed relationship were associated with less loneliness. Gender and income didn't seem to have a strong effect, but loneliness tended to decrease with age, perhaps because of the wisdom and perspective afforded by years of life lived, says Dr. Stuart Lustig, one of the report's authors.

Lustig says the report (3) underscores the importance of making time for family and friends, especially since loneliness was inversely related to self-reported health and well-being. Reviving a passive social life may be best and most easily done by finding partners for enjoyable activities like exercising, volunteering, or sharing a meal, he says.

Lustig stresses that social media should be used carefully and strategically, and not as a replacement for interpersonal relationships. Instead, he says, we should use technology "to seek out meaningful connections and people that you are going to be able to keep in your social sphere." That advice is particularly important for young people, he says, for whom heavy social media use is common.

Finally, Lustig claims that even small social changes can have a large impact. Striking up post-meeting conversations with co-workers, or even engaging in brief interactions with strangers, can make your social life feel more rewarding.

"There's an opportunity to grow those kinds of quick exchanges into conversations and into more meaningful friendships over time," Lustig says. "People should take those opportunities wherever they possibly can, because all of us, by nature, are programmed from birth to connect" — and because doing so (　C　).

問 1 ．次のＡ～Ｄについて，本文の内容に一致するものを，次の①～④か
　　　らそれぞれ 1 つずつ選びなさい。

　Ａ　The key message of this article is that

　　①　our physical health is directly related to the quality of our social life; therefore, we should invest time into cultivating personal relationships.

　　②　the intensity of one's social activities can tell us more about the person's overall health and should be used instead of conventional medical data.

　　③　the use of social media has a very strong impact on one's level of loneliness, so it is vital to minimize its use.

　　④　we should take every opportunity to interact with family and friends, and not waste time on short-time communication with people we do not know.

　Ｂ　The study of the effect of our social life on health is particularly relevant today because

　　①　an active social life can reinforce the effects of physical exercise.

　　②　a significant minority of American adults suffer from loneliness.

　　③　people have many physical problems in today's society.

　　④　we can measure its impact more accurately today than ever before

　Ｃ　According to a study mentioned in this article,

　　①　being married and older made loneliness less likely.

    ②   generally, men suffered from loneliness much less than women.

    ③   older people were less lonely because they already had built strong social networks.

    ④   use of social media and a low salary promoted a sense of loneliness.

  D   What is Dr. Lustig's opinion about social media?

    ①   Social media can serve to supplement face-to-face relationships by helping us find potential friends.

    ②   The greatest value of social media is its ability to connect young people who suffer from loneliness.

    ③   We should not be afraid to rely on social media to get to know as many people as possible.

    ④   Young people need to learn how to use social media effectively in order to maximize its usefulness.

問２．下線部(1)〜(3)の意味に最も近いものを，次の①〜④からそれぞれ１つずつ選びなさい。

  (1) ① decrease   ② enhance

      ③ minimize   ④ surpass

  (2) ① heart-related   ② infectious

      ③ long-term   ④ serious

  (3) ① emphasizes   ② examines

      ③ underestimates   ④ yields

問３．空所（ a ）〜（ c ）を埋めるのに最も適切なものを，次の①〜④からそれぞれ１つずつ選びなさい。

  a ① add to ② focus on   ③ go against   ④ rely on

  b ① prior ② subjective   ③ superficial   ④ unrelated

  c ① may allow you to overcome smoking problems

    ② may be beneficial for your health

    ③ may negatively impact your lifestyle

    ④ may reduce your dependence on social media

問4．本文のタイトルとして最も適切なものを，次の①〜④から1つ選び
なさい。

① Loneliness: A New Health Epidemic Sweeping the United
States

② The Secret of Keeping in Shape, Both Physically and
Mentally

③ When Traditional Ways of Staying Healthy Are No Longer
Enough

④ Why Spending Time with Friends Is One of the Best Things
You Can Do for Your Health

問5．波線部を日本語に訳しなさい。

《 Vocabulary Building Exercise 》

次の例文中の空欄に入るものとして最も適切な単語を，後の **Ans.** から1
つずつ選んで書きなさい。なお，【 】内は各空欄に入る適切な単語の意味
を英語で説明したものです。

1．Over fifty people died during the flu _____ last winter.
【a large number of cases of a particular disease or medical
condition happening at the same time in a particular community】

2．Nobody could _____ the outcome.
【to say that something will happen in the future】

3．Please give us _____ notice if you need an evening meal.
【happening or existing before something else or before a particular
time】

4．You, or your _____ , must be at least 60 to participate.
【a husband or wife】

5. He [_____] admitted he was guilty.

[almost or very nearly, so that any slight difference is not important]

6. We want the government to take action to [_____] the economy.

[to make something increase, or become better or more successful]

7. The treatment of severe [_____] pain is difficult.

[lasting for a long time; difficult to cure or get rid of]

8. These results may be due to the fact that [_____] with strangers is more likely to occur in cities.

[the way that people communicate with each other, especially while they work or spend time with them]

9. Technological advances [_____] the importance of lifelong learning, as mastery of technology will never be finite.

[to emphasize or show that something is important or true]

10. The injury may have a significant [_____] on the patient's daily life.

[the powerful effect that something has on somebody/something]

Ans.

boost	impact	spouse	interaction	predict
virtually	chronic	epidemic	prior	underscore

《 Summary 》

次の英文は問題英文の要約である。空欄(a)〜(e)に入るものとして最も適切な単語を後の **Ans.** から1つずつ選んで書きなさい。

Doing things like eating a healthy diet and exercising are important ways to stay healthy, but recent research suggests that having an active social life is also a key factor in ___(a)___ well-being. One co-author of a recent study said that enjoying his life and having a strong social network are strong ___(b)___ of his well-being. Prior research has shown that having a ___(c)___ social life can benefit your health. Social isolation, on the other hand, is linked to many ___(d)___ health effects, which is a serious problem since almost half of all Americans are lonely. Using social media too much has been ___(e)___ to greater loneliness, while having meaningful in-person interactions and being in committed relationships made people less lonely. One researcher suggests striking up conversations with co-workers or even strangers because these can lead to more meaningful friendships over time. (142 words)

Ans.

instructions	overall	complicated	tied	temporary
indicators	detrimental	restricted	determined	robust

第2問 『文化に固有の思考方法と言語的特徴の関連性』

目標解答時間：35分　配点：50点

次の英文を読み，設問に答えなさい。

Is it true that the language I speak shapes my thoughts? People have been asking this question for hundreds of years. Linguists have been paying special attention to it since the 1940s, when a linguist named Benjamin Lee Whorf studied Hopi, a Native American language spoken in northeastern Arizona. Based on his studies, Whorf claimed that speakers of Hopi and speakers of English see the world differently because of differences in their language.

What we have learned is that the answer to this question is complicated. To some extent, (1) it's a chicken-and-egg question: Are you unable to think about things you don't have words for, or do you lack words for them because you don't think about them? Part of the problem is that there is more involved than just language and thought; (　A　) Your culture — the traditions, lifestyle, habits, and so on that you pick up from the people you live and interact with — shapes the way you think, and also shapes the way you talk.

There's a language called Guugu Yimithirr (spoken in North Queensland, Australia) that doesn't have words like left and right or front and back. Its speakers always describe locations and directions using the Guugu Yimithirr words for north, south, east, and west. So, they would never say that a boy is standing in front of a house; instead, they'd say he is standing (for example) east of the house. They would also, no doubt, think of the boy as standing east of the house, while a speaker of English would think of him as standing in front of the house. (　B　) Or has a difference in cultural habits affected both our thoughts and our language? Most likely, the culture, the thought habits, and the language have all grown up together.

(C) In English, the form of the verb in a sentence tells whether it describes a past or present event (*Mary walks* vs. *Mary* (a)). Hopi doesn't require that; instead, the forms of its verbs tell how the speaker came to know the information — so you would use different forms for first-hand knowledge (like *I'm hungry*) and generally known information (like *the sky is blue*). Of course, English speakers may choose to include such information (as in, *I hear Mary passed the test*), but it's not required. Whorf believed that because of (2) this difference, Hopi speakers and English speakers think about events differently, with Hopi speakers focusing more on the source of the information and English speakers focusing more on the time of the event.

Objects are treated differently by the *syntax of different languages as well. In English, some nouns (like *bean*) are 'countable' and can be made plural ((b)), while others are 'mass' and can't be made plural (you can have *two cups of rice* but *not two rices*). Other languages, like Japanese, don't make this distinction; instead, *classifiers like *cup of* are used for all nouns. (D)

Here's one more example. Whorf said that because English treats time as being broken up into chunks that can be counted — three days, four minutes, half an hour — English speakers tend to treat time as a group of objects — seconds, minutes, hours — instead of as a smooth unbroken stream. This, he said, makes us think that time is 'stuff' that can be saved, wasted, or lost. The Hopi, he said, don't talk about time in those terms, and so they think about it differently; for them it is a continuous cycle. (E) it could also be that our view of time is reflected in our language, or that the way we deal with time in our culture is reflected in both our language and our thoughts. It seems likely that language, thought, and culture form three strands of a *braid, with each one affecting the others.

Betty Birner, Does the language I speak influence the way I think?,
Linguistic Society of America

注) syntax: 構文　　classifier: 分類詞　　braid: 組みひも

問 1．下線部(1)はどのような疑問のことを言っているか，本文の内容に即して日本語で説明しなさい。

問 2．下線部(2)の具体的な内容を日本語で説明しなさい。

問 3．空所（　Ａ　）〜（　Ｅ　）に入れるのに最も適切なものを，次の①〜⑤からそれぞれ 1 つずつ選びなさい。ただし，同じものを 2 度以上選ぶことはできません。

①　There is also culture.

②　The problem isn't restricted to individual words, either.

③　Has our language affected our way of thinking?

④　But this doesn't necessarily mean that our language has forced a certain view of time on us;

⑤　Researchers are studying whether this property of the language makes English speakers more aware of the distinction between substances and individual objects.

問 4．空所（　ａ　），（　ｂ　）に入れるのに最も適切な英単語 1 語を答えなさい。

問 5．Whorf の主張と筆者の見解の違いを日本語で簡潔に説明しなさい。

《 Vocabulary Building Exercise 》

　次の例文中の空欄に入るものとして最も適切な単語を，後の ***Ans.*** から 1 つずつ選んで書きなさい。なお，【　】内は各空欄に入る適切な単語の意味を英語で説明したものです。

1．He tried to ⬚⬚⬚⬚ that he had acted in self-defence.
　【to say something is true/you have done something】

2. This approach makes a relatively simple problem unnecessarily
[_____] .

【made of many different things or parts that are connected; difficult to understand】

3. It is clear that both environmental and genetic factors are
[_____] .

【being part of something; connected with something】

4. The connections in a social network [_____] how people learn, form opinions and gather news.

【to make a difference to somebody/something】

5. The subject doesn't agree with the [_____] .

【a word or group of words that expresses an action (such as eat), an event (such as happen) or a state (such as exist)】

6. 'Sheep' is both a singular and a plural [_____] .

【a word such as 'car', 'love', or 'Anne', which is used to refer to a person or thing】

7. I bought the cheese in one big [_____] .

【a thick, solid piece that has been cut or broken off something】

8. The aim was to collect a sample that could [_____] the views of both genders and differing age groups.

【to show or be a sign of what something is like or how somebody thinks or feels】

9. It is not difficult to [_____] access to sections of the website for particular users.

【to limit or control the size, amount or range of something】

10. This is the toxic [＿＿＿＿] that's causing the problem.

【a solid, powder, liquid, or gas with particular properties】

Ans.

complicated	chunk	claim	noun	restrict
substance	affect	reflect	verb	involved

《 Summary 》

次の英文は問題英文の要約である。空欄(a)〜(e)に入るものとして最も適切な単語を後の *Ans.* から1つずつ選んで書きなさい。

For hundreds of years people have wondered how the language we speak affects our perception of the world. This is a complicated issue because our cultural habits, traditions and lifestyles [(a)] the way we think and talk. For example, in one language in Australia, speakers always describe locations using the words for north, south, east and west. Moreover in English [(b)] forms can tell you when something happened, while in Hopi, they can tell you whether the information is [(c)] knowledge or not. Speakers of English divide time into [(d)] that can be counted, while the Hopi see time as a continuous cycle. In general, it seems that language, thought and culture form three [(e)] of a braid that affect each other. (122 words)

Ans.

abstract	chances	verb	shape	out-dated
chunks	strands	block	branches	first-hand

第3問 『動物の権利の擁護に至る社会的背景』

目標解答時間：35分　配点：50点

次の英文を読み，設問に答えなさい。

"The idea of dogs as man's best friend became popular because dog books and stories about dogs, like the tale of *Greyfriars Bobby* (the heartwarming story of a real-life dog in Edinburgh who was so devoted to his late master that he spent 14 years sitting on his grave), were selling very well in the late *Victorian era," explains Garry Jenkins, the author of *A Home of Their Own*. "The world's first dog show was held in Newcastle in 1859, and dogs began to be treated as household pets." In 1862 Charles Dickens, famous storyteller and social critic of his time, wrote that it was impossible to see a large group of dogs without being reminded of the faces of people you have met or known.

The Victorian trend of telling stories about animals (　a　) with the rise of 19th-century humanitarianism, a largely *philanthropic movement which advocated that Christians should be concerned with the plight of the less fortunate. The anti-slavery campaigner William Wilberforce was one of the early (　(1)A　) of the Society for the Prevention of Cruelty to Animals, while the American academic Kathleen Kete believes that the early (　(1)B　) identified with the *anti-vivisectionist lobby because "women came to identify these animals as (　(1)C　) of male rationality."

At the same time, Charles Darwin's research into the evolutionary process made natural history into a popular pastime for the middle and upper classes. "This developed a sort of respect for animals," explains Desmond Morris, the (　b　) zoologist and author of *The Naked Ape*. "The Catholic Church had been teaching that you could do whatever you wanted with animals because they were 'insensitive beasts of no understanding.' Once we became more scientifically (　c　) as a culture, we began to see animals as creatures with feelings."

　As society softened its stance towards the disadvantaged — slavery was (　d　) in 1833, women over 30 were given the vote in 1918, and the idea of rights for children (　e　) acceptance through the 20th century — so we became more kind-hearted in our dealings with animals. In fact, for Professor Andrew Linzey, the director of the Oxford Centre for Animal Ethics and the author of *Why Animal Suffering Matters*, the comparison between infants (who cannot give or withdraw their consent) and animals (who are similarly unable to protect themselves) is an obvious one. "If this concern for children is rational, it also applies to other creatures with feelings who are also innocent and cannot consent, comprehend, or represent their own interests," says Linzey. (2) The next phase of our increasing affection for cats and dogs could conceivably be the granting of rights to animals in the same way that children have been protected by the *United Nations Declaration of the Rights of the Child since 1979.

　Meanwhile the anthropomorphism of animals — a way of thinking about animals as if they have human characteristics — continues to this day, thanks to the joint efforts of writers, filmmakers and artists from Beatrix Potter to Dick King-Smith. In 1961 Walt Disney's animated version of Dodie Smith's book *101 Dalmatians* (which (　f　) a whole heap of talking dogs) was the 10th highest-grossing film of that year. The success of animated movies such as *Ice Age* or *Madagascar* encourages children and adults to think of animals as being more like them, often with obvious results — the 2008 film adaptation of John Grogan's bestselling book *Marley & Me*, the heartwarming story of a misbehaving Labrador rescue dog, prompted a surge in dog adoptions.

　And, of course, our sentimentalized attitude towards our pets could also be a consequence of people having become substantially better off. (3) People who do not have to get up at dawn to plough fields or bake bread generally have more time on their hands to take care of their dogs and feed their cats fish-shaped biscuit treats, which might partly explain why animal cruelty in poorer nations is more widespread.

注) Victorian era：ヴィクトリア朝（1837-1901）
　　philanthropic：博愛主義の　　anti-vivisectionist：動物実験反対主義者
　　United Nations Declaration of the Rights of the Child: 国連児童権利宣言

問1. 空所（ (1)A ），（ (1)B ），（ (1)C ）に入れるのに最も適切なものを，次の①～⑥からそれぞれ1つずつ選びなさい。ただし，同じものを2度以上選ぶことはできません。

　　① champions　　② criminals　　③ dictators
　　④ feminists　　⑤ scientists　　⑥ victims

問2. 下線部(2)を日本語に訳しなさい。

問3. 下線部(3)を日本語に訳しなさい。

問4. 本文のタイトルとして最も適切なものを，次の①～④から1つ選びなさい。
　　① Why We Abuse Animals
　　② Changing Attitudes to Animal Rights
　　③ How to Look After Pets
　　④ The Abolition of Pet Slavery

問5. 空所（ a ）～（ f ）に入れるのに最も適切なものを，次の①～⑥からそれぞれ1つずつ選びなさい。ただし，同じものを2度以上選ぶことはできません。

　　① abolished　　② coincided　　③ enlightened
　　④ featured　　⑤ gained　　⑥ renowned

《 Vocabulary Building Exercise 》

次の例文中の空欄に入るものとして最も適切な単語を，後の *Ans.* から 1 つずつ選んで書きなさい。なお，【 】内は各空欄に入る適切な単語の意味を英語で説明したものです。

1. He decided to ☐ the rest of his life to scientific investigation.
【to give most of your time, energy or attention to somebody/ something】

2. Patterns of boom and recession do not always ☐ in different countries.
【to take place at the same time】

3. Heart specialists strongly ☐ low-cholesterol diets.
【to support or recommend something publicly】

4. A neighbour heard of her ☐ and offered to help.
【a difficult and sad situation】

5. He was once known as a ☐ of social reform.
【someone who supports or defends a person, a cause, or a principle】

6. His books ☐ us on environmental problems.
【to give somebody more knowledge and greater understanding about something】

7. The government proposed to ☐ the death penalty.
【to officially end a system, practice, institution or law】

8. Women's magazines regularly ☐ diets and exercise regimes.
【to include a particular person or thing as a special item】

9. The results of the study ☐ the question of why managers did not follow recommendations.
【to cause an action or feeling】

10. We are having trouble keeping up with the recent ⬚ in demand.

【a sudden increase in the amount or number of something】

Ans.

advocate	abolish	coincide	surge	devote
prompt	enlighten	feature	plight	champion

《 Summary 》

次の英文は問題英文の要約である。空欄(a)〜(e)に入るものとして最も適切な単語を後の *Ans.* から1つずつ選んで書きなさい。

During the Victorian era, people began to change their attitude towards animals. Until then, the Catholic Church had taught people that animals were just insensitive beasts, so they could be treated badly, but a sense of ⬚(a) rose in the 19th century that urged Christians to be concerned with the ⬚(b) of the less fortunate. During that time, slavery was ⬚(c) , the idea of the rights of children gained acceptance, and people became more ⬚(d) toward animals. Eventually, animals may be ⬚(e) rights which protect them in the same way the United Nations Declaration of the Rights of the Child protects children. Books and movies have encouraged us to think of animals as being like people, and improvements in our daily lives have given us the time and money to take better care of our pets. (136 words)

Ans.

pleasure	plight	heartwarming	abolished	abused
humiliation	generated	humanitarianism	granted	kind-hearted

第４問 『人の名前を忘れないためのアドバイス』

目標解答時間：35分　配点：50点

次の英文を読み，設問に答えなさい。

(1) Of all the social mistakes, none is perhaps more common than meeting a new person, exchanging names and promptly forgetting theirs — forcing you to either swallow your pride and ask again, or suffer in uncertainty forever.

Why do we keep making this mistake? There are a few possible explanations, says Charan Ranganath, the director of the Memory Program at the University of California, Davis. The simplest explanation: you're just not that interested, Ranganath says. "People are better at remembering things that they're motivated to learn. Sometimes you are motivated to learn people's names, and other times it's more of a passing thing, and you don't think it's important at the time."

But this isn't always the case. Often you really do want to remember, and find yourself forgetting anyway, Ranganath says. This may be because (2) you underestimate the work necessary to remember something as seemingly simple as a name.

A common name may be forgettable because it doesn't strike your mind as interesting, or because you know multiple people with that name already. On the other hand, a rare name may be easy to recognize but harder to recall. (3) And any name, common or not, has to fight for space in your already-crowded brain. Given all these factors, it takes more effort than you think to lock down a name.

"You're not only remembering the name, but you're remembering the name in relation to a face. Even if you get the information in, which we call encoding, you might not be able to find the information because there's so much competition between other names and other faces in your memory," Ranganath says. "People are often overconfident, and they underestimate how hard it will be later on."

People who get distracted by making a good impression or holding a conversation may fall into this camp, Ranganath says. (4) In focusing your energy elsewhere, you may neglect to file away the information you just learned, then struggle to mentally return to that part of the interaction.

Are there any effective ways to remember names? *Mnemonic devices can be helpful, Ranganath says. He recommends finding something distinctive about the person or their characteristics, and relating it back to their name. Remembering a common name like John might be difficult, for example, but if you can mentally categorize someone as "John the Jogger," it may (a) out more.

Finding ways to test yourself, even as the conversation is ongoing, may also be helpful, he adds. Take note of the person's name when they say it, then quiz yourself on it a few minutes, or even seconds, later. "Try to recall the information immediately or soon after you learn it," Ranganath says. "(5) The act of actually testing yourself on the name will help you to retain it better in the long run."

Repeating the person's name after they say it may also (b) a more powerful effect than listening alone. "If you generate something, it's actually easier to remember than if you just passively take it in," he says. "You're actually learning to immediately see that face and then produce this name."

And if you do forget, envision the moment you met somebody — the setting, other things you talked about and so on — to try to (c) your steps in your head, Ranganath says.

But if all else fails, know that forgetting names is a very common problem, even among memory researchers. "When you think about all these factors," Ranganath says, "it's really a miracle that we can remember anybody's name."

注）mnemonic device: 記憶術

問1．下線部(1)を日本語に訳しなさい。

問2．下線部(2)の意味に最も近いものを，次の①〜④から1つ選びなさい。

① People are often unaware of how simple it is to remember people's names.

② People are often aware of how to memorize people's names effectively.

③ People are often unaware of how difficult it is to learn people's names.

④ People are often aware of how quickly they forget people's names.

問3．下線部(3)の意味に最も近いものを，次の①〜④から1つ選びなさい。

① It is difficult to remember people's names because people tend to get distracted when they try to learn new names.

② It is difficult to remember people's names because uncommon names are more likely to cause interference than common names.

③ It is difficult to remember people's names because there is a limit to how much information can be stored in the brain.

④ It is difficult to remember people's names because people cannot accurately estimate their memory capacities.

問4．下線部(4)を日本語に訳しなさい。

問5．下線部(5)を日本語に訳しなさい。

問6．本文の内容によると，どのようにすれば人の名前を覚えることが容易になると考えられるか，最も適切なものを，次の①〜④から1つ選びなさい。

① To focus on maintaining a conversation when we meet someone for the first time.

② To try to recall new names at a later time long after we learn them.

③ To write down a new name with an already familiar name with a similar sound.

④ To exercise our memory of people's names in various ways while we are still with them.

問 7. 空所（ a ）〜（ c ）に入れるのに最も適切なものを，次の①〜⑤からそれぞれ 1 つずつ選びなさい。ただし，同じものを 2 度以上選ぶことはできません。

① inform　② retrace　③ stick　④ threaten

⑤ trigger

《 Vocabulary Building Exercise 》

次の例文中の空欄に入るものとして最も適切な単語を，後の *Ans.* から 1 つずつ選んで書きなさい。なお，【 】内は各空欄に入る適切な単語の意味を英語で説明したものです。

1. The most ☐ feature of this disease is a persistent night-time cough.

【happening often; existing in large numbers or in many places】

2. Emergency care staff often ☐ the importance of wound cleansing.

【to think or guess that the amount, cost, size or importance of something is smaller or less than it really is】

3. He died of ☐ injuries.

【many in number; involving many different people or things】

4. These activities sometimes ☐ the students from their homework.

【to take somebody's attention away from what they are trying to do】

5. Marketers tend to ☐ the fact that potential customers in foreign markets often need more information than customers in the home market.

〔to fail to take care of somebody/something; to fail or forget to do something that you ought to do〕

6. Each district of the city has its own ☐ character.

〔having a quality or characteristic that makes something different and easily noticed〕

7. Nuts can ☐ off a violent allergic reaction.

〔to make something start to happen; to cause something to begin or exist〕

8. It is often said that watching TV is a completely ☐ activity.

〔accepting what happens or what people do without trying to change anything or oppose them〕

9. There are some ☐ debates on the issue.

〔continuing to exist or develop〕

10. Detectives are trying to ☐ her movements on the night she disappeared.

〔to go along exactly the same path or route that somebody has come along; to find out what somebody has done〕

Ans.

distract	common	trigger	distinctive	neglect
multiple	passive	ongoing	underestimate	retrace

《 Summary 》

次の英文は問題英文の要約である。空欄(a)〜(e)に入るものとして最も適切な単語を後の *Ans.* から1つずつ選んで書きなさい。

One of the most common social mistakes you can make is to forget the name of a person you have just met. There are many reasons people do this. Maybe they were not [(a)] enough to learn the name. Maybe they underestimated how difficult it is to remember a new name. Many people are overconfident about their ability to [(b)] new information in their memory. One way to avoid making this mistake is to remember something [(c)] about the person and give him a nickname like "John the Jogger." Another way is to actively quiz yourself while the conversation is still [(d)]. And if you do forget someone's name, try to [(e)] what happened when you first met. But if all else fails, don't worry too much. This is a very common problem. (133 words)

Ans.

distinctive	envision	ensure	diligent	over
memorized	motivated	erase	encode	ongoing

第5問 『通勤時間を勤務時間に数える動き』

目標解答時間：35分　配点：50点

次の英文を読み，設問に答えなさい。

Should commuting hours count as part of the workday? This suggestion was made by university researchers in England who studied the commuting habits of thousands of business people.

It's no secret that the expansion of Wi-Fi on trains, planes and automobiles has led to the *de facto expansion of the working day, tying employees to their electronic devices as they send and receive countless work emails after clocking out from their jobs.

Work-life balance has been a popular catchphrase of the modern era, in which employers provide a range of *perks for their employees to get rid of the accumulated stress. But amid the emphasis on wellness programs come alarming tales like that of a 31-year-old Japanese worker who amassed more than 159 hours of overtime in one month and worked herself to death. Officials there and in other countries have moved to (　a　) overworking.

Last year, France, which already has a 35-hour workweek, introduced a law requiring large companies to give their employees "the right to disconnect" and block email when they are off duty.

Similar limits have been tested in Germany, where in 2013 the Labor Ministry ordered its supervisors not to contact employees (　b　) office hours. And in 2011, Volkswagen began shutting off its company cellphone network at the end of the workday, stopping some employees in Germany from sending or receiving email.

In Britain, workers spend an hour on average getting to and from their jobs — more in and around London — but not everyone is able to be (　c　) in a busy rail car, where the temptation of computer games may be too strong.

Over 40 weeks in 2016 and 2017, the research team at the University of the West of England studied 5,000 commuters who traveled up to 250 miles a day for work on two busy lines that run northwest from London to Birmingham and Aylesbury. The workers were scrutinized for their use of free wireless internet on the routes. The team found that commuters were using their time on the train to get work done. The longer the route, the more work was being accomplished. Fifty-four percent of commuters on the longer route, Birmingham to London, and 36 percent on the shorter one, Aylesbury to London, were checking and sending work-related emails during the trips.

Dr. Jain, a researcher at the University of Bristol, said the study was still in its exploratory stage. Any changes in the length of the workweek would have to come from the British government.

But several European countries have proposed regulatory changes to take account of longer commutes and the seemingly permanent availability of mobile internet. And a court case decided before a European legal commission last year could affect how working time is calculated across the continent. (1) The commission ruled that in Norway, some employees could count their commute as working time — the rationale being that while they may not be, strictly speaking, working, they are at the disposal of their employer.

This summer, France's highest court ordered a British company to pay one of its workers in France 60,000 euros (more than $70,000) in compensation, after the company required employees to have their phones on at all times to answer questions and complaints from clients and subordinates. "The right to disconnect is reminding everyone that we ought to have a reasonable attitude to new technologies," said Ms. Sabbe-Ferri, a lawyer in Paris. "Having access to the internet around the clock (d) we should be working all the time."

注）de facto: 事実上の　　perks: サービス，特典

問1．次のＡ～Ｄについて，本文の内容に一致するものを，次の①～④からそれぞれ1つずつ選びなさい。

Ａ　Based on this article, which of the following statements is true?

①　Companies in Germany abuse their employees by forcing them to work at home on their mobile devices.

②　Death from overwork is still a common occurrence in the corporate world and some governments have largely ignored the problem.

③　Examples in Germany, France and Japan demonstrate that modern technology has made work-life balance easier to achieve than in the past.

④　Today, while many companies try to improve their working conditions, examples of overwork persist.

Ｂ　Which of the following statements accurately describes measures taken in Germany to help employees maintain a work-life balance?

①　A private company made it impossible to use work-related email except during established business hours.

②　Efforts have been made in both private and public sectors to limit the use of email during office hours.

③　The first action to restrict the use of corporate email was undertaken by the German government to be followed two years later by a private company.

④　The government and the private sector have been cooperating to pass laws requiring employers to use their best judgment when sending email to staff.

C The results of the study undertaken by the University of the West of England show that

① a considerable minority of travelers between Aylesbury and London are engaged in personal communication while on the train.

② approximately a third of all passengers on a longer route try to catch up on work while traveling.

③ many commuters spend time on the train playing video games since the rail cars get too busy to do any work effectively.

④ there is a positive correlation between the amount of work done on the train and the time spent getting to the destination.

D What is so significant about the decision of the European legal commission?

① It has allowed certain employees to claim the time they spend getting to their workplace and back as the time spent in the office.

② It has prohibited the business world from changing its attitude towards the use of new technologies.

③ It has made it more difficult for the employers to require their workers to work overtime.

④ It has resulted in a number of high-profile legal cases, notably in France, in which employees demanded additional pay.

問2．空所 （ a ）〜（ d ） に入れるのに最も適切なものを，次の①
〜④からそれぞれ１つずつ選びなさい。

a ① add fuel to   ② crack down on
    ③ put up with   ④ turn a blind eye to

b ① demanding   ② outside
    ③ regarding   ④ within

c ① ambitious ② entrepreneurial
③ productive ④ reluctant

d ① cannot negate the fact that
② doesn't mean that
③ fortunately suggests that
④ often lets us forget that

問3．本文のタイトルとして最も適切なものを，次の①～④から1つ選び
なさい。

① Abuse of Power by Large Corporations: How Some Companies
Are Forcing Their Employees to Work Overtime

② Major Changes Looming in Europe: Why Legal Pressure Is
Forcing Companies to Expand the Work Responsibilities of
Their Employees

③ No Longer 9 to 5: The Traditional Definition of Working
Hours May Be on Its Way Out

④ Slaves of the Internet: The Frightening Reality of Today's
Workplace in England

問4．下線部(1)を日本語に訳しなさい。

《 Vocabulary Building Exercise 》

次の例文中の空欄に入るものとして最も適切な単語を，後の **Ans.** から1
つずつ選んで書きなさい。なお，【 】内は各空欄に入る適切な単語の意味
を英語で説明したものです。

1．We _____ from Osaka to Kyoto every day.
【to travel regularly by bus, train, car, etc. between your place of
work and your home】

2．This caused an _____ of trade.
【the process of becoming greater in size, number, or amount】

3 . Individuals [＿＿＿] knowledge through experience.

[to gradually get more and more of something over a period of time; to gradually increase in number or quantity over a period of time]

4 . My computer crashes every time I [＿＿＿] it from the Internet.

[to break a connection that something needs in order to work]

5 . Older adults who engage in multiple [＿＿＿] activities, such as caregiving and volunteering, report better health.

[creating or achieving a lot]

6 . She leaned forward to [＿＿＿] their faces.

[to look at or examine somebody/something carefully]

7 . The court is going to [＿＿＿] that the women have been unfairly dismissed.

[to give an official decision about something]

8 . The underlying [＿＿＿] is that competition removes monopolies.

[the principles or reasons that explain a particular decision, course of action or belief]

9 . The company sought [＿＿＿] from the government.

[money that somebody receives because they have been hurt or have suffered loss or damage]

10. She used to be my immediate [＿＿＿] .

[a person who has a position with less authority and power than someone else in an organization]

Ans.

disconnect	expansion	subordinate	accumulate	scrutinize
productive	rule	rationale	commute	compensation

《 Summary 》

次の英文は問題英文の要約である。空欄(a)〜(e)に入るものとして最も適切な単語を後の **Ans.** から1つずつ選んで書きなさい。

Work-life balance has become a popular _____(a)_____ , but overwork is still a serious problem. One reason that people are finding it harder to separate work and leisure time is that people can stay connected to the internet even while they are on trains and buses. Some governments in Europe are _____(b)_____ new laws that would give employees the right to block email when they aren't working. A recent study _____(c)_____ the way workers used free wireless internet on trains showed that many people check and send work-related emails while _____(d)_____ . A court case in Europe could affect how working time is calculated across the _____(e)_____ , and some employees may be able to include the time they travel to and from work in their working time. Governments, companies and workers need to find reasonable ways to deal with new technologies so that people are not working around the clock.(148 words)

Ans.

technology	scrutinizing	protesting	nation	catchphrase
commuting	continent	criticizing	proposing	connecting

第6問 『ストレスを受けた時に褒美を期待する心理』

目標解答時間：35分　配点：50点

次の英文を読み，設問に答えなさい。

The brain is especially susceptible to temptation when we're feeling bad. Scientists have come up with clever ways to stress out their laboratory subjects, and the results are always the same. When smokers imagine a trip to the dentist, they experience extreme cravings for a cigarette. When *binge-eaters are told they will have to give a speech in public, they crave high-fat, sugary foods.

Why does stress lead to cravings? It's part of the brain's rescue mission. We know that stress prompts a fight-or-flight response, a coordinated set of changes in the body that allows you to defend yourself against danger. But your brain isn't just (　a　) to protect your life — it wants to protect your mood, too. So whenever you are under stress, your brain is going to point you toward whatever it thinks will make you happy. Neuroscientists have shown that stress — including negative emotions like anger, sadness, self-doubt, and anxiety — shifts the brain into a reward-seeking state. (1) You end up craving whatever substance or activity your brain associates with the promise of reward, and you become convinced that the "reward" is the only way to feel better. For example, when a cocaine addict remembers a fight with a family member or being (　b　) at work, his brain's reward system becomes activated, and he experiences intense cravings for cocaine. The stress hormones (　c　) during a fight-or-flight response also increase the excitability of your dopamine neurons. That means that when you're under stress, any temptations you run into will be even more tempting. For example, one study (　d　) the appeal of chocolate cake to participants before and after they were made to feel bad about themselves by thinking about their personal failures. (2) (the / bad / better / cake / feeling / look / made) to everyone, but even people who had said they did not like chocolate cake at all suddenly expected that the cake would make them happy.

In moments far away from stress, we may know that food doesn't really make us feel better, but this clarity flies out the window when we're stressed out and the brain's reward system is screaming at us, "There's a pint of *Ben and Jerry's in the freezer!" Stress points us in the wrong direction, away from our clear-headed wisdom and toward our least helpful instincts. That's the power of the one-two punch of stress and dopamine: (3) We are drawn back again and again to coping strategies that don't work, but that our primitive brains persistently believe are the gateway to bliss.

The promise of reward combined with the promise of relief can lead to all sorts of (4) illogical behavior. For example, one economic survey found that women worried about their finances shop to cope with their anxiety and depression. Yes, you read that right: *shop*. It defies reason — they're just adding to their credit card debt, which will make them feel even more overwhelmed down the road. But it makes perfect sense to a brain that just wants to feel better now. If you believe at some level that buying things makes you feel better, you will shop to relieve debt-induced stress. Binge-eaters who feel ashamed of their weight and lack of control around food turn to — what else? — more food to fix their feelings. *Procrastinators who are stressed out about how behind they are on a project will put it off even longer to avoid having to think about it. In each of these cases, the goal to feel better conquers the goal of self-control.

注）binge-eater: 過食症の人
Ben and Jerry's:『ベン＆ジェリー』米国のアイスクリームのブランド
Procrastinator: 先延ばし癖のある人

問１．下線部(1)を日本語に訳しなさい。

問２．下線部(2)の（　　）の中の単語を正しく並べ替えなさい。ただし，文頭に来る語も小文字で表記されています。

問３．下線部(3)を日本語に訳しなさい。

問４．下線部(4)の具体例を最終段落から３つ選んで，理由も含めて日本語で記述しなさい。

問５．空所（　a　）～（　d　）に入れるのに最も適切なものを，次の①～⑥からそれぞれ１つずつ選びなさい。ただし，同じものを２度以上選ぶことはできません。

① admired　　　② compared　　　③ criticized

④ emphasized　　⑤ motivated　　⑥ released

《 Vocabulary Building Exercise 》

次の例文中の空欄に入るものとして最も適切な単語を，後の **Ans.** から１つずつ選んで書きなさい。なお，【　】内は各空欄に入る適切な単語の意味を英語で説明したものです。

1．Young people are the most _____ to advertisements.
【very likely to be influenced, harmed or affected by somebody/something】

2．The world champion will _____ yet another challenger.
【to defeat somebody, especially in a competition, race, etc.】

3．She felt a desperate _____ to be loved.
【a strong desire for something】

4 . These children are not ☐ to learn.
〖wanting to do something, especially something that involves hard work and effort〗

5 . He's only 24 years old and a drug ☐ .
〖somebody who takes harmful drugs and cannot stop taking them〗

6 . In business circles he is noted for his ☐ of vision.
〖the ability to think clearly〗

7 . I didn't have as strong a maternal ☐ as some other mothers.
〖the natural tendency that a person or animal has to behave or react in a particular way〗

8 . We need to devise an effective long-term ☐ .
〖a general plan or set of plans intended to achieve something, especially over a long period〗

9 . Bullying is a ☐ problem in UK schools.
〖continuing for a long period of time〗

10. Certain drugs can ☐ depression.
〖to cause something〗

Ans.

addict	clarity	conquer	motivated	craving
induce	strategy	susceptible	instinct	persistent

《 Summary 》

次の英文は問題英文の要約である。空欄(a)〜(e)に入るものとして最も適切な単語を後の **Ans.** から1つずつ選んで書きなさい。

Scientists have found ways to study how people react when they are under stress, and the results are always the same. People experience strong ___(a)___ when they imagine having to do things they hate, like going to the dentist. It is part of your brain's rescue ___(b)___ not just to protect you from danger but to protect your mood. Neuroscientists have shown that when you experience negative emotions like sadness or self-doubt, your brain ___(c)___ into a reward-seeking state. That means that you will feel strong temptations for things like chocolate cake or even illegal drugs. In fact, a shopping addict ___(d)___ with anxiety and depression by spending more money and going deeper into credit card ___(e)___. When under stress, your brain just wants to feel better, even if this leads to bigger problems. What is important is to maintain self-control. (141 words)

Ans.

failure	cooperates	cravings	copes	regrets
mission	attempt	shifts	debt	shields

第7問 『写真は真実なのかフィクションなのか』

目標解答時間：35分　配点：50点

次の英文を読み，設問に答えなさい。

Any discussion of "manipulated" photography must begin with the recognition that photography itself is an inherent manipulation — a manipulation of light, a process with many steps and stages, all subject to the biases and interpretations of the photographer, printer, editor, or viewer. Photography is not absolute "reality." It is not (a) unqualified "truth." It is not purely "objective." It was never any of those things, and it has been subject to distortion since its creation. Indeed, many of its earliest practitioners were more concerned with *concocting fantasy than documenting reality. (1) They were artists, not journalists.

Still, throughout the century and a half of its existence, one branch of photography — the sometimes loosely defined "photojournalism" — has acquired a special standing in the public mind, a confidence that a photo can reflect reality in a uniquely compelling and credible way. Indeed, public faith in the (b) veracity of photography is almost as old as photography itself. In *The Origins of Photojournalism in America*, Michael Carlebach explains that even in the days when photographs were typically transferred to *woodcuts or *steel engravings prior to printing, (2) viewers recognized their basis in photographic processes and regarded them as reliable depictions of actual events.

But why? Why has photography seemed so inherently realistic for so long? Much of the faith in mass-media imagery comes from average citizens' everyday experiences with personal photography. We point our cameras at our families, friends, and vacation sights, and view the prints as (c) legitimate documents that "capture" the events and scenes in meaningful ways. (3) Countless millions of us collect our photos in albums and pass them on to future generations, not only for entertainment or curiosity value but as evidence — proof of the way we once looked and the way the world once worked. As Dartmouth College professor Marianne Hirsch has said, "People say if there was a fire, the first thing they would save is their photo albums. We almost fear we'll lose our memories if we lose our albums."

Arguments that photography is or is not "real" seem to (d) take for granted the idea that reality itself is purely objective. On the other hand, a more sensible argument recognizes photography's inherent subjectivity as well as its undeniable potential for authenticity. As Richard Lacayo wrote in the June 8, 1998 issue of *Time*: "Of the pleasures cameras give us, the transfiguration of plain reality is the most indispensable. It implies that the world is more than it seems — which, after all, it may well be. It's a paradox too lovely to ignore and too profound to solve."

Because photography has never been entirely unbiased, some critics may dismiss its objective qualities altogether. But (4) despite its subjective aspects and its history of occasional manipulation, most people have considered misleading or distorted photos to be the exceptions, as evidenced by their use of common *qualifiers such as "special effects," "staged," "doctored," or "trick" photography. Readers already know, for example, that photographers or their subjects are capable of deception, that (5) reality is not literally black and white, and that a whole world exists outside the frame of a photograph. But none of these facts have interfered with average readers' basic faith in, say, a black-and-white photo's ability to reflect aspects of the real world in (e) revealing ways. After all, "phototruth" is not based on a reader's belief that photography is reality. Rather, a photograph can be true in the way a sentence can be true. Viewers will believe in its truth as long as they believe it corresponds in a meaningful way to reality.

注）concoct: ～をでっちあげる　　woodcuts: 木版画
　　steel engravings: 鋼板版画　　qualifier: 修飾語（句）

問1．下線部(1)はどのようなことを言おうとしているのか，日本語で簡潔に説明しなさい。

問2．下線部(2)が示唆する内容として最も適切なものを，次の①～④から1つ選びなさい。

① Viewers accepted that the photographers produced woodcuts and engravings for newspapers and magazines.

② Viewers believed that the woodcuts and engravings in journalistic publications were faithful copies of photographs.

③ Viewers realized that woodcuts and engravings can be more reliable than photographs.

④ Viewers understood that the techniques of producing woodcuts and engravings were the same as those of photography.

問3．下線部(3)を日本語に訳しなさい。

問4．下線部(4)を，its が何を指すかがわかるように，日本語に訳しなさい。

問5．下線部(5)が示唆する内容として最も適切なものを，次の①～④から1つ選びなさい。

① In reality, not all questions related to film-making can be given a clear-cut answer.

② The real world cannot be fully represented in a photograph.

③ The real world can only be understood by a color photograph.

④ The real world is not merely about the good and the bad.

問6．下線部(a)～(e)の意味に最も近いものを，次の①～④からそれぞれ1つずつ選びなさい。

(a) ① limited   ② low-standard

     ③ unofficial   ④ unquestionable

(b) ① beauty   ② creativity

     ③ trustworthiness   ④ variety

(c) ① authentic   ② memorable

     ③ precious   ④ regal

(d) ① assume as natural   ② be influenced by

     ③ give thoughts on   ④ question openly

(e) ① illuminating   ② radical

     ③ silent   ④ violent

《 Vocabulary Building Exercise 》

次の例文中の空欄に入るものとして最も適切な単語を，後の **Ans.** から1つずつ選んで書きなさい。なお，【 】内は各空欄に入る適切な単語の意味を英語で説明したものです。

1．As a politician, he knows how to [＿＿＿] public opinion.

【to control or influence somebody/something, often in a dishonest way so that they do not realize it】

2．Flights are [＿＿＿] to delay because of the fog.

【likely to be affected by something, especially something bad】

3．Employers must consider all candidates impartially and without [＿＿＿].

【a tendency to prefer one person or thing to another, and to favour that person or thing】

4．The term 'normal' is difficult to [＿＿＿].

【to say or explain what the meaning of a word or phrase is】

5. We have total confidence in the ☐ of our research.
〔the quality of being true〕

6. These films ☐ Japanese society in the 1960s.
〔to show or represent somebody/something in a work of art such as a drawing or painting〕

7. The authors discuss the difficulties ☐ in research involving more than one country.
〔being a basic or permanent part of somebody/something that cannot be removed〕

8. Cars have become an ☐ part of our lives.
〔too important to be without〕

9. He was accused of obtaining property by ☐ .
〔the act of deliberately making somebody believe something that is not true〕

10. The written record of the conversation doesn't ☐ to what was actually said.
〔to be the same as or match something else〕

Ans.

deception	depict	indispensable	bias	define
veracity	inherent	correspond	manipulate	subject

《 Summary 》

次の英文は問題英文の要約である。空欄(a)〜(e)に入るものとして最も適切
な単語を後の **Ans.** から1つずつ選んで書きなさい。

While most people consider photography, especially the kind
loosely defined as "photojournalism," as an accurate ☐ (a) ☐ of
events, photography is not absolute "reality." The public has had
☐ (b) ☐ in the ability of photography to show things as they
really occurred since it was first invented. But photography has
been subject to ☐ (c) ☐ from the very beginning. Most people
think about their own experiences with photography and see
photographs as ☐ (d) ☐ of the way things really looked. People
know that photographers and subjects are capable of ☐ (e) ☐ ,
and they understand that the world is not "black-and-white," but
this doesn't seem to interfere with their basic belief that
photographs reflect aspects of the real world. (113 words)

Ans.

direction	faith	deception	evidence	devotion
depiction	doubt	distinction	exception	distortion

第8問 『デジタル技術は写真の社会的機能を変えたのか』

目標解答時間：35分　配点：50点

次の英文を読み，設問に答えなさい。

The first commercially available digital camera was launched in 1990. (1) In the decade that followed, it created a lot of anxiety in photographers and photography scholars. Some went as far as declaring photography dead as a result of this shift. Initially this was considered too steep a change to be classified as a *reconfiguration, rather it was seen as a (a). A death of something old. A birth of something new.

Digital images can also be easily copied, duplicated and edited. The latter made the flexibility of what photos can be seen as representing more obvious. It also made representing ourselves and our lives easy, cheap and quick. Additional shots now come with no additional costs, and we can and do take 10, 20, 30 snaps of any given thing to (b) through later. (2) In addition to transforming the individual value of the image, this has altered the emotional meanings we attributed both to keeping and getting rid of individual photographs. Printed images of loved ones used to be kept even if they were out of (c), blurry or had development mistakes on them. In the context of the massive amount of digital images, the labour of love now becomes the cleaning, sorting, tagging, categorizing and deleting the majority of the photos. While it is occasionally claimed that this emergent acceptance of deleting photos is indicative of their diminished social worth, there are plenty of digital snapshots that are printed out, displayed as the lock-screen on devices, or used as the background of the computer screen. Overall, we can say that digitalization has shifted the focus of photography from photographs themselves to the act of taking pictures.

The first camera phones (　d　) back to the very beginning of the twenty-first century. In early 2001, the BBC reported on the first cell phone with a camera invented in Japan. Readers from around the world offered their ideas on what such a peculiar invention might be good for. Some said it could have many uses for teenagers (*streamlining shopping for outfits, proving you have met a pop idol, setting up your friends on dates) but would be pretty (　A　) for adults. Others thought it would be a practical aid for spying, taking sneak pictures of your competitors' produce or quickly reporting traffic accidents and injuries. Yet others thought it might be nice for travelers to keep in (　e　) with their families or hobbyists to show art or collections to others. (3) My personal favourites include commenters who wrote they couldn't wait for the device to be available at a reasonable price in their home country, so they can take pictures of the friendly dogs they meet at the park. Someone suggested the camera needs to be on the front to allow for video calls, which didn't happen in (　f　) until 2003.

A digital culture scholar claims that the fact that we always carry a camera alters what can be and is seen, recorded, discussed and remembered. Some photography scholars propose that camera phones and camera phone images have three social uses — to capture memories, to maintain relationships, and to express yourself. In contrast, another scholar argues that the camera phone is no different from other portable image making devices and that the uses and meanings attributed to home videos in the 1980s have been exactly the same — memory, (　B　) and self-expression. In this sense, the social function of photography seems to have remained despite the changes in technology and people's predictions about how it would be used.

注）reconfiguration: 再構成　　streamline: ～を効率化する

問1．下線部(1)を日本語に訳しなさい。

問2．下線部(2)を日本語に訳しなさい。

問3．下線部(3)を日本語に訳しなさい。

問4．空所（　A　），（　B　）に入れるのに最も適切なものを，次の①
〜④からそれぞれ1つずつ選びなさい。

 A ① commonplace ② indispensable

   ③ pointless ④ practical

 B ① communication ② innovation

   ③ pastime ④ self-improvement

問5．空所（　a　）〜（　f　）に入れるのに最も適切なものを，次の①
〜⑥からそれぞれ1つずつ選びなさい。ただし，同じものを2度以上選
ぶことはできません。

 ① break ② date ③ focus

 ④ practice ⑤ sort ⑥ touch

《 Vocabulary Building Exercise 》

次の例文中の空欄に入るものとして最も適切な単語を，後の **Ans.** から1
つずつ選んで書きなさい。なお，【　】内は各空欄に入る適切な単語の意味
を英語で説明したものです。

1．The company plans to ⬚⬚⬚⬚ a new product this summer.
【to make a product available to the public for the first time】

2．His lawyers are confident that the judges will ⬚⬚⬚⬚ him
innocent.
【to state something clearly in public】

3．The cells ⬚⬚⬚⬚ themselves by dividing into two.
【to multiply something by two】

4. You can download the file and ⬚ it on your computer.
 〖to make changes to text or data〗

5. He told me to ⬚ some words from the sentence.
 〖to remove something that has been written or printed, or that has been stored on a computer〗

6. These misunderstandings will lead to ⬚ conflict.
 〖having no purpose; not worth doing〗

7. A great deal of educational software is ⬚ for use both by teachers and students.
 〖that you can use or obtain〗

8. Flexibility is essential as market conditions ⬚.
 〖to make somebody/something different; to become different〗

9. She began to ⬚ the books according to their subject matter.
 〖to arrange things in groups or in a particular order according to their type, etc.〗

10. They ⬚ magical properties to snakes.
 〖to regard a quality or feature as belonging to somebody/something〗

Ans.

duplicate	pointless	attribute	edit	alter
declare	delete	available	sort	launch

《 Summary 》

次の英文は問題英文の要約である。空欄(a)〜(e)に入るものとして最も適切な単語を後の **Ans.** から1つずつ選んで書きなさい。

When digital cameras first became [(a)] available in 1990, some people went as far as to say that photography was dead, and that something new had appeared to replace it. People wondered how photography would change, since digital images can be easily copied, [(b)] and edited. In the past, people kept printed images of loved ones, even if they were [(c)]. At first, many people thought camera phones would only be used by teenagers and spies, but now that the devices are available at reasonable prices, some scholars propose that the same uses can be [(d)] to camera phones as to other portable image making devices, like home video recorders: [(e)] memories, maintaining relationships and expressing yourself. (117 words)

Ans.

contributed	attributed	undeveloped	duplicated	capturing
dedicated	hardly	commercially	altering	blurry

第9問 『動物の行動に対する見方─擬人化と人間中心主義』

目標解答時間：35分　配点：50点

次の英文を読み，設問に答えなさい。

We live with animals — we always have, and we probably always will. As a city dweller at the start of the twenty-first century, I share my home with a dog (elegant and loving), a cat (sweet and *cuddly), occasional mice (shy and fast), regular spiders (unsettling but harmless), cockroaches (I don't want to think about), and many other smaller hopping, *scurrying, and biting things. Farmers and agriculturists over the last few thousand years have lived with many large domesticated mammals and a few birds. (1) Before agriculture, humans hunted and were in their turn preyed upon by the various beasts that surrounded them. No matter our attitude toward animals, they are always among us.

But (2) what are we to make of them? Do they think? Do they have minds? Are they conscious? (3) What is it like to be a bat? Or a cat? Or an ant? Going back as far as records can show, people have treated animals as if they were people. Simple people, perhaps, but people nonetheless. This tendency to view animals as people is called *anthropomorphism (from Greek anthropos, human, and morph, form), and it seems to be an ancient and irresistible urge. Some of the earliest artworks in the world — paintings on the walls of caves in southern France that date back 30,000 years — depict human bodies with an animal head, suggesting that the people of those times viewed animals as having human-like qualities. I defy anyone, no matter how *hard-nosed, not to adopt an attitude to my cat, Sybille, that involves treating her as a small child. I believe I could write a computer program that could convincingly simulate Sybille's behavior, and yet I could never (a) one moment treat her with the same attitude I adopt towards a computer. The tug of anthropomorphism is just too strong.

Anthropomorphism, then, is our most natural, spontaneous, and everyday way of considering animals. And yet anyone who has ever observed and reflected (b) the behavior of an animal for a little while knows this cannot be right. Animals are not little people. Sybille is not a baby; a dog with a gray beard is not a wise old man (or even a foolish old man). It may be emotionally satisfying to treat them that way, but we know it cannot be true. Cats and dogs and all other animals have their own mental lives to lead. (4) In the case of domesticated species, these may overlap quite satisfactorily with the roles we have created for them, but reflection tells us naïve anthropomorphism must be wrong. We must consider the psychology of animals (c) their own right.

When we look at animals, having recognized that they are not people, we still can't help seeing them from our human perspective — this is called *anthropocentrism. (5) Just as tourists visiting a new country make the foreign more manageable by making comparisons with home, so, in considering animal psychology, we inevitably start with our human minds and compare what animals do with what we do. Are they intelligent or conscious? Do they think or feel? All these are anthropocentric questions. We know we are intelligent and conscious, and we think and feel; therefore, we ask whether other species share these states. Anthropocentrism is a more subtle problem than anthropomorphism. Since we are human, we can probably never be entirely free (d) anthropocentrism. But just as astronomers gradually came to recognize that Earth is not at the center of the solar system and developed a cosmology that places our planet appropriately, at a particular point in the solar system in a certain galaxy, so we may hope that we can develop an animal psychology that moves humans from the central position and that sees each species as at the center of its own world.

注）cuddly: 抱きしめたくなるような　　scurry: ちょこちょこ走る
anthropomorphism：擬人化　　hard-nosed: 強情な
anthropocentrism：人間中心主義

問1．下線部(1)を日本語に訳しなさい。

問2．下線部(2)の内容に最も近いものを，次の①〜④から1つ選びなさい。

① How can we breed animals?

② How should we understand animals?

③ What benefits can we expect from animals?

④ What can we use animals for?

問3．下線部(3)の内容に最も近いものを，次の①〜④から1つ選びなさい。

① What kind of food do bats like?

② How can people like bats?

③ How would one feel if he or she were a bat?

④ What questions can we ask about a bat?

問4．下線部(4)を日本語に訳しなさい。

問5．下線部(5)を日本語に訳しなさい。

問6．空所（　a　）〜（　d　）に入れるのに最も適切なものを，次の①〜⑦からそれぞれ1つずつ選びなさい。ただし，同じものを2度以上選ぶことはできません。

① at 　　　② by 　　　③ for 　　　④ from

⑤ in 　　　⑥ on 　　　⑦ with

《 Vocabulary Building Exercise 》

　次の例文中の空欄に入るものとして最も適切な単語を，後の ***Ans.*** から1つずつ選んで書きなさい。なお，【 】内は各空欄に入る適切な単語の意味を英語で説明したものです。

1．The gorillas ＿＿＿＿＿＿ in the high rainforests of Rwanda.
【to live somewhere】

2. They found it very hard to [＿＿＿] wild wolves.
    〔to make a wild animal used to living with or working for humans〕

3. They are curious about which species [＿＿＿] on which others in this ecosystem.
    〔to hunt and kill another animal for food〕

4. We took shelter in a dark [＿＿＿].
    〔a large hole in the side of a hill or cliff or under the ground〕

5. I [＿＿＿] you to accomplish this task in a week.
    〔to challenge somebody to do something when you think that they will be unable to do it〕

6. These systems [＿＿＿] a new approach to problem solving.
    〔to start to use a particular method; to show a particular attitude towards somebody/something〕

7. These devices can [＿＿＿] conditions in space quite closely.
    〔to create particular conditions that exist in real life using computers, models, etc.〕

8. The leaders claimed that the riot was [＿＿＿], not prearranged.
    〔done naturally, without being forced, practiced or organized in advance〕

9. We should [＿＿＿] on the child's future.
    〔to think deeply about something〕

10. It is almost [＿＿＿] that errors will occur.
    〔that you cannot avoid or prevent〕

Ans.

simulate	defy	prey	cave	spontaneous
inevitable	adopt	dwell	reflect	domesticate

54

《 Summary 》

次の英文は問題英文の要約である。空欄(a)〜(e)に入るものとして最も適切な単語を後の **Ans.** から１つずつ選んで書きなさい。

People have always lived with animals. Even city ⎿　(a)　⏌share their homes with pets or less welcome creatures like mice and spiders. Before the development of agriculture, humans hunted some animals and were ⎿　(b)　⏌upon by others. Over thousands of years, people have ⎿　(c)　⏌some species of mammals and birds. But we still don't fully understand them. Are they conscious, like humans? Do they think and feel like we do? We can't help but ⎿　(d)　⏌an attitude towards them that is similar to the way we treat humans. This is a natural and ⎿　(e)　⏌response to animals, but they are not human. Just as astronomers gradually came to recognize that Earth is not at the center of the solar system, we need to develop an animal psychology that sees each species as the center of its own world. (138 words)

Ans.

praised	domesticated	dwellers	spectacular	species
adopt	spontaneous	preyed	demand	dedicated

第10問 『過去200年間の人口の推移』

次の英文を読み，設問に答えなさい。

To get a sense of how completely revolutionary the changes of the last two hundred years or so have been, it helps to have a long view of demography. When in 47 BC Julius Caesar was appointed *perpetual dictator of the Roman Republic, his (a) domain stretched from what is now called Spain to modern Greece, as far north as Normandy in France, and much of the rest of the Mediterranean, a region that today contains over thirty countries. The population of these vast lands comprised around 50 million people, which was about 20% of a world population of approximately 250 million. More than eighteen centuries later, when Queen Victoria *ascended the British throne in 1837, the number of people living on earth had grown to something like 1,000 million, a fourfold increase. Yet less than two hundred years after Victoria's *coronation, world population has increased a further seven times — nearly twice the growth in a tenth of the time. (1) This latter multiplication is astonishingly rapid, and has had a transformative global impact.

Between 1840 and 1857 Queen Victoria gave birth to nine children, all of whom survived into adulthood. Britain's previous female monarch, Queen Anne, had died in 1714, aged forty-nine. She had eighteen pregnancies but her tragedy was that not a single child survived her. By 1930, just twenty-nine years after the death of Queen Victoria, another great British *matriarch, *the Queen Mother, had produced only two children, Elizabeth (the present queen) and Margaret. These facts about three queens — Anne, Victoria and Elizabeth the Queen Mother — neatly (b) represent the two trends that began in Britain between the eighteenth and twentieth centuries and which have subsequently spread across the world.

The first was a precipitous drop in infant mortality, with the death of a child becoming mercifully irregular rather than a common (c) agony for parents. The second, which followed, was a dramatic reduction in the average number of children born per woman. In Queen Anne's time, losing child after child was common. In mid-Victorian Britain, having a large brood was still the norm. Its complete survival into adulthood was unusual (in this, Victoria had luck as well as wealth in her favour) but would shortly become usual. By the interwar years of the twentieth century, the Queen Mother's expectation that both her daughters would survive into adulthood was quite (　(2)　)..., in Britain at least.

When Queen Victoria was born in 1819, only a small number of Europeans — around 30,000 — were living in Australia. The number of indigenous Australians at that time is uncertain, but estimates range from between 300,000 to 1 million. When Victoria died at the start of the twentieth century, there were fewer than 100,000, while Australians of European origin numbered nearly 4 million, more than a hundred times as many as eighty years earlier. (3) This transformation in the size and composition of a continental population occurred in the space of a single lifetime. It changed Australia completely and forever, and would have a significant impact beyond Australia's shores, as the country came to play a major role in *provisioning and *manning British efforts in both world wars. A similar story can be told of Canada and New Zealand.

(4) These startling facts — the rapid but selective acceleration of population growth; plummeting infant mortality rates; falls in fertility; the nineteenth-century outpouring of European populations to lands beyond Europe — are all connected. They are born of the same profound social changes that accompanied the industrial revolution and have proved to be a formidable influence on the

course of history, empowering some countries and communities at
the expense of others, determining the fate of economies and
empires, and laying the foundations of today's world.

From Human Tide by Paul Morland, copyright (c) 2019.
Reprinted by permission of PublicAffairs, an imprint of Hachette Book Group, Inc.

注) perpetual dictator: 終身独裁官　　ascend:（王位を）継承する
　　coronation: 即位　　matriarch: 女性統治者
　　the Queen Mother: クイーン・マザー, エリザベス王妃（ジョージ6世の王妃）
　　provision: …に食糧を供給する　　man: …に人員を配置する

問1. 下線部(1)の内容を，具体的な時期と人口の数がわかるように日本語
　　で説明しなさい。

問2. 空所（　(2)　）に入れるのに最も適切なものを，次の①〜④から1
　　つ選びなさい。

　　① authoritarian　　　② exceptional
　　③ inappropriate　　　④ normal

問3. 下線部(3)の内容を，具体的な時期と人口の数がわかるように日本語
　　で説明しなさい。

問4. 下線部(4)を日本語に訳しなさい。

問5. 下線部(a)〜(c)に意味が最も近いものを，次の①〜④からそれぞれ1
　　つずつ選びなさい。

　(a)　① attack　　　② refuge
　　　　③ residence　　④ territory
　(b)　① accelerate　　② alter
　　　　③ exemplify　　④ contradict
　(c)　① destiny　　　② disease
　　　　③ routine　　　④ torture

問6. 本文の内容に一致するものを，次の①〜⑥から2つ選びなさい。

　① About one fifth of the world population resided in the
　　Roman Republic in 47 BC.

② Elizabeth the Queen Mother had just one sister and no brothers.

③ In Britain, infant mortality decreased sharply by the end of the Victorian Age.

④ None of Queen Anne's children survived past the age of one.

⑤ The population of Australia decreased and then increased within the last 200 years.

⑥ The rapid growth of population in Britain was a cause of the industrial revolution.

《 Vocabulary Building Exercise 》

次の例文中の空欄に入るものとして最も適切な単語を，後の **Ans.** から1つずつ選んで書きなさい。なお，【 】内は各空欄に入る適切な単語の意味を英語で説明したものです。

1. Changes in the _____ of a society can also change patterns of social need.

【the changing number of births, deaths, diseases, etc. in a community over a period of time; the scientific study of these changes】

2. It makes no sense to _____ a banker to this job.

【to choose somebody for a job or position of responsibility】

3. The artist uses doves to _____ peace.

【to be a symbol or sign of something】

4. Each individual language may _____ several dialects.

【to have somebody/something as members or parts】

5. These laws limit the power of the _____ .

【a person who rules a country, for example, a king or queen】

6. His wife is [_____] with their third child.

【having a baby or young animal developing inside her/its body】

7. Those customs began in China and [_____] spread across East Asia.

【afterwards; after something else has happened】

8. Jack collapsed in [_____] on the floor.

【extreme physical or mental pain】

9. In North and South America, entirely new populations came in, virtually eliminating the [_____] peoples.

【belonging to a particular place rather than coming to it from somewhere else】

10. We have a [_____] task ahead of us.

【that makes you feel slightly frightened because it is impressive or powerful】

Ans.

pregnant	appoint	subsequently	formidable	monarch
comprise	indigenous	demography	agony	represent

《 Summary 》

次の英文は問題英文の要約である。空欄(a)〜(e)に入るものとして最も適切
な単語を後の **Ans.** から1つずつ選んで書きなさい。

If we look back at history, we will realize what kinds of [(a)]
changes have taken place in the last two hundred years. For
instance, when Julius Caesar was appointed [(b)] dictator of
the Roman Republic in 47 BC, there were approximately 250 million
people in the world. By the time Queen Victoria became Britain's
[(c)] in 1837, the world population had grown fourfold to about
1,000 million. However, in the 200 years since then, the world
population has increased an additional sevenfold. This dramatic
growth in population has had a transformative impact on the world.
In addition, the population of [(d)] people in countries like
Australia, Canada and New Zealand has [(e)], while that of
people of European origin has exploded in those countries. All of
these things have caused profound social changes. (134 words)

Ans.

monarch	indigenous	revolutionary	plummeted	percentage
elementary	monogram	perpetual	transportation	industrial

第 11 問 『母からのクリスマスプレゼントの思い出』

目標解答時間：35分　配点：50点

次の英文を読み，設問に答えなさい。

That December, with Christmas approaching, my mother was out at work and Doris was in the kitchen when I *barged into my mother's bedroom one afternoon in search of a safety pin. Since her bedroom opened onto a *hallway, she kept the door locked, but needing the pin, I took the key from its hiding place, unlocked the door, and stepped in. Standing against the wall was a big, black bicycle with balloon tires. (　a　) It was the same second-hand bike I'd been admiring in a Baltimore Street shop window. I'd even asked about the price. It was horribly high. Something like $15. Somehow my mother had managed to save enough for a *down payment and meant to surprise me with the bicycle on Christmas morning.

(1) I was overwhelmed by the discovery that she had spent such money on me and sickened by the knowledge that, bursting into her room like this, I had robbed her of the pleasure of seeing me astonished and delighted on Christmas day. I hadn't wanted to know her lovely secret; still, stumbling upon it like this made me feel as though I'd struck a blow against her happiness. (　b　)

I resolved that between now and Christmas I must do nothing, absolutely nothing, to reveal the slightest hint of my terrible knowledge. (　c　) Nothing must deny her the happiness of seeing me stunned with amazement on Christmas day.

In the privacy of my bedroom I began composing and testing exclamations of delight: "Wow!" "A bike with balloon tires! I don't believe it!" "I'm the luckiest boy alive!" And so on. (2) Then I realized that, with my lack of acting talent, all of them were going to sound false at the critical moment when I wanted to cry out my love spontaneously from the heart. ₍₃₎ Maybe it would be better to say nothing but appear to be shocked into such deep pleasure that speech had escaped me. In front of a hand-held mirror in my bedroom I tried the whole range of expressions: mouth *agape and eyes wide; hands slapped firmly against both cheeks to keep the jaw from falling off; ear-to-ear grin with all teeth fully exposed while hugging the *torso with both arms. These and more I practiced for several days without becoming confident in any of them. (　d　)

That Christmas morning she roused us early, "to see what Santa Claus brought," she said with just the right tone of irony to indicate we were all old enough to know who Santa Claus was. I came out of my bedroom with my presents for her and Doris, and Doris came with hers. My mother's had been placed under the tree during the night. There were a few small glittering packages, a big doll for Doris, but no bicycle. I must have looked disappointed.

"It looks like Santa Claus didn't do too well by you this year, son," she said, as I opened packages. A shirt. A necktie. I said something halfhearted like, "It's the thought that counts," but what I felt was bitter disappointment. (　e　)

"Wait a minute!" she cried, snapping her fingers. "There's something in my bedroom I forgot all about."

She beckoned to Doris, the two of them went out, and a moment later came back wheeling between them the big black two-wheeler with balloon tires. (　f　) The three of us — Doris, my mother, and I — were people bred to repress the emotional expressions of love, but I did something that startled both my mother and me. I threw my arms around her spontaneously and kissed her.

"All right now, don't carry on about it. It's only a bicycle," she said.

Still, I knew that she was as happy as I was to see her so happy.

注）barge: 乱暴に入り込む　　hallway: 玄関ホール　　down payment: 頭金
agape: 口をぽかんと開けて　　torso: 胴体

問1．下線部(1)を日本語に訳しなさい。

問2．下線部(2)を日本語に訳しなさい。

問3．下線部(3)を日本語に訳しなさい。

問4．空所（　a　）〜（　f　）に入れるのに最も適切なものを，次の①
〜⑥からそれぞれ1つずつ選びなさい。ただし，同じものを2度以上選
ぶことはできません。

① I recognized it instantly.

② I didn't have to fake my delight, after all.

③ I supposed she'd found the bike intolerably expensive and
sent it back.

④ I backed out, put the key back in its hiding place, and
pondered privately.

⑤ I decided to wait until Christmas morning and see if
anything came naturally.

⑥ I must avoid the least word, the faintest intonation, the
weakest gesture that might reveal my possession of her
secret.

《 Vocabulary Building Exercise 》

　次の例文中の空欄に入るものとして最も適切な単語を，後の *Ans.* から1
つずつ選んで書きなさい。なお，【　】内は各空欄に入る適切な単語の意味
を英語で説明したものです。

1．You might not ［　　　］ the name, but you'll know her face.
【to know who somebody is or what something is when you see
or hear them, because you have seen or heard them before】

2. In middle age, people ☐ money which they will use to support themselves in retirement.
[to keep money instead of spending it, especially in order to buy a particular thing]

3. The crowds and noise in the city may ☐ your parents.
[to have such a strong emotional effect on somebody that it is difficult for them to resist or know how to react]

4. His careless words would sometimes ☐ his daughters.
[to make somebody feel very shocked and angry]

5. You cannot ☐ this opportunity to your children.
[to refuse to allow somebody to have something that they want or ask for]

6. We intend to ☐ all the alternatives before acting.
[to think about something carefully for a period of time]

7. Farmer cooperation is seen as ☐ for the continued expansion of organic farming.
[extremely important, for example because a future situation will be affected by it]

8. The main characters are portrayed with a mixture of ☐ and sympathy.
[the use of words that say the opposite of what you really mean in order to emphasize something or to be funny]

9. She appeared to ☐ us to sit down on the sofa.
[to signal to somebody to come to you]

10. It was not easy for me to ☐ that I would never see her again.
[to make a firm decision to do something]

Ans.

recognize	deny	save	beckon	irony
overwhelm	critical	sicken	ponder	resolve

《 Summary 》

次の英文は問題英文の要約である。空欄(a)～(e)に入るものとして最も適切な単語を後の *Ans.* から1つずつ選んで書きなさい。

One Christmas, the author accidently discovered that his mother had bought him a [(a)] bike he really wanted. He was [(b)] by the discovery that she had spent so much money on a gift for him, but he didn't want to [(c)] her the pleasure of seeing his happy, surprised expression on Christmas morning, so he decided to practice making [(d)] of delight. In the end, he didn't have to act, because his mother kept the bike hidden in her bedroom. At first, he thought she had returned the bike, so when his mother finally showed it to him, he [(e)] hugged and kissed her. She told him not to get so excited, but he knew that she was pleased. (120 words)

Ans.

exclamations	rob	explanations	overwhelmed	second-hand
spontaneously	deny	custom-made	overturned	splendidly

第 12 問 『効果的な少子化対策とは』

目標解答時間：35分　配点：50点

次の英文を読み，設問に答えなさい。

Should rich countries try to get their citizens to have more children? Social conservatives generally say yes. Centrists often tentatively agree, worrying that the financial burden of paying for aging populations will be intolerable for a (a) shrinking base of young workers. Liberals often counter that having more people in rich countries would just put pressure on the environment, and that population problems are better solved by higher immigration.

The truth is, the right answer to this question probably varies from country to country. (1) In the U.S., boosting the fertility rate isn't a big priority. The U.S. has a total fertility rate of 1.8 children per woman, which is reasonably close to the *replacement rate of 2.1 — i.e., the rate that leads to long-term population stability. Also, the U.S. tends to be welcoming to immigrants, and (at least, up until now) has been able to attract large numbers of the kinds of skilled immigrants who contribute most to fiscal and financial sustainability.

But for rich countries in Europe and East Asia, the picture isn't so (b) rosy. These countries have historically defined their national identity less in terms of universal ideals and more in terms of shared ancestry and ethnicity. Liberals would like to change this fact. (2) However, countries such as Germany, Japan and South Korea probably can't import enough people to cancel out aging without experiencing increased nationalism. Also, these countries are in a much worse situation in terms of fertility. Japan's rate is at 1.46, Germany's at 1.5 and South Korea's at a startlingly low 1.24. Without more babies, these countries' economies are in danger.

How can the government raise the country's fertility rate? Singapore's failure to raise birth rates by encouraging marriage and paying people to have more children has been much publicized, leading some to believe that a policy promoting childbirth is useless. But Singapore might be a special case. It's a city-state, with an extremely high population density. Countries with more room for lower-density suburbs may be a different story.

The most obvious solution — paying people to have children — sometimes causes a short-term spike in birth rates. But a lot of this is probably due to timing. Parents who were planning to have children at some point have them earlier in order to claim the benefit immediately. (3) Over the long run, some of these direct childbearing subsidies leave fertility rates unchanged. Some studies have found that childbearing subsidies raise fertility rates even after timing effects are removed, but the effect is (c) modest.

But there are two other policies that show more promise as long-term birth rate boosters. These are child-care subsidies and paid-parental leave. Both of these policies (4) (of / to / it / the / bear / make / easier / burden) child-rearing. They allow you to maintain your job and not lose your position on the career ladder in order to take care of your child. This is probably a lot bigger in financial terms than any government baby bonus could ever be.

There is encouraging evidence that these policies boost fertility rates. Demographers Olivier Thevenon and Anne Gauthier surveyed the evidence in rich countries, and found that "policies that facilitate the work-family balance seem to have a strong influence on the decision to have children or not." In other words, it's not just a timing effect. Policies to make it easier for people to both have children and keep a job or career change the whole decision of whether or not to have children. Other studies tend to confirm (5) this finding.

So countries like Japan, Germany and South Korea do have a way

68

out of their low-fertility trap that doesn't require potentially destabilizing levels of immigration. Paid parental leave and heavily subsidized day care aren't cheap, but they work. And even countries like the U.S., where the fertility rate isn't a (d) pressing issue, should consider reducing pressure on struggling young parents by adopting some of these pro-family policies.

Noah Smith, Rich Nations Need a Cure for the Baby Bust, Bloomberg

注）replacement rate: 人口置換水準

問１．下線部(1)のように筆者が考える２つの理由を，日本語で簡潔に記述しなさい。

問２．下線部(2)を日本語に訳しなさい。

問３．下線部(3)を日本語に訳しなさい。

問４．下線部(4)の（　　）内の単語を正しく並べ替えなさい。

問５．下線部(5)の具体的な内容を，日本語で説明しなさい。

問６．下線部(a)～(d)に意味が最も近いものを，次の①～④からそれぞれ１つずつ選びなさい。

(a) ① declining　　② expanding
　　③ promising　　④ transforming

(b) ① complicated　② deplorable
　　③ favorable　　④ simple

(c) ① long-lasting　② negligible
　　③ tremendous　④ undeniable

(d) ① difficult　　② emotional
　　③ minor　　　④ urgent

《 Vocabulary Building Exercise 》

次の例文中の空欄に入るものとして最も適切な単語を，後の **Ans.** から１つずつ選んで書きなさい。なお，【　】内は各空欄に入る適切な単語の意味を英語で説明したものです。

1. One of the best-known cases of illegal ⬚ is that of Mexicans moving into the U.S.

   [the process of coming to live permanently in a country that is not your own]

2. Anxiety and stress affect ⬚ in both men and women.

   [the ability to produce babies, young animals, fruit or new plants]

3. Switzerland is known for its political ⬚ .

   [the quality or state of not changing or being disturbed in any way]

4. The creation of an efficient and ⬚ transport system is critical to the long-term future of London.

   [able to continue or be continued for a long time]

5. The author appeared on television to ⬚ her latest book.

   [to make something known to the public]

6. The Netherlands is a smaller country, with a greater population ⬚ .

   [the number of people or things in a particular area or space]

7. Their future was full of ⬚ .

   [a sign that somebody/something will be successful]

8. European farmers are planning a massive demonstration against farm ⬚ cuts.

   [money that is paid by a government or an organization to reduce the costs of services or of producing goods]

9. Many companies are now offering paternity ⬚ .

   [a period of time when you have permission to be away from work for a holiday or for a special reason]

10. The new airport will ☐ the development of tourism.

【to make an action or a process possible or easier】

Ans.

immigration	publicize	promise	fertility	stability
sustainable	leave	facilitate	density	subsidy

《 Summary 》

次の英文は問題英文の要約である。空欄(a)〜(e)に入るものとして最も適切な単語を後の *Ans.* から1つずつ選んで書きなさい。

Many rich countries are struggling with the problem of low ☐(a)☐ rates. The populations of countries must remain stable to keep the financial burden of paying for aging populations from becoming ☐(b)☐. One solution is immigration, but countries in Europe and East Asia have historically defined their national identities in terms of shared ☐(c)☐, so high immigration rates could lead to nationalism. Singapore tried paying people to have more children, but the policy failed, possibly because it has a high population ☐(d)☐. Two solutions which show promise are to provide child-care subsidies and paid-parental leave. These solutions are expensive, but they are effective because they ☐(e)☐ a healthy work-family balance. (110 words)

Ans.

density	intolerable	fertility	infatuate	intellectual
growth	savings	ancestry	facilitate	interest

第13問 『仕事の形態の変化が現代人の精神に及ぼす影響』

目標解答時間：40分　配点：50点

次の英文を読み，設問に答えなさい。

"What do you do?" It's simultaneously the most common and least elegant way to begin a conversation with a stranger. But it sure gets to the *rub. Our work pervades our sense of self. Often that begins with our names: if you are an English Smith, a German Schmidt or an Italian Ferraro, you are just one of many with a brand identity determined by the employment your ancestors took.

In the rich countries of the world, where switching jobs is often routine and opportunities for self-expression and development outside of work are greater than ever before, you might expect this identification with work to be diminishing. (　a　) In a 2014 Gallup survey, 55 per cent of US workers said they got a sense of identity from their job, a figure that rises to 70 per cent for college graduates. In an increasingly automated world where the nature of work is always changing, that could present a problem. But it is also an opportunity: start to examine the reasons (1) (we / so / do / much / means / what / why) to us, and the effects it has on us, and we can begin to make work better for all of us.

In doing so, it's important to first realise how that work has meant very different things at different times. We have evidence for employer-employee relationships stretching back thousands of years, but the concept of working in a distinct profession for a set number of hours each week is a relatively recent one. Even in medieval Europe, when the rise of differentiated professions led to the invention of surnames, our sense of belonging was more likely to be determined by our family, religion or the place we lived, says Benjamin Hunnicott, who studies the history of work and leisure at the University of Iowa. ₍₂₎ It was only with the rise of paid employment in the 19th century that the notion of work as an end in itself — and a source of identity — begins to crop up, he says.

Wind forward to today and one thing is for sure: work does fill a lot of our lives. Although in rich countries the average amount of time people work each year has declined over the past half-century — from around 2100 hours in 1960 to below 1600 hours in 2005, according to a 2011 OECD report — factors such as the rise in paid leave account for a lot of ₍₃₎ that. For white-collar workers not on vacation, work dominates. In 2005, the proportion of high-skilled people in the UK working at least 50 hours a week hit 20 per cent. That has since gone down a bit, but an analysis published last year shows that such extreme working hours have been rising in the US, Canada and Europe since 1970.

Even when we aren't at work, it can feel like we are. Smartphones mean ₍₄₎ white-collar workers are connected to their jobs at all times. "Modernist distinctions like home-office, work-leisure, public-private and even self-other no longer hold fast," wrote New York University sociologist Dalton Conley in his 2009 book *Elsewhere, USA*. Since then, the *proliferation of mobile technologies means this always-on culture has spread enormously, he says.

It's easy to see that as a bad thing for ourselves and our relationships with others. And sure, work can be long, stressful, boring and just plain hard. (b)

"The miserable effects of unemployment are pretty well documented by social scientists," says David Frayne at Cardiff University, UK. That goes beyond simply the poverty that usually accompanies unemployment. In 2005, Brian Faragher, then at the University of Manchester in the UK, and his colleagues looked at 485 previous studies of the relationship between job satisfaction and health. ₍₅₎ They showed that people who were happy in their jobs were more likely to be healthy, and in particular were less likely to experience depression, anxiety or low self-esteem compared with those less satisfied with their jobs. A review carried out for the UK government in 2006 showed that any stress work creates is, on balance, likely to be outweighed by the problems of not having a job.

注) rub: ある状況における中心的な問題や難点
  proliferation: 何かの量や数が急激に増えること

問1. 下線部(1)の（　　）の中の単語を正しく並べ替えなさい。

問2. 下線部(2)を日本語に訳しなさい。

問3. 下線部(3)が表す内容を日本語で記述しなさい。

問4. 下線部(4)が表す内容を端的に表す語句を，本文中から抜き出して書きなさい。

問5. 下線部(5)を日本語に訳しなさい。

問6. 空所（　a　），（　b　）に入れるのに最も適切なものを，次の①〜④からそれぞれ1つずつ選びなさい。

  ①　That's that.　　　　②　Not so.
  ③　But it's not all bad.　　④　It goes without saying.

問7. 本文の内容に一致するものを，次の①〜⑤から1つ選びなさい。

  ①　People in industrialized countries ceased to identify themselves with their occupations several decades ago.

  ②　Faced with an increasing number of working hours in the modern world, not being engaged in any work at all helps us to reduce the amount of stress in our lives.

  ③　We often ask strangers what kind of work they do because work is such an important part of our identity.

  ④　Surnames have been inherited from generation to generation, stretching way back beyond medieval times.

  ⑤　We need to understand the importance of work in our lives to become more efficient.

74

《 Vocabulary Building Exercise 》

次の例文中の空欄に入るものとして最も適切な単語を，後の **Ans.** から 1 つずつ選んで書きなさい。なお，【 】内は各空欄に入る適切な単語の意味を英語で説明したものです。

1. The two guns fired almost _____ .
【at the same time as something else】

2. Members of a film audience tend to _____ themselves with the film's hero or heroine.
【to have a close association or connection with somebody/something】

3. This book is divided into two _____ parts.
【clearly different or of a different kind】

4. Most states in _____ Europe were feudal in structure.
【connected with the Middle Ages (about AD 1000 to AD 1450)】

5. Agricultural industries such as dairy farming continue to _____ .
【to become smaller, fewer or weaker】

6. Diet books _____ bestseller lists.
【to be the most important or obvious feature of something】

7. This study is the first to _____ the massive population changes in the area.
【to record the details of something; to prove or support something with records】

8. Nausea is likely to _____ this therapy.
【to happen or appear with something else】

9. She suffered from severe _____ after losing her job.

〔a medical condition in which somebody feels very sad and anxious〕

10. The costs of such decisions are likely to _____ their benefits.

〔to be greater or more important than something〕

Ans.

decline	distinct	accompany	simultaneously	dominate
medieval	document	depression	identify	outweigh

《 Summary 》

次の英文は問題英文の要約である。空欄(a)〜(e)に入るものとして最も適切
な単語を後の **Ans.** から1つずつ選んで書きなさい。

When we meet someone new, we usually ask them what they do.
This is because the kind of work we do is an important part of our
identity. This was not true in medieval Europe, when our sense of
[(a)] was connected to our family instead of our work. You
might assume that people [(b)] with their work less and less
nowadays, since [(c)] jobs has become so common in rich
countries. But many college graduates say they get a sense of
identity from their jobs, and work has clearly come to [(d)] the
lives of white-collar workers. Moreover, the proliferation of mobile
technologies means that people cannot disconnect from their jobs.
This can be stressful, but it may be better than being unemployed.
Having a job that you are satisfied with can lead to better health
and lower the risk of [(e)]. (143 words)

Ans.

depression	switching	belonging	identify	diminish
distinguish	satisfy	beginning	quitting	dominate

第14問 『産業革命が果たした役割とは何だったのか』

目標解答時間：40分　配点：50点

次の英文を読み，設問に答えなさい。

What exactly is an "industrial revolution"? Historians have been debating this since the late eighteenth century, when they first noticed that something (a) startling was happening to growth rates. It was already obvious that the manufacturing and trade boom that came with the first factories had changed the economy, but the sheer magnitude of it wasn't immediately clear, in part because statistics were hard to find. But by the 1790s, (1) the effects didn't need an accountant to observe them. Populations were simply exploding, and (　ア　) in history, wealth was spreading beyond *landed gentry, royalty, and other elites.

Between 1700 and 1850, the population of Great Britain tripled. And between 1800 and 2000, average *per capita income, inflation adjusted, grew tenfold. Nothing like this had ever happened before in recorded history. It seemed clear that this social revolution was connected somehow to the industrial (b) quarters that were increasingly dominating England's fast-growing cities. But why mechanization led to population growth, to say (　イ　) of the other booming quality-of-life measures, took longer to figure out.

There was, of course, more to it than just factories. Improved farming methods, including the fencing-in of pastures that avoided the *"tragedy of the commons" problem, had a lot to do with it. And more children were living to adulthood, (　ウ　) the invention of the *smallpox vaccine and other medical advances. But industrialization helped even more.

Although we think of factories as the "dark satanic mills" of *William Blake's phrase, (c) poisoning their workers and the land, the main effect of industrialization was to improve health. As people moved from rural communities to industrial towns, they moved from mud-walled cottages to brick buildings, which protected them from the damp and disease. (2) Mass-produced cheap cotton clothing and good-quality soap allowed even the poorest families to have clean clothing and practice better hygiene, since cotton was easier to wash and dry than wool. Add to that the increased income that allowed a richer and more varied diet and the improved access to doctors, schools, and other shared resources that came with the migration to cities, and whatever ill effects resulted from working in the factories (3) were more than compensated for by the positive effects of living around them. (To be clear, working in factories was tough, with long hours and poor conditions. But the statistics suggest that working on farms was even worse.)

The difference between life before and after this period is really quite amazing. Our modern expectation of continual growth and improving quality of life is just a few hundred years old. Before that, things stayed more or less the same, which is to say pretty bad, for thousands of years. Between 1200 and 1600, the average life span of a British noble (for whom records were best kept) didn't go up by (d) so much as a single year. Yet between 1800 and today, life expectancy for white males in the West doubled, from thirty-eight years to seventy-six. The main difference was decline in child mortality. But even for those who survived childhood, life expectancy grew by about twenty years over that period, a jump of a magnitude never before seen.

The explanation for this had to do with all sorts of changes, from improvements in hygiene and medical care to urbanization and education. But the common factor is that as people got richer, they got healthier. And they got richer because their abilities were being amplified by machines, in particular machines that made stuff. Of course, humans have been using tools since prehistory and one could argue that the "technologies" of fire, the plow, domesticated animals, and selective breeding (4) were as defining as any steam engine. But agricultural technologies just allowed us to feed more people more easily. There was something (エ) about machines that allowed us to make products that improved our quality of life, from clothes to transportation.

For one thing, people around the world wanted such goods, so they drove trade. Trade, in turn, drove the engine of comparative advantage, so that countries did what they could do best and imported the rest, which improved everyone's productivity. And that, in turn, drove growth. As went the cotton mills of Manchester, so went the world economy.

"The History of the Future" from MAKERS: THE NEW INDUSTRIAL REVOLUTION
by Chris Anderson, copyright (c) 2012 by Chris Anderson.
Used by permission of Penguin Random House LLC. All rights reserved.

注) landed gentry: 地主階級　　per capita: 一人当たりの
"tragedy of the commons": 「共有地の悲劇」，多数者が利用できる共有資源が乱獲されることによって資源の枯渇を招いてしまうという経済学の概念
smallpox: 天然痘
William Blake: ウィリアム・ブレイク（イギリスの詩人，画家）

問1．下線部(1)に最も意味が近いものを，次の①〜④から1つ選びなさい。

①　a specialist would be required to find the effects

②　it was necessary to be an expert to perceive the effects

③　the effects could be seen easily by everyone

④　the effects were far from being studied

問2．下線部(2)を日本語に訳しなさい。

問3．下線部(3)に最も意味が近いものを，次の①〜④から1つ選びなさい。

①　were greatly reduced by the merits of living near factories

②　were responsible for the fact that people began to live away from factories

③ were strongly influenced by living in the neighborhood of factories

④ were unrelated to the advantages people enjoyed while living close to factories

問４．下線部(4)に最も意味が近いものを，次の①〜④から１つ選びなさい。

① were equally significant as the steam engine

② were more polluting than any steam engine

③ were not so useful as steam engines

④ were superior to every steam engine

問５．下線部(a)〜(d)に最も意味が近いものを，次の①〜④からそれぞれ１つずつ選びなさい。

(a) ① amusing ② disappointing
③ satisfying ④ surprising

(b) ① districts ② halves
③ margins ④ terms

(c) ① bothering ② controlling
③ developing ④ harming

(d) ① almost ② even
③ over ④ at least

問６．空所（ ア ）〜（ エ ）に入れるのに最も適切なものを，次の①〜④からそれぞれ１つ選びなさい。

ア ① at first ② first of all
③ for the first time ④ in the first place

イ ① anything ② everything
③ nothing ④ something

ウ ① for the purpose of ② in opposition to
③ in spite of ④ thanks to

エ ① available ② different
③ negative ④ similar

問７．本文の内容に一致するものを，次の①〜⑧から３つ選びなさい。

① The significance of an industrial revolution was possible to accurately understand in the late eighteenth century.

② The population of Great Britain in 1850 became one third as large as that in 1700.

③ It was necessary to pay attention to factors other than factories in order to understand the relationship between mechanization and population growth.

④ With the industrial revolution, improvements in farming methods lost their importance.

⑤ Moving from industrial towns to the countryside was closely connected with improvements in health.

⑥ The average life expectancy was almost the same between 1200 and 1600 based on the data kept for the British aristocracy.

⑦ According to the writer, the growth of life expectancy had something to do with people's wealth.

⑧ The writer comes to the conclusion that different kinds of machines failed to enhance our quality of life.

《 Vocabulary Building Exercise 》

次の例文中の空欄に入るものとして最も適切な単語を，後の **Ans.** から1つずつ選んで書きなさい。なお，【 】内は各空欄に入る適切な単語の意味を英語で説明したものです。

1 . The _____ thing was that no one was killed in the accident.
【extremely unusual and surprising】

2 . The _____ show that the number of complaints has declined in recent years.
【a collection of information shown in numbers】

3. We talked to the company's chief [_____].
[a person whose job is to keep or check financial accounts]

4. It offers an excellent description of the life of women in the Jewish [_____].
[a district or part of a town]

5. Fortunately there are two types of [_____] against the disease.
[a substance that is put into the blood and that protects the body from a disease]

6. Much of the industry is small-scale and scattered in villages in [_____] areas of the country.
[far away from large towns or cities]

7. The level of sanitation and [_____] was extremely poor.
[the practice of keeping yourself and your living and working areas clean in order to prevent illness and disease]

8. Abundant labour can [_____] for poor technology.
[to reduce, balance or remove the negative effect of something]

9. Reduced [_____] among newborns led to an increase in life expectancy.
[death, especially on a large scale]

10. Insufficient explanations only [_____] public distrust.
[to increase the strength or intensity of something]

Ans.

mortality	rural	startling	quarter	statistics
accountant	amplify	hygiene	vaccine	compensate

《 Summary 》

次の英文は問題英文の要約である。空欄(a)～(e)に入るものとして最も適切な単語を後の **Ans.** から１つずつ選んで書きなさい。

At first, the sheer ⬚(a) of the change brought about by the industrial revolution wasn't fully understood because there were few ⬚(b) available. But soon it became clear that the population was exploding because wealth was spreading beyond the ⬚(c) classes. While factories had some negative effects on people and the environment, the better housing, ⬚(d) and nutrition available in cities greatly improved the lives of people who migrated to them from rural areas. As a result, there was a dramatic increase in life expectancy, mainly due to a decrease in child⬚(e). Simply stated, machines allow us to make products that improve the quality of our lives, and then trade encourages different countries to produce what they are best at and import the rest. (125 words)

Ans.

statistics	elementary	hygiene	information	elite
mortality	magnetic	magnitude	examples	rights

第15問 『国の経済成長と医療の充実との相互作用』

目標解答時間：45分　配点：50点

次の英文を読み，設問に答えなさい。

As countries get richer, they spend more on health. This is known as "the first law of health economics". As a share of *GDP, richer countries spend roughly twice as much on health as poorer countries. But this does not mean that once the world gets richer, *universal health care will necessarily follow. Nor are rising incomes the only cause of improving health. Wealth and health are linked, but only to a certain degree.

In *The Great Escape*, a book on the historical relationship between health and economic growth, the economist Angus Deaton explains that a country's GDP per person is linked to its life expectancy. On average, as countries' GDP per person rises, their people live ((1)). Higher incomes mean they have more money to buy food and medicines, and governments are better able to afford public-health measures such as clean water and toilets. But (2) life expectancy has increased even more than rising incomes would suggest. For Mr. Deaton this is evidence that income is not the only factor; the way knowledge is applied also matters. "There are ways of ensuring good health in poorer countries, and in richer countries there are ways of spending large amounts of money to no purpose," he says. (3) America is a good example of this.

Some countries achieved near-universal health care when they were still relatively poor. Japan reached 80% when its GDP per person was about $5,500 a year. More recently, several developing countries have shown that low income and universal health care (4) are not mutually exclusive. Thailand, for example, has a universal health-insurance programme and a life expectancy close to that of the rich countries in the *OECD. In both Chile and Costa Rica income per person is roughly 25% of that in the United States and health spending per person just 12%, but life expectancy in all three countries is about the same. Rwanda's GDP per person is only $750, but its health care system covers more than 90% of its population, and infant mortality has decreased by half over the last ten years.

(5) This may start a positive process. It is becoming increasingly clear that better health can lead to higher incomes, as well as (6) the other way around. Economists at the World Bank used to consider spending on health merely a social cost, but now they believe that it speeds up growth, says Timothy Evans, one of its senior directors. (7) A study carried out in Switzerland in 2011 looked at 12 European countries between 1820 and 2010 and found a close link between the expansion of health care, a fall in mortality rates, and growth in GDP per person. A paper by two American economists, Dean Jamison and Lawrence Summers, found that 11% of the income gains in poorer countries between 1970 and 2000 were due to lower adult-mortality rates.

Smaller-scale studies support these historical analyses. Eliminating malaria, for example, is associated with children receiving more schooling and going on to earn more money as adults. And (8) more efficient health care systems mean lower personal health costs, which can encourage consumer spending.

New research has added to the argument in favour of universal health care, and global health organizations have learnt that eliminating some diseases is hard in places where basic health systems are ineffective. Indeed, programmes that concentrate on only one disease, such as the programme set up in 2014 to fight the outbreak of *Ebola in the West African nation of Sierra Leone, can make the problem worse by shifting health workers away from general health care. (9) The number of children treated for malaria in Sierra Leone in September 2014 was 39% lower than four months earlier because health workers were busy dealing with the Ebola outbreak. Probably more people died as a result of the indirect response to Ebola than from Ebola itself.

Making a commitment to universal health care is the easy part. For both governments and international organizations, the hard part is to find ways to make the best use of limited resources and then get on with practical and efficient reform.

注) GDP: 国内総生産（Gross Domestic Product）
universal health care: 国民皆医療保険（制度）
OECD: 経済協力開発機構（Organization for Economic Co-operation and Development）
Ebola: エボラ出血熱

問1. 空所（ (1) ）に入れるのに最も適切な英単語1語を答えなさい。

問2. 下線部(2)が意味することを，次の①〜④から1つ選びなさい。

① it is not clear if rising incomes have had any effect on the increase in life expectancy

② rising incomes are probably not the only reason for the increase in life expectancy

③ the increase in life expectancy is entirely the result of rising incomes

④ the increase in life expectancy suggests that incomes will rise

問3. 下線部(3)はどのようなことを言っているのか，日本語で簡潔に説明しなさい。

問4. 下線部(4)の意味に最も近いものを，次の①〜④から1つ選びなさい。

① can be achieved easily

② can exist at the same time

③ cannot be developed easily

④ cannot function at the same time

問5．下線部(5)が指す具体的な内容として最も適切なものを，次の①〜④から1つ選びなさい。

① a significant increase in infant mortality in Rwanda

② increased life expectancy in Latin American nations

③ more efficient health care systems in poorer countries

④ rapid economic growth within the OECD

問6．下線部(6)はどのようなことを言っているのか，日本語で簡潔に説明しなさい。

問7．下線部(7)の研究の結果として最も適切なものを，次の①〜④から1つ選びなさい。

① Around one-tenth of people in less wealthy nations have become richer due to improved life expectancy.

② As a country's health care system develops, its people tend to live longer and become wealthier.

③ It is not clear if greater spending on health care has a positive effect on economic development.

④ The high cost of expanding a nation's health care system can cause serious economic problems.

問8．下線部(8)の内容に最も近いものを，次の①〜④から1つ選びなさい。

① Cheaper health care allows people to spend more money on other things.

② Health care will only become more efficient when people spend more money.

③ If people are encouraged to spend more, their health is likely to improve.

④ In order to improve health care, governments need to control consumer spending.

問9. 下線部(9)を日本語に訳しなさい。

問10. 本文の内容に一致するものを，次の①〜⑦から2つ選びなさい。

① Health and life expectancy are largely determined by economic growth.

② Japan once spent up to 80% of its GDP on universal health care.

③ Chile and Costa Rica spend more on health care than the United States.

④ Rwanda has nearly achieved universal health care, in spite of its poverty.

⑤ Economists at the World Bank continue to worry about the social cost of health care spending.

⑥ Educating children has more economic benefits than eliminating diseases.

⑦ In Sierra Leone, fewer people died due to Ebola than due to other diseases in 2014.

《 Vocabulary Building Exercise 》

次の例文中の空欄に入るものとして最も適切な単語を，後の **Ans.** から1つずつ選んで書きなさい。なお，【 】内は各空欄に入る適切な単語の意味を英語で説明したものです。

1. There have been many studies attempting to [＿＿＿＿] obesity and depression.

【to state that there is a connection or relationship between two things or people】

2. Low-income households cannot [＿＿＿＿] (to own) private vehicles.

【to have enough money or time to be able to buy or to do something】

3. You should _____ that patients have the opportunity to make informed choices.

【to make certain that something happens】

4. They have built a _____ supportive relationship.

【done equally by two or more people or things】

5. Until 1994, the South African government was racially _____ .

【not very willing to allow certain people to become members】

6. Statistical _____ reveals an interaction between all three factors.

【the detailed study or examination of something conducted in order to understand more about it】

7. The priority should be to _____ child poverty.

【to remove or get rid of something/somebody】

8. The system is intended to ensure effective and _____ use of resources.

【doing something well and with no waste of time, money or energy】

9. She was born just three weeks before the _____ of war.

【the sudden start of something unpleasant, especially violence or a disease】

10. The government made an explicit _____ to increasing public expenditure.

【a promise to do something or to behave in a particular way】

Ans.

afford	outbreak	analysis	link	exclusive
eliminate	ensure	commitment	mutually	efficient

《 Summary 》

次の英文は問題英文の要約である。空欄(a)〜(e)に入るものとして最も適切な単語を後の **Ans.** から1つずつ選んで書きなさい。

Generally speaking, as the people of a country become richer, they live longer. This is partly because they have more money to spend on things like food and medicines. However, income may not be the only ____(a)____ in determining how healthy people will be. Some poorer countries manage to provide health care that is nearly ____(b)____ . As a result, life ____(c)____ has risen dramatically in those countries. Economists have found that the ____(d)____ of health care in a country can lead to a higher GDP per person. If governments find ____(e)____ and efficient ways to use their limited resources, they can provide health care for their citizens that will greatly improve their lives. (113 words)

Ans.

universal	expansion	practical	expectancy	reason
limit	expensive	exceptional	expectation	factor

第 16 問 『騒音公害への対策の必要性』

目標解答時間：40分　配点：50点

次の英文を読み，設問に答えなさい。

To admit that you regard noise as a problem can cause you to be seen as peculiar, old-fashioned, not part of the modern world. Noise, however, is the form of pollution that disturbs more people in their daily lives than any other. (1) The picture is consistent across the globe. In Rio de Janeiro, noise regularly tops the list of complaints. In New York, noise is invariably the number one issue on the city's helpline. In Europe, 450 million people, that is 65 percent of the total population, are exposed daily to noise levels which the World Health Organization (WHO) regards as unacceptable. In factories, in mines, and on construction sites, noise remains a significant problem, particularly in the poorer countries.

Moreover, noise is threatening to harm the planet's natural sound systems in much the same way that climate change is threatening to bring about uncontrolled global warming. It is estimated that over the past forty years roughly a third of the planet's ecosystems have become extinct due to noise pollution and that (2) underwater noise has doubled for each of the past five decades. Yet there is no mass movement pushing for action to deal with global noise pollution and few governments have put it anywhere near the top of their political agenda. For most, noise remains 'the forgotten pollutant'.

Despite the fact that noise is a problem everywhere, with a proven impact on our health and quality of life, and on our planet, (3) few governments have anything like a coherent strategy in place to deal with it; and, for the environmental movement, it is rarely an issue. This lack of interest from environmentalists may result from the way society has failed to give enough priority to noise problems. But it may also (a) a lack of real knowledge within the environmental movement of how seriously noise is threatening the planet as well as depriving people of the chance to enjoy the peace and quiet of the natural world.

So why do most governments fail to deal with noise?

Pressure from big business plays a role. Companies in many industries — from aviation to tire manufacture — have fought hard against tighter noise regulation. The globalized market, too, can work against efforts to deal with noise. It generates pressure to (b) goods as cheaply as possible, meaning many employers fail to (c) in noise-reducing devices, particularly in developing countries, where 75 percent of the world's workers are employed. Perhaps more fundamentally, globalization depends on cheap long-distance transport to function. Aircraft and ships, both of which generate a lot of noise, have become the workhorses of the global economy.

It is too simple to (d) all the blame at the door of big business and globalization. As consumer society has become established, many ordinary people have come to (e) noise in a quite unexpected way. (4) There are fascinating signs, most obvious in the richer countries of the world where the consumer society has become firmly rooted, that a growing number of people not only accept noise but see it as something positive because it is associated with the consumer goods they value. It is not noise that disturbs them, but silence. It seems that attitudes towards noise are being shaped and changed by the consumer society.

These new attitudes are putting competing pressures on governments. There are two worlds colliding: the people who broadly enjoy the noise of the consumer society; and their fellow citizens who are increasingly disturbed by it. Faced with competing views, governments may fail to see the importance of dealing with noise, thus leaving many to live with the misery of their noise problem.

(5) While noise can and does affect rich and poor alike, it is poorer communities throughout the world that are most exposed to it and, as a rule, have the least opportunity to do anything about it. If governments fail to deal with noise, the biggest impact will be on low-income and vulnerable people, and the worst affected of all will be poor communities in the poorer parts of the world.

Why Noise Matters: A Worldwide Perspective on the Problems,

Policies and Solutions, John Stewart, Francis McManus,

Nigel Rodgers, Val Weedon, Arline Bronzaft,

Copyright (c) 2011, Routledge, Reproduced by permission of Taylor & Francis Group

問１．下線部(1)が意味することとして最も適切なものを，次の①〜④から１つ選びなさい。

① Many people all over the world are greatly bothered by noise pollution.

② More than any other species on earth, humans are troubled by noise pollution.

③ Noise levels are the same everywhere on earth.

④ Noise levels differ from place to place.

問２．下線部(2)を日本語に訳しなさい。

問３．下線部(3)が意味することとして最も適切なものを，次の①〜④から１つ選びなさい。

① Few governments have adopted anything that resembles a sensible strategy for dealing with noise.

② Few governments are reluctant to make clear strategies to deal with noise.

③ Few governments are interested in constructing facilities to handle noise problems.

④　Few governments know where to construct facilities to handle noise problems.

問４．下線部(4)を日本語に訳しなさい。

問５．下線部(5)を日本語に訳しなさい。

問６．空所（　a　）～（　e　）を入れるのに最も適切なものを，次の①～⑤からそれぞれ１つずつ選びなさい。ただし，同じものを２度以上選ぶことはできません。

①　create　　②　embrace　　③　invest　　④　lay

⑤　reflect

問７．本文の内容に一致するものを，次の①～④から１つ選びなさい。

①　Although big business favors tighter noise control, governments have failed to deal with noise pollution.

②　Governments are eager to create effective strategies for dealing with global noise pollution.

③　Governments neglect noise pollution because of competing pressures from big business and environmentalists.

④　Seeing that people disagree about whether noise is harmful, governments may overlook the need to regulate noise.

《 Vocabulary Building Exercise 》

次の例文中の空欄に入るものとして最も適切な単語を，後の **Ans.** から１つずつ選んで書きなさい。なお，【　】内は各空欄に入る適切な単語の意味を英語で説明したものです。

1．If left untreated, the infection is ☐☐☐☐ fatal.

【in every case; every time】

2．Try not to ☐☐☐☐ babies to strong sunlight.

【to put somebody/something in a place or situation where they are not protected from something harmful or unpleasant】

3. It is 250 years since the wolf became [_____] in Britain.
〖no longer in existence〗

4. Environmental issues first rose to the top of the political [_____] in the late 1960s.
〖the main aims that an organization, a society or a person wants to achieve〗

5. They have yet to come up with a [_____] policy on this issue.
〖logical and well organized; easy to understand and clear〗

6. Computer viruses [_____] the survival of computer networks.
〖to be a danger to something; to be likely to harm something〗

7. There have been several unsuccessful attempts to [_____] working conditions.
〖to control something by means of rules〗

8. They regularly [_____] over policy decisions.
〖to disagree strongly〗

9. It is unlikely that such countries will [_____] capitalist ideas.
〖to accept an idea, a proposal, a set of beliefs, etc, with enthusiasm〗

10. Infants are particularly [_____] to influenza infections.
〖weak and easily hurt physically or emotionally〗

Ans.

collide	expose	threaten	regulate	extinct
coherent	vulnerable	embrace	agenda	invariably

《 Summary 》

次の英文は問題英文の要約である。空欄(a)〜(e)に入るものとして最も適切な単語を後の **Ans.** から1つずつ選んで書きなさい。

Noise pollution is a serious problem that harms not only people's health but the natural environment around the globe. In fact, it is estimated that a third of the planet's ecosystems have gone ☐(a) due to noise pollution. However, even though noise pollution is a problem everywhere, including underwater, few governments have a ☐(b) strategy to deal with it. This is partly because environmentalists have not given enough ☐(c) to the problem and partly because companies have fought against tighter noise ☐(d). But ordinary people also share some of the blame, since some people associate it in a positive way with consumer goods. If governments fail to deal with the problem because of these views, ☐(e) people in poor communities will suffer the most. (124 words)

Ans.

vulnerable	prosperity	priority	regulation	extract
extinct	registration	coherent	pressure	valuable

第17問 『ダーク・ツーリズム』

目標解答時間：35分　配点：50点

次の英文を読み，設問に答えなさい。

A few years ago, I found myself on a cold, rainy autumn day standing in front of the gates of Auschwitz-Birkenau, the infamous Nazi death camp in Poland where around a million Jews, Poles and others were murdered in gas chambers. The raw, grey weather added to the dark atmosphere. (1) For the next few hours I wandered around the sites and exhibits detailing the horrific mass slaughter of people just for being different. It was profoundly depressing. Yet I was supposed to be on holiday!

　Tourism is associated with having fun. Indeed, the generally accepted broad definition of tourism is travel for the purposes of pleasure and leisure. But many places associated with mass death, human suffering and disasters have become popular tourist sites visited by hundreds of thousands of people. This has come to be known as "(2) dark tourism." So what is the attraction of such places that has transformed them into tourist sites that offer commercial opportunities for tourist businesses, turning death and suffering into financial profit? Could it be considered unethical to make money in this way?

　Some sites, such as Auschwitz-Birkenau or Hiroshima, or even Ground Zero in New York at the site of the World Trade Center, are about more than just the deaths that occurred there but have a greater significance in that they mark major turning points in human history. Most people in the world have heard of these places. Other sites of mass death, such as those marking the genocide against the minority Tutsi people in Rwanda, or battlefields from local or regional wars, are significant for more localized stories of national identity. (3) Although all these places are related to death, it can be argued that the historical significance of the site makes tourism to these places little different from other kinds of historically based tourism.

Locations associated with famous assassinations, murders or tragic accidents also attract tourists. In London, for instance, one can join tours that trace the brutal murders committed by the notorious Victorian serial killer Jack the Ripper. The spots where John F. Kennedy, Martin Luther King and John Lennon were killed are marked by *commemorative plaques or informal memorials. The houses or streets where celebrities such as Princess Diana met tragic or violent ends often become sacred places for their fans, as do their graves.

So (4) why are people attracted to such places? Some argue that dark tourism appeals to the dark side of human nature. People will crowd around a traffic accident or stop to watch a fire, which suggests that there is some part of us that is fascinated with death and destruction. In many countries in the past, for instance, criminals *condemned to death were often executed in public. People would travel for miles to come and watch. Commentators nearly always describe the festive atmosphere of such crowds. Some modern dark tourism sites actively emphasize death to make the maximum impact, such as genocide sites in Rwanda that display the skulls and bones of victims where they were murdered. So there may well be an aspect of the human psyche that draws people towards death and suffering, but it is important to remember that most of these places also have a historical significance. Individual tourists who visit them are likely to have complex motives.

Whatever the motivations may be, commercializing such events and locations, especially those connected with the recent past, is considered by others to be insensitive and unethical. At Ground Zero in New York, for instance, (5) victims' families associated with the official Visitor Center are unhappy with unofficial street salespeople who hang around the site offering cheap and poorly made publications and souvenirs. What is undeniable, however, is that dark tourism has the potential to turn suffering into profit, to commercialize and consume death and destruction. Judging from demand, for instance over 2.5 million visits to the Visitor Center at Ground Zero by 2012, it appears that the desire of the modern tourist to experience such places is unlikely to diminish.

注) commemorative plaque: 記念プレート　　condemned: 有罪を宣告された

問1．下線部(1)を日本語に訳しなさい。

問2．下線部(2)はどのようなことを表す語句か，日本語で説明しなさい。

問3．下線部(3)を日本語に訳しなさい。

問4．下線部(4)に対する筆者の答えとして最も適切なものを，次の①〜④から1つ選びなさい。

① Because dark tourism combines historical significance with the dark side of human nature.

② Because people appreciate the historical value of these sites.

③ Because public executions were part of historical tradition and entertainment in many countries.

④ Because the human psyche contains elements that make people turn away from death and destruction.

問5．下線部(5)を日本語に訳しなさい。

問6．本文の内容と一致しないものを，次の①〜⑥から2つ選びなさい。

① Dark tourism destinations with global importance are more valid than those with localized significance.

② Dark tourism will not disappear because a large number of people continue to be attracted by places related to death.

③ It is controversial whether commercialized dark tourism is acceptable.

④ Some dark tourism sites were criticized because their exhibitions were unrealistic and inappropriate.

⑤ Some motives for dark tourism may be rooted in aspects of human mentality.

⑥ The author has personally participated in dark tourism.

《 Vocabulary Building Exercise 》

次の例文中の空欄に入るものとして最も適切な単語を，後の **Ans.** から 1 つずつ選んで書きなさい。なお，【 】内は各空欄に入る適切な単語の意味を英語で説明したものです。

1. He was found guilty of _____ .
【the crime of killing somebody deliberately】

2. We were helpless to stop the _____ .
【the cruel killing of large numbers of people at one time, especially in a war; the killing of animals for their meat】

3. The government has announced the proposed _____ for the airport.
【a place where something has happened or that is used for something】

4. _____ differences between urban and rural areas have widened.
【related to a particular area of a country or of the world】

5. Hindus regard cows as _____ and not to be consumed.
【connected with God or a god and thought to deserve special respect】

6. They are the victims of this _____ suppression of anti-government protests.
【violent and cruel】

7 . New technology never fails to [_____] young people.
【to attract or interest somebody very much】

8 . This is an area [_____] for drugs, crime and violence.
【well known for being bad】

9 . She knew, at some deep level of her [_____] , that what she was
doing was wrong.
【the mind; your deepest feelings and attitudes】

10. He was punished for a murder he did not [_____] .
【to do something wrong or illegal】

Ans.

notorious	brutal	slaughter	sacred	psyche
murder	fascinate	regional	site	commit

《 Summary 》

次の英文は問題英文の要約である。空欄(a)～(e)に入るものとして最も適切
な単語を後の **Ans.** から1つずつ選んで書きなさい。

Large numbers of people visit famous places associated with mass
death, human suffering and disasters. This type of "dark tourism" is
considered [(a)] by some people because it turns these sites
into financially [(b)] tourist businesses. Since many of these
places have historical [(c)] , they can be considered similar to
other kinds of tourist destinations. Other places, like the sites of
[(d)] murders or tragic accidents, may attract people because
they appeal to the dark side of human nature. Whatever people's
motives for visiting these kinds of places may be, it is [(e)]
that dark tourism has great commercial potential. (100 words)

Ans.

profitable	unethical	brutal	undeniable	significance
struggling	uneven	brief	unacceptable	signature

目標解答時間：35分　配点：50点

次の英文を読み，設問に答えなさい。

The North American sky, according to historical accounts, was once black with *passenger pigeons. Hunters, however, (a) saw to it that the sky was clear of the birds by the second half of the nineteenth century. Martha, the last individual of the species, died in the Cincinnati Zoo in 1914. Writers have long mourned this vanished bird. The great conservationist-philosopher Aldo Leopold issued the most moving tribute in his 1949 book *A Sand County Almanac*. But what if we could once again see huge numbers of those birds flying in the sky again?

Leopold could not have known that only a handful of decades after he wrote his book we would be on the verge of a scientific revolution in efforts to reverse the death of species. The "(1) de-extinction" movement — a prominent group of scientists, futurists and their allies — argues that we no longer have to accept the finality of extinction. By applying techniques such as cloning and genetic engineering, they believe that we can and should return lost species such as the passenger pigeon to the landscape. This is the goal of the San Francisco-based Long Now Foundation, which is actively supporting scientific efforts to recreate the lost bird within its "Revive & Restore" project. But it does not stop there. Scientists in Spain say they are close to cloning the Pyrenean ibex, a mountain goat that took its last breath in 2000. Other species have also been targeted, including the Tasmanian tiger and even the woolly mammoth.

(2) The de-extinction movement makes persuasive arguments. The most powerful among them appeal to our sense of justice: de-extinction is our opportunity to right past wrongs and to (b) atone for

our moral failings. Advocates also point to the sense of wonder that the revival of extinct species could encourage among the public. De-extinctionists argue further that the revived species will restore lost ecological functions and enhance the diversity of ecosystems.

At the same time, the de-extinction proposal raises considerable concerns. (3) Revived species could create problems in contemporary environments and for native species that have evolved in the absence of the vanished ones. As with the introduction of any species into a new environment, there are risks of disease transmission and biological invasion. (4) Some conservationists also express the fear that, given decades of ecological change and human development, the environment won't be able to support the revived populations.

And there is also the particularly (c) distressing concern that such aggressive manipulation of wildlife might actually end up diminishing our desire (and our limited resources) to conserve living species — and that it would be harmful interference in the lives of animals. The most troubling aspect of de-extinction, however, is what it might mean for us. Attempting to revive lost species is in many ways a refusal to accept our moral and technological limits in nature.

Leopold was aware of our tendency to use new technology without first considering the ethics concerning it. "Our tools," he cautioned in the late 1930s, "are better than we are, and grow better faster than we do. They are able to crack the atom, to command the tides. But they do not enable us to perform (5) the oldest task in human history: to live on a piece of land without spoiling it." The real challenge is to live more lightly on the land and to confront the moral and cultural forces that (d) drive unsustainable and ecologically destructive practices.

That is why there is great virtue in keeping extinct species extinct. Meditation on their loss reminds us of our fallibility and our finitude. We are a wickedly smart species, and occasionally a heroic and even exceptional one. But we are a species that often becomes enchanted by its own power.

It would be silly to deny the reality of that power. But we should also cherish and protect (6) the capacity of nature, including those parts of nature that are no longer with us, to teach us something profound about human limits and about the value of self-restraint. Few things teach us this sort of earthly modesty any more.

Reprinted/adapted by permission from Springer Nature: Nature News, Is it
right to reverse extinction? by Ben Minteer 2014

注) passenger pigeon: リョコウバト

問１. 下線部(1)はどのような試みか，30字以内の日本語で説明しなさい。

問２. 下線部(2)に当てはまるものを，次の①〜④から１つ選びなさい。

　　① 生物は死を免れないという自然の条件を克服し得る。

　　② 生態系の多様性を高めることに貢献し得る。

　　③ 一般の人々の環境意識を高めるきっかけとなる。

　　④ 人間の技術や道具よりも倫理を優先することになる。

問３. 下線部(3)を日本語に訳しなさい。

問４. 下線部(4)を日本語に訳しなさい。

問５. 下線部(5)の具体的な内容を日本語で記述しなさい。

問６. 下線部(6)の具体的な内容を日本語で記述しなさい。

問７. 下線部(a)〜(d)の意味に最も近いものを，次の①〜④からそれぞれ１つずつ選びなさい。

　(a)　① ensured that　　② got to know that

　　　③ inferred that　　④ witnessed the fact that

　(b)　① appeal to　　② insist on

　　　③ make up for　　④ respond to

　(c)　① comforting　　② persuasive

　　　③ urgent　　④ worrying

　(d)　① follow　　② navigate

　　　③ promote　　④ remove

《 Vocabulary Building Exercise 》

次の例文中の空欄に入るものとして最も適切な単語を，後の ***Ans.*** から 1 つずつ選んで書きなさい。なお，【 】内は各空欄に入る適切な単語の意味を英語で説明したものです。

1 . The book gives a clear ⬚ of current knowledge in the field.
【an explanation or a description of an idea, a theory or a process】

2 . They still ⬚ their father.
【to feel and show sadness because somebody has died】

3 . There is a fear that these indigenous languages will ⬚ .
【to stop existing】

4 . The company was on the ⬚ of bankruptcy.
【the point where something is about to happen】

5 . The messages were ⬚ enough to encourage a lot of people to join.
【able to make somebody believe something or do what you ask】

6 . These measures are intended to ⬚ public confidence in the economy.
【to bring back a situation or feeling that existed before】

7 . This is an opportunity to ⬚ the reputation of the company.
【to increase or further improve the good quality, value or status of somebody/something】

8 . Memory loss is generally extremely ⬚ for the individual and the family.
【making you feel anxious or upset】

9. She invented a nifty little ☐ for undoing stubborn bolts.

【a small machine or device which does something useful】

10. He was deep in ☐ and didn't see me come in.

【the activity of thinking deeply about something】

Ans.

enhance	verge	account	gadget	persuasive
vanish	mourn	meditation	restore	distressing

《 Summary 》

次の英文は問題英文の要約である。空欄(a)〜(e)に入るものとして最も適切な単語を後の *Ans.* から１つずつ選んで書きなさい。

A prominent group of scientists, ☐(a)☐ and their allies have started something called the "de-extinction" movement. By applying techniques such as cloning and genetic engineering, they are trying to revive extinct species. ☐(b)☐ of this movement make persuasive arguments for their efforts, but these species could create problems in contemporary environments or be responsible for the ☐(c)☐ of diseases. Aggressive ☐(d)☐ of wildlife might make us less willing to live in an ecologically sustainable way. It would be better to remain aware of human ☐(e)☐ and try to cherish and conserve nature as it is. (95 words)

Ans.

adventures	transmission	fallibility	advocates	manipulation
features	manufacture	potential	translation	futurists

採点基準

要点解説

語句リスト

新英語長文問題集

New Approach

③

600-700 words

読解のカギは単語力

瓜生 豊・早﨑スザンヌ・矢次隆之　共著

Summary

Vocabulary
Building

Exercise

河合出版

はじめに

近年の大学入試では，そのレベルを問わず600〜700語あるいはそれ以上の英文が出題されることが増えており，そのテーマも幅広く多種多様なものになっています。このように多彩な大学入試問題に対応するべく，既刊の①（400-500words）・②（500-600words）に引き続く形で，以下4点に重点を置いて作成しました。

① 厳選された最新の良問を通じて，読解力の向上を実現する

既刊の①（400-500words）・②（500-600words）と同様に，本書中のすべての問題は，予備校講師として数多くの授業と模試作成に携わった経験をもとに，"最新の入試問題から厳選した良問"です。質の高い問題を教材に用いることで，"正しく内容を理解する力（＝読解力）"を効率的かつ確実に鍛えることができます。

② 今まさに必要な語彙をフォローし，強化できる

解説編の【設問別解説】や【語句】，巻末の【語句一覧】などを通じて，今このタイミングで，"どの単語・語句を覚えておかなければならないのかを明確化し"，不足しているものがあればフォローできるようにしました。

加えて，《**Vocabulary Building Exercise**》や《**Summary**》といった設問解答とは別角度からの語彙力強化のための問題を用意することで，見て覚えるだけでなく"問題に答える形"でも知識をより確実にすることができるようになっています。

③ 幅広いテーマの文章を通じて，多様な知識を広く身につける

引き続き〈社会問題〉・〈新技術と現代生活との関係〉・〈心理学〉・〈健康科学〉・〈日常的話題〉といった今の大学入試で頻出かつ面白いテーマをできる限り多く取り扱っていますので，一通りの学習を終えれば"様々なテーマについての基礎知識を広く身につける"ことができ，読解力をより一層強固なものにできます。

④ 問題英文の音声を聴くことで，より深く【英語】を理解できる

本書の問題英文はすべて音声として聴くことができます（詳細は次ページ参照）。しっかりと読んだ英文の音声で聴くことで"語句のまとまりや文意の流れ"をとらえることができるようになります。リスニング力の強化に役立つことは言うまでもなく，英文読解力・英作文力の向上のために本書を使った学習の不可欠の一部として，音声を聴くことを習慣づけてください。

本書の問題英文は，パソコンやスマートフォンから下記の URL にアクセスして聴く（ストリーミング）ことができます。

http://www.kawai-publishing.jp/onsei/01/index.html

また，以下からもアクセスできます。

※ファイル形式は MP 4 形式になります。再生する際は，最新版の OS をご利用ください。

また，パソコンから下記 URL にアクセスしていただくことで，音声データのダウンロードも可能です。

※ホームページより直接スマートフォンへのダウンロードはできません。一度パソコンにダウンロードしていただいた上で，スマートフォンへお取り込みください。

http://www.kawai-publishing.jp/onsei/01/index.html

※ファイルは ZIP 形式で圧縮されていますので，解凍ソフトが別途必要です。

※ファイルの形式は MP 3 形式になります。再生するには，Windows Media Player や iTunes などの再生ソフトが必要です。

> ┌─ 音声データに関する注意 ─────────────────┐
>
> 　掲載されている音声ファイルのデータは著作権法で保護されています。本データあるいはそれを加工したものを複製・譲渡・配信・販売することはできません。また，データを使用できるのは，本書の購入者がリスニングの学習を目的とする場合に限られます。
>
> 　お客様のパソコンやネット環境により音声を再生できない場合，当社は責任を負いかねます。ご理解とご了承をいただきますよう，お願いいたします。

本書は問題英文の総語数が「600〜700語程度」の英文をまとめた問題集です。同じシリーズとして①（400-500words）・②（500-600words）も用意していますが，英文の長さを除いて難度にそこまでの差はありません。どの問題集も最高の問題を用意していますので，読解力と語彙力の両方を確実に鍛えることができます。

　皆さんの夢の実現に本書が少しでも役に立つことを切に願っています。

著者一同

4

もくじ

巻末語句リストのもくじ

本書の使い方

読解問題について

　各問題ですべての設問を解き終えたら，まずは【解答】を見て答え合わせ・採点をしてください。記述問題については【配点と採点基準】を参照して，どの要素は含まれていて，どの要素が足りていないのか，と"自分の解答を客観視"してみてください。この客観視は入試本番で自身の解答を見返す際に必ず役立ちます。

　【設問別解説】は冗長になりすぎないように，要点のみに絞っています。長く予備校講師として指導してきた経験に基づく解説なので，熟読しておくように。

　また，"1文1文の意味を確認する"ことも重要です。本書の問題はすべて実際に出題された入試問題なので，皆さんが受験する入試本番と同等の英文です。このレベルの英文を正確に理解する経験を数多く積みましょう。英文の意味を理解できない箇所は，【全訳】や【語句】を参照してください。

《Vocabulary Building Exercise》について

　左側の英文を見て答え合わせをした後は，まず【　】内の英語がどういう日本語訳になるのかを確認してください。【　】内は英英辞書をイメージした言い回しになっているので，皆さんが単語帳などで学んだ単語の"ニュアンスまで含み込んだ意味"を知ることができます。ニュアンスまで把握した後は，左側の英文を見て"正解の単語が実際にどういう文脈で使われるのか"を改めて確認してください。実際の英文を読む際には単語帳の訳語をあてはめるだけでなく，文脈に応じた理解が必要になります。たんに単語帳の訳を覚えるだけでなく，単語の実際の使われ方に慣れておくことが重要なのです。

　各例文の日本語訳は付属の"赤シートで隠して和訳の練習"をすることができるようになっていますので，語彙力強化に役立ててください。

《Summary》について

答え合わせをした後は，要約文全体と【《Summary》の訳】を見て，"どう要約されているのか"を確認してみてください。要約文とは文章全体の内容を過不足なく簡潔にまとめ直したものです。自分の内容理解と比較することで，自分は正確に読解できていたか，内容的に過不足していなかったかなどを確かめることができます。

巻末の【語句一覧】について

本書掲載の問題英文に出てくる単語や語句は，この機会に確実に身につけておくべき重要なものばかりです。そのため，付属の"赤シートで意味を隠すことができる"ようにしました。一通り学習を終えた後には，"実戦的な単語帳"として本書を使うこともできます。

単語・語句は各回かつパラグラフ順に並べており，各問題英文の内容やテーマに即した訳をそのまま掲載しています。改めて見た時になぜそういう訳になるのかと疑問に思った場合には，該当回の解説を参照してください。

本書内の各種記号について

・( )は省略可能な語句を，[ ]はその前後で言い換えが可能であることを表す。
・S は主語，O は目的語，C は補語を指し，A や B は名詞を指します。
・*do* は動詞の原形，*to do* は不定詞，*doing* は動名詞あるいは現在分詞，*done* は過去分詞，*one's* は所有格，*A's* は主語と異なる所有格，*oneself* は所有代名詞，をそれぞれ表している。なお，実際には文脈に応じた単語が入る。

第1問　早稲田大学

得　点

／50

【解答】

問1．A ①　　B ②　　C ①　　D ①

問2．(1) ②　　(2) ③　　(3) ①

問3．a ②　　b ①　　c ②

問4．④

問5．携帯電話の送受信活動から計測されたところの人の社会的な交際の度合いのほうが，身体的活動，心拍数，睡眠などに関する健康データよりも，自己申告によるストレス，幸福感，健康のレベルをより正確に予測できた。

【配点と採点基準】（50点）

問1．20点（各5点×4）解答通り

問2．6点（各2点×3）解答通り

問3．9点（各3点×3）解答通り

問4．4点　解答通り

問5．11点

・the strength of a person's social circle … 1点

・as measured by … 2点

・inbound and outbound cell phone activity … 2点

・was a better predictor of … 2点

・self-reported stress, happiness and well-being levels … 2点

・than fitness data on physical activity, heart rate and sleep … 2点

（主語の部分の the strength of a person's social circle と fitness data on physical activity, heart rate and sleep で比較を行っていることをとらえていないものは3点減）

【設問別解説】

問1.

A 「この記事の主要メッセージは，（　　　）ということだ」

① 「私たちの身体の健康は私たちの社会生活の質と直接に関連している。だから，私たちは，個人的な人間関係を育むことに時間を投資すべきだ」

② 「人の社会的活動の活発さのほうがその人の全体的な健康について多くを教えてくれるから，従来の医学的データの代わりに利用されるべきだ」

③ 「ソーシャルメディアの使用は孤独感の程度に非常に強い影響力を持つので，ソーシャルメディアの使用を最小限にするのは極めて重要だ」

④ 「私たちは家族や友人と交流するあらゆる機会を利用すべきで，知らない人との短時間の会話に時間を浪費してはいけない」

B 「（　　　）という理由で，私たちの社会生活が健康へ及ぼす影響を調べることは特に今日に適している」

① 「活発な社会生活は身体運動の影響を強化できる」

② 「成人のアメリカ人の半数以下だが相当数の成人が孤独感に苦しんでいる」

③ 「今日の社会では人々が多くの身体的な問題を抱えている」

④ 「今日では私たちは以前よりも正確にその影響を計測することができる」

C 「この記事の中で取り上げられている研究によると，（　　　）」

① 「既婚者や高齢者であることによって孤独を感じることが少なかった」

② 「一般に，男性のほうが女性よりもはるかに孤独を感じにくかった」

③ 「高齢者は既に強い社会的ネットワークを築いていたので，孤独の度合いは低かった」

④ 「ソーシャルメディアの使用と低い給与額が孤独感を増長していた」

D 「ソーシャルメディアについてのラスティグ博士の意見はどのようなものか」

① 「ソーシャルメディアは，友人になる可能性のある人を見つけやすくすることによって，対面による人間関係を補う役割を果たす」

② 「ソーシャルメディアの最大の価値は，孤独感に苦しむ若者たちを結びつける力だ」

③ 「私たちは，できるだけ多くの人々と知り合うためにソーシャルメディアに頼ることを怖がるべきではない」

④ 「ソーシャルメディアの有用性を最大限にするために，若者たちは効果的な利用の仕方を学習する必要がある」

問2.

(1) boost「…を強化する，…を引き上げる」
　①「…を減少させる」　　②「…を高める」
　③「…を最小限にする」　④「…を上回る」

(2) chronic「慢性の」
　①「心臓に関連した」　　②「伝染性の」
　③「**長期的な**」　　　④「深刻な」

(3) underscore「…を強調する，…の下に線を引く」
　①「**…を強調する**」　②「…を調べる」
　③「…を過小評価する」　④「…を生み出す」

問3.

a　①「…を増やす」　　　②「**…に焦点を当てる**」
　　③「…に反する」　　　④「…に頼る」

b　①「**先行する，以前の**」②「主観的な」
　　③「表面的な」　　　　　④「関連のない」

c　①「あなたが喫煙の問題を乗り超えることを可能にするかもしれない」
　　②「**あなたの健康にとって良いことかもしれない**」
　　③「あなたのライフスタイルにマイナスの影響を与えるかもしれない」
　　④「あなたのソーシャルメディアへの依存を少なくするかもしれない」

問4.

①「孤独：合衆国を襲う新しい感染爆発」
②「心身両面で健康を保つ秘訣」
③「従来の健康維持の方法ではもはや十分ではない時代」
④「**友人と時間を過ごすことが健康のためにできる最善のことである理由**」

問5.

・the strength of a person's social circle「人の社会的なサークルの強さ」「社交の充実」「人との交際の盛んさ」など
・as measured by ... = as (it was) measured by ...
　接続詞 as が直前の名詞句を限定する用法で用いられていて，「…する限りで（の）」「…するものとして（の）」という意味を表している。
・inbound and outbound cell phone activity「携帯電話の受信と送信の活動」
・a better predictor of ...「…をより正確に予測するもの」
・self-reported「自己申告される［た］」
・stress, happiness and well-being levels = stress level, happiness level and well-being level
　well-being は「幸福」「健康」など。

・than fitness data on ...「…に関する健康データよりも」

　この比較構文では，接続詞 than の後の fitness data on physical activity, heart rate and sleep は，was a better predictor of ... という述部に対する主語の部分だけが書かれている。構造的には，S was a better predictor of ... than S'「S の方が S' よりも…をより正確に予測できた」となっている。

【全訳】

　人が自分の健康状態を改善しようとするとき，通常おなじみの方法をとる。健康的な食生活を始める，新しいトレーニングの日課を取り入れる，より質の高い睡眠をとる，水を飲む量を増やす，などだ。もちろん，それらのいずれの行動も大切だが，それらはみな肉体的な健康に焦点を当てたものだ。そして，ますます多くの研究が示唆することは，社会的な健康も，それ以上ではないにしても，それと同じくらいに全体的な健康にとっては重要だということなのだ。

　たとえば，学術雑誌『PLOS ONE』に掲載された最近の研究によると，携帯電話の送受信活動から計測されたところの人の社会的な交際の度合いのほうが，身体的活動，心拍数，睡眠などに関する健康データよりも，自己申告によるストレス，幸福感，健康のレベルをより正確に予測できることがわかった。限りない量のデータがあってもすべてがわかるわけではないということをこの発見は示唆していると，この研究の共著者の1人であるニテシュ・チャウラは言う。

　チャウラは，「私のライフスタイル，私の楽しみ，私の社会的ネットワーク，それらすべてが私の幸福度の強力な指標となる」と言う。

　チャウラの説は，先行する多くの研究によって裏づけられる。いくつかの研究は，他人からの支援は——友人，家族，あるいは配偶者のいずれからのものであっても——精神と肉体の健康の改善と緊密に関連していることを示している。これらの研究が示唆することは，充実した社会生活はストレスのレベルを下げ，気分を向上させ，健康にプラスとなる行動を促し，病気からの回復を早めるうえ，それらの間に存在するその他のほとんどすべての役に立つ可能性があるということだ。研究によれば，運動などの「十分に健康的な活動」の効果を，社会的な構成要素が高める可能性があることさえ示されている。

　その一方で，社会的孤立は，慢性的な病気の発生率の増加や精神的な健康状態に関係している。孤独が健康に及ぼす悪影響は，1日に15本のタバコを吸うことにたとえられてきた。これは重大な問題だ。なぜなら，特に米国で

は孤独が公衆衛生上の流行病として浮上しているからである。最近の調査によると，アメリカ人の半数近くが孤独感を抱えており，その中には成人年齢の最も若い層と最も高齢の層も数多く含まれる。

　医療保険会社のシグナ社が行った最近の調査は，このような孤独感の発生率の高さの原因を突き止めようとするものだった。調査によってわかったことは，驚くにはあたらないが，ソーシャルメディアは対面コミュニケーションを阻害するほど使いすぎるとより深刻な孤独につながる一方で，有意義な対面での交流があって深く関わる人間関係の中にいる場合は孤独感の減少につながるということだった。性別や収入は大きな影響を及ぼさないようだったが，孤独感は年齢とともに減少する傾向を示した。これはおそらく，長年生きてきたことによって与えられた知恵と見識のためかもしれないと，このレポートの著者の1人であるスチュアート・ラスティグ博士は語っている。

　ラスティグによると，このレポートは家族や友人のために時間を割くことの重要性を浮き彫りにしている。というのも，特に孤独感は自己申告された健康と幸福の度合いに反比例していたからである。受動的になっている社会生活を再生させることが最善の方法で，運動やボランティア活動をしたり，一緒に食事をするなど，楽しい活動をするパートナーを見つけることによってそれは最も簡単に実現できるかもしれないと彼は言う。

　ラスティグは，ソーシャルメディアは注意深く戦略的に使うべきで，対人関係の代わりに利用すべきではないと強調している。そうではなくて，「自分の社交範囲で維持できそうな有意義な結びつきや相手を探すために」私たちはテクノロジーを利用すべきだ，と彼は言う。このアドバイスは，ソーシャルメディアの長時間利用が当然のことのようになっている若者にとっては特に重要だと彼は言う。

　最後に，小さな人間関係の変化であっても大きな影響を及ぼす可能性があると，ラスティグは主張する。会議の後で同僚に話しかけてみたり，知らない人との簡単なやり取りをしたりするだけでも，自分の社会生活を今よりもやり甲斐があると感じさせることができるのだ。

　「そうした短いやり取りを会話へと育て，やがて有意義な友情へと発展させるチャンスがある」とラスティグは言う。「人々はできる限り，そうした機会を利用すべきだ。なぜなら，もともと私たちはみな生まれたときから人とつながるようにプログラムされているからだ」——そしてまた，そうすることが自分の健康に有益であるかもしれないからだ。

【語句】

第1パラグラフ

- set out to *do*「…しようと試みる，…し始める」
- improve「…を改善する，…を向上させる」
- take a familiar path「なじみのある方法をとる」
- healthy diet「健康的な食事」
- adopt「…を採用する」
- workout「トレーニング，練習」
- routine「日課，決まってすること」
- behavior「行動」
- focus on A「A に焦点を当てる，A に集中する」
- physical「肉体の，身体の」⇔ mental「精神の」
- a body of A「多数［量］の A，A の集まり」
- growing「増加する，増大する」
- research「研究，学術研究」
- suggest that S V...「…だと示唆する」
- B, if not A「A ではないにしても B」= if not A, B
  ※ A と B は文法的に対等なものとなる。
- overall「全体の，全般的な」
- well-being「健康，幸福，健康で安心なこと」

第2パラグラフ

- recent「最近の，近頃の」
- publish「…を公表する，…を正式に発表する」
- journal「定期刊行物，学術雑誌」
- strength「強さ，力，強み」
- social circle「社交（の場），人の輪，人との交際」
- measure「…を測る，…を計測する」
- inbound「受信（型）の，入ってくる」⇔ outbound「発信（型）の，出ていく」
- cell phone「携帯電話」⇔ cellular phone
- activity「活動」
- predictor「予測するもの，予言するもの」
- self-reported「自己報告の，自己申告の」
- stress「ストレス」
- happiness「幸福（感）」
- level「水準」
- fitness date「健康データ」
- heart rate「心拍数」
- finding「発見（物），明らかになったこと」
- the amount of A「A の量」
- endless「終わりのない，際限のない」
- tell the whole story「一部始終がわかる，すべてを教える」
- co-author「共著者」

第3パラグラフ

- lifestyle「ライフスタイル，生き方」

- enjoyment「楽しみ」
- social network「社会的ネットワーク」
- indicator「指標，指示するもの」

第4パラグラフ
- theory「説，理論」
- support「…を支える，…を裏づける」
- plenty of A「たくさんのA」
- prior「先行する，以前の」
- social support「他人からの支援，社会的支援」
- spouse「配偶者」
- associate A with B「AをBと関連づける」
- robust「活発な，活気のある」
- lower「…を減らす，…を下げる」
- mood「気分，気持ち」
- encourage「…を促進する，…を助長する」
- positive「肯定的な」
  ⇔ negative「否定的な」
- illness recovery rate「病気からの回復（速度）」
- aid「…を助ける，…を援助する」
- virtually「ほとんど，ほぼ」
  = almost
- in between「中間の，間に存在する」
- component「構成要素」
- boost「…を高める，…を増加する」= increase, enhance
- effect「効果，影響」
- B(,) such as A「AのようなB」

= such B as A
- exercise「運動」

第5パラグラフ
- isolation「孤立，隔離」
- meanwhile「一方では，同時に」
- link A to B「AをBに関連づける」
- rate「(比) 率，割合」
- chronic「慢性の」
  ⇔ acute「急性の」
- disease「病気，疾患」
- condition「状態，状況」
- detrimental「有害な」
  = damaging
- loneliness「孤独，寂しさ」
  = solitude
- compare A to B「AをBにたとえる，AをBと同等とみなす」
- a day「1日につき」
- significant「重大な」
  = important
- especially「特に，とりわけ」
- since S V...「…という理由のために」= because S V...
- emerge「出現する，現れる」
- public health「公衆衛生 (の)」
- epidemic「流行病，伝染病」
- according to A「Aによれば」
- survey「調査，検査」
- including A「Aを含めて」
- lonely「孤独な，寂しい」
  = solitary, isolated

第6パラグラフ
- conduct「…を行う」

- health insurer「健康保険会社」
- determine「…を決定する」
  = decide
- unsurprisingly「驚きもしない
  が，意外でもなく」
- social media「ソーシャルメディ
  ア」
- limit「…を制限する」
- face-to-face communication
  「対面コミュニケーション」
- tie A to B「A を B に結びつける」
- while S V...「(〜)だが一方で…」
- meaningful「意味のある，意義
  のある」
- in-person「対面の，直接の」
- interaction「触れ合い，交流」
- committed「深く関わる，傾倒
  した」
- relationship「人間関係」
- gender「性（別），ジェンダー」
- income「収入」
- tend to *do*「…する傾向にある」
- decrease with age「年齢ととも
  に減少する」
- perhaps「ことによると，おそら
  く」
- wisdom「知恵，賢明（性）」
- perspective「客観的な見方，見
  識」
- afford「…を与える」= give
- author「著者」

第 7 パラグラフ
- underscore「…を強調する，…
  の下に線を引く」= underline

- the importance of A「A の重要
  性」
- inversely「正反対に，逆に」
- relate A to B「A を B に関係づ
  ける」
- revive「…を再生させる，…を
  復活させる」
- passive「受動的な，不活発な」
  ⇔ active「能動的な，活発な」
- partner「パートナー，連れ合い」
- enjoyable「楽しめる，愉快な」
- like A「A のような」
- volunteer「進んで事に当たる，
  ボランティア活動をする」
- share a meal「一緒に食事をす
  る」

第 8 パラグラフ
- stress that S V...「…だと力説
  する」
- strategically「戦略的に」
- replacement「代用品，取替え品」
- interpersonal「対人関係の，個
  人間の」
- instead「その代わりに，そうで
  はなくて」
- technology「テクノロジー，科
  学技術」
- seek out A「A を（骨を折って）
  捜し出す」
- connection「つながり，交流」
- sphere「範囲，領域」
- particularly「特に，とりわけ」
- heavy social media use「ソー
  シャルメディアの長時間利用」

・common「普通の，よく起こる，いつもの」

第9パラグラフ

・finally「最後に，終わりに当たって」= lastly
・claim that S V...「…だと主張する」
・strike up A「A（会話など）を（初対面の人と）始める」
・post-meeting conversation「会議の後の会話」
・engage in A「Aに従事する，Aに参加する」
・brief「短時間の，短い」
・stranger「見知らぬ人」
・rewarding「やり甲斐がある，有益な」

第10パラグラフ

・opportunity「機会」= chance
・grow A into B「AをBに育てる，Aを育ててBにする」
・quick exchange「短いやり取り」
・friendship「友情」
・over time「やがて（の），時とともに（やってくる）」
・wherever S V...「…する所ならどこでも」
・by nature「生まれつき」
・program O to *do*「Oが…するようにプログラムする」
・from birth「生まれたときから」
・connect「つながる，接続する」
・beneficial「有益な，ためになる」

《 Vocabulary Building Exercise 》

1. Over fifty people died during the flu ｜**epidemic**｜ last winter.

【a large number of cases of a particular disease or medical condition happening at the same time in a particular community】

1.「昨年の冬，インフルエンザの流行期間中に50人以上が亡くなった」
【ある地域で特定の疾患や症状が同時に多数発生すること】

2. Nobody could ｜**predict**｜ the outcome.
【to say that something will happen in the future】

2.「誰もその結果を予測することができなかった」
【将来，あることが起こると告げる】

3. Please give us ⌈ **prior** ⌉ notice if you need an evening meal.
【happening or existing before something else or before a particular time】

3.「夕食が必要な場合は，事前の申し出をいただければ幸いです」
【何かの前，あるいは特定の時間よりも前に起きたり存在したりする】

4. You, or your ⌈ **spouse** ⌉, must be at least 60 to participate.

【a husband or wife】

4.「参加するには，あなた，あるいはあなたの配偶者が60歳以上であることが必要です」
【夫あるいは妻】

5. He ⌈ **virtually** ⌉ admitted he was guilty.
【almost or very nearly, so that any slight difference is not important】

5.「彼は事実上，有罪であることを認めた」
【少しの違いがあっても無視できるくらいに，ほとんど，あるいは非常に近くに】

6. We want the government to take action to ⌈ **boost** ⌉ the economy.
【to make something increase, or become better or more successful】

6.「私たちは，政府が経済を後押しするために行動を起こすことを望んでいる」
【あることを増やしたり，改善したり，向上させたりする】

7. The treatment of severe ⌈ **chronic** ⌉ pain is difficult.
【lasting for a long time; difficult to cure or get rid of】

7.「重度の慢性的な痛みを治療するのは困難だ」
【長期間続く／治したり取り除いたりするのが難しい】

18

8. These results may be due to the fact that ⎡interaction⎤ with strangers is more likely to occur in cities.

【the way that people communicate with each other, especially while they work or spend time with them】

8.「これらの結果は，初対面の相手と接触することが都市部でより起こりやすいという事実に起因するのかもしれない」

【(特に一緒に仕事をしたり時間を過ごしたりする相手と行う)意思疎通の方法】

9. Technological advances ⎡**underscore**⎤ the importance of lifelong learning, as mastery of technology will never be finite.

【to emphasize or show that something is important or true】

9.「技術の進歩は生涯学習の重要性を浮き彫りにしているが，それは技術の習得に終わりがなくなるからである」

【あることについて，重要であるとか真実であると強調したり表明したりする】

10. The injury may have a significant ⎡**impact**⎤ on the patient's daily life.

【the powerful effect that something has on somebody/something】

10.「そのけがは，その患者の日常生活に大きな影響を及ぼすかもしれない」

【あることが誰か，もしくは何かに及ぼす強い影響】

《 Summary 》

Doing things like eating a healthy diet and exercising are important ways to stay healthy, but recent research suggests that having an active social life is also a key factor in overall well-being. One co-author of a recent study said that enjoying his life and having a strong social network are strong indicators of his well-being. Prior research has shown that having a robust social life can benefit your health. Social isolation, on the other hand, is linked to many detrimental health effects, which is a serious problem since almost half of all Americans are lonely. Using social media too much has been tied to greater loneliness, while having meaningful in-person interactions and being in committed relationships made people less lonely. One researcher suggests striking up conversations with co-workers or even strangers because these can lead to more meaningful friendships over time. (142 words)

【《Summary》の訳】

　健康的な食事をしたり運動をしたりすることは，健康を維持する上で重要な方法だが，最近の研究では，活動的な社会生活を送ることもまた，健康全般にとって重要な要素であることを示している。最近の研究レポートの共著者の1人は，生活を楽しみ，強固な社会的ネットワークを持っていることが，自分の健康状態の明確な指標となっていると語った。これまでの研究でも，活発な社会生活を送ることが健康に役立つ可能性を示してきた。その一方で，社会的な孤立は健康へのさまざまな悪影響と関連しており，そのことは，アメリカ人の半数近くが孤独を感じていることから，深刻な問題となっている。ソーシャルメディアを使いすぎることが孤独感を増す原因となっているのに対し，直接顔を合わせて有意義な交流をしていたり，深い人間関係を築いたりしていれば，孤独感は和らぐ。ある研究者は，同僚だけでなく見知らぬ人であっても会話を始めることを提案しているが，そうすることが，やがてより有意義な友情へと発展する可能性があるからである。

20

第2問　愛知教育大学

得　点

／50

【解答】

問1．言い表す言葉が存在しないから考えることができないのか，それとも，考えないから言い表す言葉が存在しないのかという疑問。

問2．英語では動詞の形は出来事がいつ起こったのかを表すのに対して，ホピ語では動詞の形が情報源を表すということ。

問3．A　①　　B　③　　C　②　　D　⑤　　E　④

問4．a　walked　　b　beans

問5．Whorf は言語が思考を形成すると主張したが，筆者は言語と思考は文化と共に相互に影響を及ぼしながら発達してきたと考えている。

【配点と採点基準】（50点）

問1．8点
・「言い表す言葉が存在しないから考えないのか，それとも，考えないから言い表す言葉が存在しないのか，についての疑問」の内容…8点

問2．8点
・「英語では動詞の形は出来事がいつ起こったのかを表す」の内容…4点
・「ホピ語では動詞の形が情報源を表す」の内容…4点

問3．20点（各4点×5）解答通り

問4．6点（各3点×2）解答通り

問5．8点
・「Whorf は言語が思考を形成すると主張した」の内容…4点
・「筆者は言語と思考は文化と共に相互に影響を及ぼしてきたと考えている」の内容…4点

【設問別解説】

問1.

 a chicken-and-egg question「ニワトリが先か卵が先かの疑問」とは，「どちらが原因でどちらが結果なのかがわからない」ことを表す表現。ここでは，直後のコロンの後に続く Are you unable to think about things you don't have words for, or do you lack words for them because you don't think about them? という疑問が解答に該当する。

問2.

 「この違い」とは，同段落で説明された英語とホピ語の動詞の変化形が果たす役割の違いを指している。同段落第2文の中の In English, the form of the verb in a sentence tells whether it describes a past or present event と，第3文の中の (Hopi doesn't require that; instead,) the forms of its verbs tell how the speaker came to know the information の内容が解答に該当する。

問3.

A 直前の「この問題には言語と思考だけが関わっているのではない」という内容と，直後の「文化が思考と言語の両方を形作っている」という内容をつなぐのには，①「**文化もある**」が適する。

B 「グーグ・イミディル語では常に方角を表す単語を使って位置関係を表すのに対して，英語では前後左右などの意味を表す単語も使って位置関係を表す」という現象をどう解釈するかについての可能性を列挙する最初の文として，③「**私たちの言語が私たちの考え方に影響を与えてきたのだろうか**」が適する。

C 直前の段落では位置を示す場合に使われる単語の言語による違いが話題となっているのに対して，空所から始まる段落では動詞の変化形が果たす役割の言語による違いが話題となっている。したがって，②「**また，問題は個々の単語だけに限られるわけでもない**」が適する。

D この段落では，可算名詞と不可算名詞を使い分ける英語の特徴が説明されている。その話題に当てはまるものとして，⑤「**研究者たちは，英語のこのような特性があることによって，英語の話者の方が物質と個々の物の違いをより意識していることになるのかどうかを研究している**」が適する。

E この段落では，時間を区切って塊ごとに数量で表現するという英語の特徴が説明されている。その話題に当てはまるものとして，④「**しかし，このことは必ずしも，私たちの言語が時間に対する特定の見方を私たちに押しつけているということを意味するわけではない**」が適する。

問4.

a 文脈から判断して，動詞 walk の過去形 walked を補うのが適切。

b　文脈から判断して，名詞 bean の複数形 beans を補うのが適切。

問5.

　本文で言及されている各事例に対して，Whorf は「言語が人の思考を形成する」と解釈している。端的には，第1段落最終文 Whorf claimed that speakers of Hopi and speakers of English see the world differently because of differences in their language. に述べられている。それに対して筆者は「言語と思考と文化は相互に影響を及ぼしてきた」と反論している。端的には，第3段落最終文 Most likely, the culture, the thought habits, and the language have all grown up together. と，最終段落最終文 It seems likely that language, thought, and culture form three strands of a braid, with each one affecting the others. に表れている。

【全訳】

　私が話す言語が私の思考を形作るというのは本当なのだろうか。人は何百年もの間，この疑問を問い続けてきた。1940年代にベンジャミン・リー・ウォーフという言語学者がアリゾナ北東部で話されるアメリカ先住民の言語であるホピ語を研究して以来，言語学者はこの問題に特に注意を払ってきた。彼の研究に基づけば，ウォーフは，ホピ語の話者と英語の話者は話す言語が違うために世界に対する見方が異なるのだと主張した。

　私たちにわかっていることは，この疑問への答えは複雑だということだ。ある程度，それはニワトリが先か卵が先かという問題だ。つまり，それを言い表す言葉がないことについては考えられないのか，それとも，それについて考えないから言い表す言葉を持たないのか，ということなのだ。この問題の一部となっているのは，そこに言語と思考以外のことも関わっているということだ。すなわち，文化もあるということだ。あなたの文化，つまりあなたが共に暮らして触れ合う人たちから学ぶ伝統や生活様式や習慣などは，あなたの考え方を形作り，あなたの話し方をも形作るのだ。

　グーグ・イミディル語（オーストラリアのクイーンズランド州北部で話されている）と呼ばれる言語があるが，それは左・右や前・後のような単語を持っていない。その話者は常に，北，南，東，西を意味するグーグ・イミディル語の単語を使って場所と方向を言い表す。したがって，彼らは「男の子が家の前に立っている」とは決して言わず，その代わりに「男の子が（たとえば）家の東に立っている」と言うだろう。また，きっと彼らはその少年が家の東に立っていると考えるだろうが，その一方で英語の話者は彼が家の前に立っていると考えるだろう。私たちの言語が私たちの考え方に影響を与えてきた

のだろうか。それとも，文化的な習慣の違いが私たちの思考と言語の両方に影響を及ぼしてきたのだろうか。最も可能性が高いのは，文化，思考の習慣，そして言語はすべてが一緒に発達してきたということだ。

また，問題は個々の単語だけに限られるわけでもない。英語では，文中の動詞の形は，それが過去の出来事を言い表しているのか，それとも現在の出来事を言い表しているのかを伝える（メアリーは歩く／メアリーは歩いた）。ホピ語にはその必要がない。その代わりに，動詞の形は話者がどのようにしてその情報を知るようになったのかを伝える。したがって，自分が直接得た情報（例：私は空腹だ）と一般によく知られている情報（例：空は青い）には，異なる形を使うことになるだろう。もちろん，英語の話者もそのような情報を含めることを選ぶかもしれないが（例：メアリーはそのテストに合格したそうだ），それは必須のことではない。ウォーフは，このような違いのために，ホピ語の話者と英語の話者は出来事について異なる考え方をしていると信じた。つまり，ホピ語の話者は情報源の方により多くの重点を置き，英語の話者は出来事が起きた時間の方により多くの重点を置くというのだ。

物もまた，異なる言語の構文によって異なる扱いを受ける。英語では，一部の名詞（例：bean など）は「可算」で複数形（beans）にすることができる一方で，別の一部の名詞は「集合的」で複数形にすることはできない（two cups of rice とは言えるが，two rices とは言えない）。日本語のような，ほかの一部の言語では，この区別をしない。その代わりに，「〜杯の」のような分類詞がすべての名詞に使われる。研究者たちは，英語のこのような特性があることによって，英語の話者の方が物質と個々の物の違いをより意識していることになるのかどうかを研究している。

もう1つ別の例を挙げてみよう。ウォーフによると，英語では時間を，3日，4分，30分というように，数えることができる塊に分割されるものとして扱うため，英語の話者は時間を滑らかで分割できない流れとしてではなく，いくつかの物の集まったもの（秒，分，時間）として扱う傾向がある。彼によると，そのために私たちは，時間は節約したり，浪費したり，失くす可能性のある「もの」だと考えるようになっている。ホピ族は時間をそのような言葉で話さないので，彼らは時間について異なる考え方をしていて，彼らにとっての時間は連続する循環だと言うのだ。しかし，このことは必ずしも，私たちの言語が時間に対する特定の見方を私たちに押しつけているということを意味するわけではない。というのは，私たちの時間に対する見方が私たちの言語に反映されている可能性もあるわけだし，私たちの文化の中での時間の扱い方が私たちの言語と思考の両方に反映される可能性もあるからだ。言語，思考，文化は組みひもの3本の糸を形成していて，それぞれが他の2本に影響を与えている可能性が高いように思われるのだ。

【語句】

第1パラグラフ

- language「言語」
- shape「…を形成する」
- thought「思考，考え」
- linguist「言語学者」
- pay attention to A「Aに注意を払う」
- name O C「OにCと名前をつける」
- Hopi「ホピ語」
- Native American language「アメリカ先住民の言語」
- northeastern Arizona「アリゾナ北東部」
- (be) based on A「Aに基づく」
- claim that S V...「…だと主張する」
- because of A「A（という理由）のために」
- difference「相違，違い」

第2パラグラフ

- the answer to A「Aへの答え[回答]」
- complicated「複雑な，ややこしい」= complex
- to some extent「ある程度（まで）」= in some degree
- chicken-and-egg「どちらが後か先かわからない，因果関係のわからない」
- be unable to *do*「…することができない」⇔ be able to *do*「…することができる」

- lack「…を欠いている，…に乏しい」
- part of A「Aの一部」
- problem「問題，疑問」
- be involved「関わっている，関係している」
- culture「文化」
- tradition「伝統，慣習」
- lifestyle「生活様式，ライフスタイル」
- habit「（個人的な）習慣」
- and so on「…など」= and so forth
- pick up A「A（習慣など）を身につける」
- interact with A「Aと触れ合う，Aと交流する」
- the way S V...「…する仕方[方法]」

第3パラグラフ

- describe「…を記述[表現]する，…を描写する」
- location「位置，場所，所在」
- direction「方向，方角」
- in front of A「Aの正面に，Aの前に」
- instead「その代わりに，そうではなく」
- for example「たとえば」= for instance
- no doubt「疑いもなく，確かに」= without doubt, surely
- think of A as B「AをBだと考

える［見なす］」
= regard A as B
・affect「…に影響する，…に作用する」
・A's way of *doing*「Aの…する仕方［方法］」
・cultural「文化の，文化的な」
・most likely「最もありそうなことに（は），十中八九」
・grow up together「一緒に成長［発達］する」

第4パラグラフ
・restrict A to B「AをBに制限する」= limit A to B
・individual「個々の，個別的な」
・the form of the verb in a sentence「文中の動詞の形」
・tell whether S V...「…するかどうかを教える［示す］」
・a past or present event「過去あるいは現在の出来事」
・require「…を求める，…を要求する」
・come to *do*「…するようになる」
・information「情報」
・first-hand「直接の，直接得た［入った］」
・knowledge「知識」
・generally「一般（的）に，既知の」
・choose to *do*「…することに決める，…する方を選ぶ」
= decide to *do*
・include「…を含む，…を入れる」
・as in A「たとえばAのように，

Aなどの場合」
・pass「…に合格する」
・focus more on A「Aにより多くの重点を置く，Aをより重視する」
・source「出所，源」

第5パラグラフ
・object「物，物体」
・treat「…を扱う」
・differently「異なって，違って」
・as well「同様に」
・noun「名詞」
・bean「豆」
・countable「数えられる，可算の」
・plural「複数（形）」
・while S V...「（〜），だが一方で…」
・mass「集合的な，集合体の」
・distinction「区別，識別」
・researcher「研究者，調査員」
・study whether S V...「…するかどうか研究する」
・property「特性，性質」
・aware「気づいて，知って」
・substance「物質」

第6パラグラフ
・example「例，実例」
・treat A as B「AをBとして扱う［見なす］」
・break up A into B「AをBに分ける，AをBに分割する」
・chunk「（大きな）塊」
・count「…を数える」
・tend to *do*「…する傾向がある」
・second「秒」

- instead of as A「A としてではなく」
- smooth「なめらかな，円滑に動く」
- unbroken「とぎれない，連続の」
- stream「流れ，水流」
- make O *do*「O に…させる」
- stuff「物」= object
- save「…を節約する，…を省く」
- waste「…を浪費する」
- term「言葉，用語」
- continuous「連続的な，絶え間のない」
- cycle「循環，一巡」
- not necessarily「必ずしも…ない」
  ※部分否定の表現
- mean that S V...「…ということを意味する」
- force A on B「A を B に押しつける」

- a certain view of A「A に対する特定の見方」
- It could be that S V...「…だという可能性がある」
- reflect A in B「A を B に反映する」
- deal with A「A を扱う，A に取り組む」
- both A and B「A も B も両方とも」
- It seems likely that S V...「…だという可能性が高いように思われる」
- strand「（より合わせる）糸，ひも」
- with each one affecting the others「それぞれ（の糸）が他（の2本の糸）に影響を与えて」
  ※ with は with O C の形で「付帯状況」を表す。

《 Vocabulary Building Exercise 》

1. He tried to [**claim**] that he had acted in self-defence.
   【to say something is true/you have done something】

1. 「彼は，自己防衛のために行動したのだと主張しようとした」
   【あることが真実であるとか，自分がある行為をしたと述べる】

2. This approach makes a relatively simple problem unnecessarily **complicated**.
【made of many different things or parts that are connected; difficult to understand】

2.「このやり方では，比較的単純な問題を不必要に複雑なものにしてしまう」
【関連するさまざまなものや部分から構成されている／ 理解しにくい】

3. It is clear that both environmental and genetic factors are **involved**.
【being part of something; connected with something】

3.「環境要因と遺伝的要因の両方が関わっていることは明らかだ」

【何かの一部である／ 何かと関係がある】

4. The connections in a social network **affect** how people learn, form opinions and gather news.
【to make a difference to somebody/something】

4.「ソーシャル・ネットワークでのつながりは，人々が学び，意見を形成し，ニュースを収集する方法に影響を与えている」
【誰かや何かに変化をもたらす】

5. The subject doesn't agree with the **verb**.
【a word or group of words that expresses an action (such as eat), an event (such as happen) or a state (such as exist)】

5.「その主語はその動詞と一致していない」
【行為（例：食べる），出来事（例：起こる），状態（例：存在する）などを表す単語や語句】

6. 'Sheep' is both a singular and a plural **noun**.
【a word such as 'car', 'love', or 'Anne', which is used to refer to a person or thing】

6.「「sheep（ヒツジ）」は単数名詞と複数名詞のどちらでもある」
【「車」「愛」「アン」などのように，人や事物を表すのに使われる単語】

7. I bought the cheese in one big ⟨chunk⟩.
【a thick, solid piece that has been cut or broken off something】

8. The aim was to collect a sample that could ⟨reflect⟩ the views of both genders and differing age groups.
【to show or be a sign of what something is like or how somebody thinks or feels】

9. It is not difficult to ⟨restrict⟩ access to sections of the website for particular users.

【to limit or control the size, amount or range of something】

10. This is the toxic ⟨substance⟩ that's causing the problem.
【a solid, powder, liquid, or gas with particular properties】

7.「私はチーズを1つの大きな塊で買った」
【何かを切り分けたり，ちぎり取ったりしてできた分厚い固形物】

8.「目的は，男女および異なる年齢層の意見を反映するようなサンプルを集めることだった」

【何かがどのようなものであるか，あるいは誰かがどのように考えたり感じたりするかを示したり，その兆候となる】

9.「特定のユーザーに対して，そのウェブサイトの一部へのアクセスを制限することは難しいことではない」
【あるものの大きさ，分量，範囲などを制限したり抑制したりする】

10.「これがその問題を引き起こしている有害物質だ」
【特定の性質を持つ固体，粉末，液体，気体】

《 Summary 》

For hundreds of years people have wondered how the language we speak affects our perception of the world. This is a complicated issue because our cultural habits, traditions and lifestyles shape the way we think and talk. For example, in one language in Australia, speakers always describe locations using the words for north, south, east and west. Moreover in English verb forms can tell you when something happened, while in Hopi, they can tell you whether the information is first-hand knowledge or not. Speakers of English divide time into chunks that can be counted, while the Hopi see time as a continuous cycle. In general, it seems that language, thought and culture form three strands of a braid that affect each other. (122 words)

【《Summary》の訳】

何百年もの間，人は自分の話す言語が自分の世界認識にどのように影響するのか知ろうとしてきた。これが難しい問題なのは，私たちの文化的習慣や伝統，ライフスタイルが私たちの考え方や話し方を形作るからである。たとえば，オーストラリアのある言語では，話者は位置を言い表すときに常に北，南，東，西を表す単語を使う。さらには，英語では，動詞の形はあることがいつ起こったのかを伝えることができるのに対して，ホピ語では，動詞の形は，語られる情報が直接得た知識かどうかを伝えることができる。英語の話者は，時間を数えられる塊に分割するが，ホピ族は時間を継続的に循環するものと見なしている。一般的には，言語と思考，文化は，お互いに影響し合う組みひもの3本の糸を形成しているようである。

第3問　明治大学

得　点
　／　50

【解答】

> 問1．(1)A　①　　　(1)B　④　　　(1)C　⑥
>
> 問2．私たちがますます猫や犬へ愛情を注ぐようになった次の段階は，1979年以後「国連児童権利宣言」によって子どもが保護されてきたのと同じような形で，動物に権利を与えることだと思われる。
>
> 問3．夜明けとともに起きて畑を耕したりパンを焼いたりする必要がない人たちは，たいてい自分の犬の世話をしたり，猫に魚の形をしたビスケットのおやつをあげたりする時間の余裕がある。このことが，貧しい国ほど動物虐待がより広く行われている理由の一部を説明しているのかもしれない。
>
> 問4．②
>
> 問5．a　②　　b　⑥　　c　③　　d　①　　e　⑤　　f　④

【配点と採点基準】（50点）

> 問1．6点（各2点×3）解答通り
>
> 問2．10点
> - ・The next phase of our increasing affection for cats and dogs … 2点
> - ・could conceivably be … 2点
> - ・the granting of rights to animals … 2点
> - ・in the same way that … 2点
> - ・children have been protected by the United Nations Declaration of the Rights of the Child since 1979. … 2点
>
> 問3．12点
> - ・People who do not have to get up at dawn … 2点
> - ・to plough fields or bake bread … 2点
> - ・generally have more time on their hands … 2点
> - ・to take care of their dogs and feed their cats fish-shaped biscuit treats, … 2点

・which might partly explain why… 2点
・animal cruelty in poorer nations is more widespread.… 2点

問4．4点　解答通り
問5．18点（各3点×6）解答通り

【設問別解説】

問1．
(1)A　champion「（社会的運動・主義などの）擁護者，推進者」
(1)B　feminist「女権拡張論者，フェミニスト」
(1)C　victim「犠牲者，被害者」

問2．
・the next phase「次の段階」
・increasing affection for cats and dogs「猫や犬への愛情が大きくなること」
・could conceivably be …「…だと考えられる，もしかすると…かもしれない」
・the granting of rights to animals「動物に権利を与えること」
・in the same way that S V …「…するのと同様に」

問3．
・people who do not have to get up at dawn「夜明けに起きる必要のない人々」
・to plough fields or bake bread「畑を耕したりパンを焼いたりするために」（この to 不定詞の用法は「目的」とも「結果」とも解釈できる）
・have more time on their hands to *do*「…するための（自由に使える）時間をより多く持っている」
・take care of their dogs「飼い犬の世話をする」
・feed their cats fish-shaped biscuit treats「飼い猫に魚の形をしたビスケットのおやつを食べさせる」
・,which might partly explain why S V …「そのことが…である理由の一部を説明している」，which の先行詞は前文の内容。
・animal cruelty in poorer nations is more widespread「貧しい国の方が動物の虐待がより広く行われている」

問4．
① 「なぜ私たちは動物を虐待するのか」
② 「動物の権利への態度の変化」
③ 「ペットの世話の仕方」

④　「ペット奴隷制の廃止」

問5.

a　coincide with A「Aと同時に起こる，Aに一致する」

b　renowned「有名な」

c　enlightened「啓蒙された，知識を持った」

d　abolish「…を廃止する」

e　gain acceptance「人気を博す，人気が出る」

f　feature「…を呼び物にする，…を主役にする」

【全訳】

　「人間の最良の友としての犬という考えが広まったのは，『グレーフライアーズ・ボビー』の物語（亡くなった飼い主への忠誠心から，その墓に14年間も寄り添い続けたという，エジンバラに実在した犬の心暖まる物語）のような，犬に関する本や物語がビクトリア朝後期にとてもよく売れていたことが原因だった」と『A Home of their Own』の著者であるゲリー・ジェンキンズは説明する。「世界初のドッグショーが1859年にニューキャッスルで開催され，犬は家庭で飼うペットとして扱われるようになった」と。1862年，当時の有名な物語作家で社会批評家でもあったチャールズ・ディケンズは，犬がたくさん集まっているのを見ると，今までに出会ったり交際したりしてきた人たちの顔を思い出さずにはいられないと書いている。

　動物についての話を語るというビクトリア朝時代の風潮は19世紀の人道主義の台頭と時期が一致していたが，それは主に，キリスト教徒は恵まれない人々の窮状に関心を寄せるべきであると主張する博愛主義的な運動だった。奴隷制反対運動家のウィリアム・ウィルバーフォースは英国動物虐待防止協会の初期の主導者の1人だったし，アメリカの学者キャスリーン・キートは，初期のフェミニスト（女権拡張論者）が動物実験反対主義者の団体と一体化したのは「女性がそうした動物を男たちの理屈による犠牲者として見るようになった」ためだったと考えている。

　それと同時に，チャールズ・ダーウィンの生物進化の過程に関する研究によって，博物学が中流から上流階級の人々に人気のある娯楽となった。「このことが，動物に対する一種の敬意のようなものを培った」と，有名な動物学者で『The Naked Ape（裸のサル）』の著者であるデズモンド・モリスは説明する。「『動物は理解力のない鈍感な獣』なので，動物に対しては何でも好きなことをして構わないとカトリック教会は教えていた。私たちが一つの文化としてもっと科学的に啓発されるようになると，私たちは動物を感情を持っ

た生き物と見なし始めたのだった」

　社会が恵まれない人々に対して柔軟な態度を取るようになるにつれて――1833年に奴隷制が廃止され，1918年に30歳以上の女性に選挙権が与えられ，20世紀を通じて子どもの持つ権利という考え方が受け入れられるようになった―― 私たちの動物への扱いは以前よりも優しくなった。実際，オックスフォード動物倫理センターの所長で，『Why Animal Suffering Matters』の著者であるアンドリュー・リンゼイ教授にとっては，（同意を与えることも撤回することもできない）幼児と（同様に自分自身を守ることができない）動物をなぞらえるのは当然のことだ。「子どもに対するこのような配慮が合理的であるならば，それは感情を持ちながら，やはり無邪気で，同意したり，理解したり，自分の利益を表現したりすることのできない，ほかの動物にもそれは当てはまる」とリンゼイは言う。私たちがますます猫や犬へ愛情を注ぐようになった次の段階は，1979年以後「国連児童権利宣言」によって子どもが保護されてきたのと同じような形で，動物に権利を与えることだと思われる。

　一方で，動物の擬人化 ―― 動物が人間の持つ特徴を持っているかのような動物に対する考え方 ―― は，数々の作家や映画制作者，そしてビアトリクス・ポターからディック・キング＝スミスにいたる芸術家たちの共同的な努力のおかげで，今日まで続いている。1961年にウォルト・ディズニーが制作したドディー・スミスの本，『101 Dalmatians（101匹わんちゃん）』（その中では言葉をしゃべる犬の集団が主役だった）のアニメ版は，興行収入がその年の10位になった映画だった。『Ice Age（アイス・エイジ）』や『Madagascar（マダガスカル）』などのアニメ映画の成功により，子どもも大人も動物を自分たちに似た存在だとより強く考えるようになり，しばしば明らかな影響をもたらした。たとえば，やんちゃなラブラドール救助犬の心暖まる物語であったジョン・グローガンのベストセラー『Marley & Me（マーリー：世界一おバカな犬が教えてくれたこと）』が2008年に映画化されると，ペットとして飼われる犬の急増を促した。

　そしてもちろん，私たちが自分のペットに対して抱く感傷的な態度は，人の暮らし向きが以前よりも大幅に向上した結果でもあるだろう。夜明けとともに起きて畑を耕したりパンを焼いたりする必要がない人たちは，たいてい自分の犬の世話をしたり，猫に魚の形をしたビスケットのおやつをあげたりする時間の余裕がある。このことが，貧しい国ほど動物虐待がより広く行われている理由の一部を説明しているのかもしれない。

34

【語句】

第1パラグラフ

- popular「大衆に受けのよい，人気がある」
- tale「物語，話」
- heartwarming「心暖まる，ほほえましい」
- real-life「実在の，現実の」
- devoted「献身的な，忠実な」
- late「最近死んだ」
  ※限定用法の形容詞。one's [the] late A「亡くなったA」の形で用いる。
- master「主人，雇い主」
- spend O doing「…するのに（お金・時間）を使う」
- sit on A「Aに座る」
- grave「墓」
- sell well「よく売れる」
  ⇔ sell badly「あまり売れない」
- explain that S V...「…だと説明する」
- author「著者，作家」
- hold「…を開く，…を開催する」
- treat A as B「AをBとして扱う［見なす］」
- household pet「家庭で飼うペット」
- storyteller「物語作家」
- social critic「社会批評家」
- write that S V...「…ということが（本などの中に）書かれている」
- It is impossible to do「…することはできない」

- be reminded of A「Aを思い出す」= remember A

第2パラグラフ

- trend「風潮，傾向」
  = tendency
- coincide with A「Aと同時に起こる，Aに一致する」
- the rise of A「Aの台頭，Aの繁栄」
- humanitarianism「人道主義」
- largely「主に，大部分は」
- movement「運動，活動」
- advocate that S V ...「…だと主張［支持］する」
- Christian「キリスト教徒」
- be concerned with A「Aに関心がある」
- plight「窮状，苦境」
- the less fortunate「より恵まれない人々」
  ※「the ＋形容詞」で「…な人々」の意味を表す。
- anti-slavery campaigner「奴隷制反対の運動家」
- champion「（社会的運動・主義などの）擁護者，推進者」
- the Society for the Prevention of Cruelty to Animals「（英国）動物虐待防止協会」
- academic「学者，大学教員」
- early「初期の，早期の」
- feminist「女権拡張論者，フェミニスト」

- identify with A「A と一体と考える，A と自分を同一視する」
- lobby「運動団体，圧力団体」
- come to *do*「…するようになる」
- identify A as B「A を B であると認定［確認］する」
- victim「犠牲者，被害者」
- male「男性の」
  ⇔ female「女性の」
- rationality「合理性，理屈」

第3パラグラフ
- at the same time「同時に」
- research into A「A の研究」
- evolutionary process「生物進化の過程」
- make A into B「A を B に変える」= change A into B
- natural history「博物学」
- pastime「娯楽，気晴らし」
- the middle and upper classes「中流から上流社会の人々」
- develop「…を発達させる，…を発展させる」
- a sort of A「ある種の A，一種の A のようなもの」
- respect「尊敬，敬意」
- renowned「有名な，高名な」
  = famous
- zoologist「動物学者」
- the Catholic Church「(ローマ) カトリック教会」
- teach that S V...「…だと教える」
- insensitive「鈍感な，無感覚な」

- beast「獣，(人間に対して) 動物」
- understanding「理解 (すること)，理解力」
- once S V...「いったん…すると」
- scientifically「科学的に」
- enlightened「啓蒙された，知識を持った」
- culture「文化，教養」
- see A as B「A を B だと見なす」
  = regard A as B
- creature「生き物」
- feeling「感情，気持ち」

第4パラグラフ
- soften「…を和らげる，…を柔らかくする」
- stance「態度，立場」
  = attitude
- the disadvantaged「恵まれない人々」
  = disadvantaged people
  ※ the + 形容詞「…な人々」の形。
- slavery「奴隷制度」
- abolish「…を廃止する」
- over A「A 以上 (の)」
- vote「選挙権，参政権」
- right「権利」
- gain acceptance「人気を博す，人気が出る」
- kind-hearted「親切心のある，心の優しい」
  = sympathetic, considerate
- dealing「取り扱い，待遇」
- director「所長，管理者」
- ethic「倫理，道徳」

- suffering「苦しみ, 苦痛」
- matter「重要である」
  = be important
- the comparison between A and B「AとBの比較」
- infant「幼児」
- withdraw「…を撤回する, …を取り消す」
- consent「同意, 承諾」
  = agreement
- similarly「同様に」
- protect「…を守る, …を保護する」
- obvious「明白な, 明らかな」
- concern「気遣い, 懸念」
- rational「合理的な, 分別のある」
- apply to A「Aに当てはまる」
  = be true of A
- innocent「無罪の, 潔白の」
  ⇔ guilty「有罪の」
- consent「(よく考えた上でしぶしぶ) 同意する」= agree, assent
- comprehend「…を理解する」
  = understand
- represent「…を表す, …を表現する」
- interest「利益」
- phase「段階, 時期」
- increasing「(ますます)増加する」
- affection for A「Aの愛情」
- conceivably「考えられる限りでは, ことによると」
- the granting of A「Aを与えること」
  ※ granting は grant「…を与える [授与する]」の動名詞。
- in the same way that S V...「…するのと同様に」
  ※ that は関係副詞で省略可。
  that = in which

第5パラグラフ

- meanwhile「一方では, 同時に」
- anthropomorphism「擬人化」
- as if S V...「まるで…であるかのように」
- characteristic「特徴, 特性」
  = feature
- continue to this day「今日まで続く」
- thanks to A「Aのおかげで, Aのために」
  = because of A, owing to A
- joint「共同の, 共通の」
- filmmaker「映画制作者」
- animated「アニメ [動画] の」
- version「…版, …バージョン」
- *101 Dalmatians*「101匹わんちゃん」
- feature「…を呼び物にする, …を主役にする」
- a (whole) heap of A「たくさんのA, 多数のA」
  = a (whole) lot of A
- the 10th highest-grossing film「興行収入が10位の映画」
- encourage O to *do*「Oを…するように励ます」
- think of A as B「AをBだと考える [見なす]」

= regard A as B
- result「結果，成果」
- film adaptation「映画化」
- bestselling「ベストセラーの」
- misbehave「無作法に振る舞う，不品行なことをする」
- rescue dog「救助犬」
- prompt「…を刺激する，…を促す」
- surge「高まり，殺到，急上昇」
- dog adoption「犬の里親斡旋」

第6パラグラフ
- sentimentalized attitude「感傷的な態度」
- consequence「（必然の）結果」= result
- become substantially better off「暮らし向きが以前よりも相当良くなる」
  ※ be well off で「裕福である」の意味。
- at dawn「夜明けに，明け方に」
- plough a field「畑を耕す」

- bake bread「パンを焼く」
- generally「概して，大抵」
- have more time on *one's* hands to *do*「…するための（自由に使える）時間をより多く持っている」
  ※ on *one's* hands は「自由に使える」の意味。
- take care of A「A の世話をする」= care for A, look after A
- feed O$_1$ O$_2$「O$_1$に O$_2$を（エサとして）与える」= feed O$_2$ to O$_1$
- fish-shaped「魚の形をした」
- biscuit「ビスケット」
- treats「おやつ」
  ※通例，複数形で用いる。
- partly「部分的に，一部分は」
- explain why S V...「…である理由を説明している」
- nation「国，国家」= country
- widespread「広範囲に及ぶ，広く行き渡った」

《 Vocabulary Building Exercise 》

1. He decided to `devote` the rest of his life to scientific investigation.
【to give most of your time, energy or attention to somebody/something】

2. Patterns of boom and recession do not always `coincide` in different countries.
【to take place at the same time】

3. Heart specialists strongly `advocate` low-cholesterol diets.
【to support or recommend something publicly】

4. A neighbour heard of her `plight` and offered to help.
【a difficult and sad situation】

5. He was once known as a `champion` of social reform.
【someone who supports or defends a person, a cause, or a principle】

1.「彼は自分の残りの人生を科学調査に捧げる決意をした」

【自分の時間，エネルギー，意識のほとんどを誰かや何かのために費やす】

2.「好況と不況の循環は，必ずしも異なる国々で同時に起こるとは限らない」
【同時に起こる】

3.「心臓専門医は，低コレステロールの食事を強く推奨している」

【何かを公に支持したり推奨したりする】

4.「隣人が彼女の窮状を聞きつけて，支援を申し出た」
【困難で悲惨な状況】

5.「彼はかつて社会改革の擁護者として知られていた」
【人や信条，原則などを支持したり擁護したりする人】

6. His books ⟨enlighten⟩ us on environmental problems.
【to give somebody more knowledge and greater understanding about something】

6.「彼の著作は，環境問題について私たちを啓発してくれる」
【あることについて，人により多くの知識やより深い洞察を与える】

7. The government proposed to ⟨abolish⟩ the death penalty.
【to officially end a system, practice, institution or law】

7.「政府は死刑を廃止することを提案した」
【システム，慣行，制度，法律などを正式に終わらせる】

8. Women's magazines regularly ⟨feature⟩ diets and exercise regimes.
【to include a particular person or thing as a special item】

8.「女性誌は，定期的にダイエットや運動療法を特集している」
【特定の人や事物を特別な項目として取り入れる】

9. The results of the study ⟨prompt⟩ the question of why managers did not follow recommendations.
【to cause an action or feeling】

9.「その調査の結果は，マネージャーたちがなぜ提言に従わなかったのかという疑問を提起している」
【行動や感情を促す】

10. We are having trouble keeping up with the recent ⟨surge⟩ in demand.
【a sudden increase in the amount or number of something】

10.「私たちは，最近の需要の急増に対応するのに苦労している」
【ある物の量や数の急激な増加】

《 Summary 》

During the Victorian era, people began to change their attitude towards animals. Until then, the Catholic Church had taught people that animals were just insensitive beasts, so they could be treated badly, but a sense of humanitarianism rose in the 19th century that urged Christians to be concerned with the plight of the less fortunate. During that time, slavery was abolished , the idea of the rights of children gained acceptance, and people became more kind-hearted toward animals. Eventually, animals may be granted rights which protect them in the same way the United Nations Declaration of the Rights of the Child protects children. Books and movies have encouraged us to think of animals as being like people, and improvements in our daily lives have given us the time and money to take better care of our pets. (136 words)

【《Summary》の訳】

ビクトリア朝時代，人々は動物に対する自分たちの態度を改め始めた。それ以前，カトリック教会は，動物はただの鈍感な「獣」にすぎないので乱暴な扱いをしても構わないと教えていたが，19世紀になると人道主義の意識が高まり，キリスト教徒は恵まれない境遇にある者たちの窮状に関心を寄せるようになった。その期間に，奴隷制は廃止され，子どもの権利という考え方が受け入れられ，人々は動物に対して以前よりも優しく接するようになった。ゆくゆくは，国連児童権利宣言が子どもたちを保護しているのと同じようにして，動物を保護するさまざまな権利が与えられるかもしれない。書籍や映画も，私たちに動物を人間と同等に考えるように促しており，私たちの暮らし向きが豊かになったことで，自分たちのペットをもっと大切に世話するための時間とお金がもたらされている。

第4問　法政大学

得　点

/50

【解答】

問1．すべての社交上の失敗の中で，初めての人に会い，名前を交換し，即座に相手の名前を忘れることほどよくあることはないかもしれない。そうなってしまうと，恥を忍んでもう一度尋ねるか，いつまでも不安の中で悩まなければならなくなるのだ。

問2．③

問3．③

問4．ほかの場所にエネルギーを集中させると，覚えたばかりの情報を整理することを怠るので，頭の中で相手とのやり取りのその部分に戻るのに苦労するかもしれない。

問5．実際に名前について自分に問題を出す行為は，長期的に見れば，その名前をよりうまく覚えておくのに役立つだろう。

問6．④

問7．a　③　　b　⑤　　c　②

【配点と採点基準】（50点）

問1．12点
   ・Of all the social mistakes, … 2点
   ・none is perhaps more common than … 2点
   ・meeting a new person, exchanging names and promptly forgetting theirs … 2点
   ・forcing you to … 2点
   ・either swallow your pride and ask again, or suffer in uncertainty forever. … 4点

問2．5点　解答通り

問3．5点　解答通り

問4．10点
   ・In focusing your energy elsewhere, … 2点

・you may neglect to file away … 2点
・the information you just learned, … 2点
・then struggle to mentally return … 2点
・to that part of the interaction. … 2点

問5． 6点
・The act of actually testing yourself on the name … 2点
・will help you to retain it better … 2点
・in the long run. … 2点

問6． 6点　解答通り
問7． 6点（各2点×3）解答通り

【設問別解説】

問1．

・social mistake「社交上の誤り」「人付き合いにおけるミス」
・none is more common than ...「…ほどよくあるものはない」
　none = no social mistake
・meeting ..., exchanging ... and forgetting ... は，一連の流れを表している。
　theirs = their names
・force O to *do*「O に…することを強制する」
・forcing ... 以下の分詞構文の意味上の主語は，ダッシュの前の内容（「そのような状況は」）。
・either A or B「A か B かのいずれか」
・swallow *one's* pride「プライドを捨てる，恥を忍ぶ」
・suffer in uncertainty「不安の中で苦しむ，半信半疑で悩む」
・forever「いつまでも，ずっと」

問2．

下線部(2)は「あなたは，名前のように一見単純そうなことを覚えるのに必要な作業を過小評価している」という意味。

①　「人々は，人の名前を覚えることがどんなに単純なことかに気づいていない場合が多い」
②　「人々は，人の名前を効果的に記憶する方法に気づいている場合が多い」
③　**「人々は，人の名前を覚えることがどんなに難しいかに気づいていない場合が多い」**
④　「人々は，自分が人の名前をどんなにすぐに忘れてしまうかに気づいている

　場合が多い」

問3.
　下線部⑶は「そして，ありふれた名前であろうとなかろうと，どの名前も既に過密状態になっている脳の中にスペースを確保するために争わなければならない」という意味になる。
　　①　「人の名前を覚えているのが難しいのは，人々が新しい名前を覚えようとするときに気が散る傾向にあるからだ」
　　②　「人の名前を覚えているのが難しいのは，ありふれた名前よりも珍しい名前のほうが妨害の原因になる可能性が高いからだ」
　　③　**「人の名前を覚えているのが難しいのは，脳の中に蓄えることのできる情報量には限界があるからだ」**
　　④　「人の名前を覚えているのが難しいのは，人々が自分の記憶容量を正確に見積もることができないからだ」

問4.
　　・in *doing*「…する中で，…する際に」
　　・focus「…を集中させる」
　　・neglect to *do*「…することを怠る」
　　・file away A「A をファイルする，A を整理する」
　　・the information you just learned = the information which［that］you just learned「あなたが今知ったばかりの情報」→目的格の関係代名詞の省略。
　　・struggle to *do*「…しようと四苦八苦する」
　　・mentally「頭の中で」
　　・return to A「A に戻る」
　　・interaction「（相手との）やり取り」

問5.
　　・the act of *doing*「…するという行為」
　　・test A on B「B に関して A をテストする」「A に対して B に関する問題を出す」
　　・help you to retain it better「あなたがそれをよりよく覚えておくのに役立つ」　この it は the name を指す。
　　・in the long run「長い目で見れば，結局は」

問6.
　　①　「誰かに初めて会ったときには会話を維持することに集中すること」
　　②　「新しい名前を知ったら時間を置いた後で思い出そうと努めること」
　　③　「新しい名前は，似た音をもつ既に知っている名前と一緒に書き留めること」
　　④　**「相手がまだ一緒にいる間に，相手の名前についての自分の記憶をさまざ**

　　な方法で訓練すること」

問7.

a　stick out「突き出る，目立つ」

b　trigger「…の引き金を引く，…を引き起こす」

c　retrace *one's* steps「自分の足跡をたどる」

【全訳】

　　すべての社交上の失敗の中で，初めての人に会い，名前を交換し，即座に相手の名前を忘れることほどよくあることはないかもしれない。そうなってしまうと，恥を忍んでもう一度尋ねるか，いつまでも不安の中で悩まなければならなくなるのだ。

　　私たちはなぜこのような失敗をし続けるのだろうか。いくつか考えられる説明がある，とカリフォルニア大学デイビス校の記憶プログラムの部長であるチャラン・ランガナートは言う。最も簡単な説明は，単にあなたがそれほど関心を持っていないということだとランガナートは言う。「人々は学ぶ動機があるものを覚える方が上手だ。人々の名前を覚える動機がある時もあれば，それはどちらかというと一時的なことで，その時は重要なことだとは思わない時もある」

　　しかし，これはいつも真実だとは限らない。本当に覚えていたいと思っていても，いつの間にか忘れていることも多いとランガナートは言う。これは，名前のように一見単純そうなことを覚えるのに必要な作業を過小評価しているからなのかもしれない。

　　ありふれた名前を忘れやすいのは，その名前が興味深いという印象をあなたに与えないためか，あるいは，既にその名前を持っている複数の人々を知っているためだ。一方で，珍しい名前は簡単に認識できるのだが，思い出すのは難しいかもしれない。そして，ありふれていてもそうでなくても，どの名前も既に過密状態になっている脳の中にスペースを確保するために争わなければならない。これらのすべての要因を考えると，名前をつなぎ止めておくには思っている以上の努力が必要なのだ。

　　「あなたは名前だけを記憶しようとするのではなく，顔と関連づけて名前を記憶しようとする。私たちはエンコーディングと呼ぶのだが，たとえあなたが情報を取り込んでも，あなたの記憶の中では他の名前や他の顔との間で非常に多くの競争があるために，あなたはその情報を見つけることができないかもしれない」とランガナートは言う。「人々は過信していることが多く，後になってそれがどんなに難しくなるかを過小評価しているのだ」

　良い印象を与えようとしたり会話を続けようとしたりして気を散らされてしまう人々は，そのような部類に入ってしまうのかもしれないとランガナートは言う。ほかの場所にエネルギーを集中させると，覚えたばかりの情報を整理することを怠るので，頭の中で相手とのやり取りのその部分に戻るのに苦労するかもしれない。

　名前を覚えておく何か効率的な方法はあるのだろうか。記憶術が役立つ場合もあるとランガナートは言う。人物やその特徴について独特なところを見つけて，それをあらためて名前と関連づけることを彼は勧めている。たとえば，ジョンのようなありふれた名前を覚えておくことは難しいかもしれないが，頭の中である人を「ジョギングをするジョン」と分類できるなら，それはもっと目立つことになるかもしれない。

　会話が進行している時でも，自分にテストを行う方法を見つけると役に立つかもしれないと彼はつけ加える。相手が名前を言った時に，その名前を気に留めておいて，数分後に，いやたとえ数秒後にでも，その名前について自分に問題を出すのだ。「情報を覚えた直後に，または間もないうちに，その情報を思い出すように努めよ」とランガナートは言う。「実際に名前について自分に問題を出す行為は，長期的に見れば，その名前をよりうまく覚えておくのに役立つだろう」

　人が名前を言った後にその名前を復唱することも，ただ聞いているだけの場合よりも強力な効果を引き起こすかもしれない。「あなたが何かを作り出す場合は，あなたがそれを受動的に取り込むだけの場合よりも，そのことを記憶しておくことが実際により簡単になる」と彼は言う。「実際には，あの顔を見てその後すぐにこの名前を作り出すことを，あなたは学習していることになるのです」

　そして，それでも忘れてしまう場合は，あなたの頭の中の足跡をたどるように努めなさい。その場面や，他に話したことなど，その人と会った時のことを思い浮かべよとランガナートは言う。

　しかし，他の何をやってもうまくいかない場合は，記憶の研究者の間でさえ，名前を忘れることは非常にありふれた問題であるということを知っておくことだ。「これらすべての要因について考えると，私たちが誰かの名前を覚えていられるというのは本当に奇跡的なことだ」とランガナートは言う。

46

【語句】

第1パラグラフ
・social mistake「社交上の誤り，人付き合いにおけるミス」
・none「何も…ない」
　※ none は「no＋名詞」を表す代名詞。none＝no social mistake
・common「よく起こる，ありふれた」
・exchange names「名前を交換する」
・promptly「すぐに，即座に」
　＝ immediately, at once
・force O to *do*「O に…することを強制する」＝ compel O to *do*
・either A or B「A か B かのいずれか」
・swallow *one's* pride「プライドを捨てる，恥を忍ぶ」
・suffer「苦しむ，悩む」
・in uncertainty「不安の中で，半信半疑で」
・forever「いつまでも，ずっと」

第2パラグラフ
・keep *doing*「…し続ける」
・possible「可能性のある，ありうる」
・explanation「説明」
・director「局長，部長，管理者」
・that「それほど，そんなに」
　※副詞の that の用法。通例否定文や疑問文で用いられる。
・interested「関心があって，興味があって」

・be good at *doing*「…するのが上手だ」⇔ be poor at *doing*「…するのが下手だ」
・remember「…を思い出す，…を記憶する」
　⇔ forget「…を忘れる」
・motivate O to *do*「O に…する動機［刺激］を与える」
・more of a passing thing「どちらかというと［むしろ］一時的なこと」
　※補語の位置の more of a ... は「むしろ…」，passing は「つかの間の」の意味。

第3パラグラフ
・not always「いつも…（である）とは限らない」
　※部分否定の表現。
・the case「事実，真相」
・do want to *do*「本当に…したい」
　※ do は「do＋動詞の原形」で動詞を強調する助動詞。
・anyway「それでもやはり，とは言うものの」
・underestimate「…を過小評価する」⇔ overestimate「…を過大評価する」
・seemingly「見たところでは，表面的には」

第4パラグラフ
・forgettable「忘れられがちな」
　⇔ unforgettable「忘れられない」
・strike A as B「A に B という印

象を与える」
・multiple「多数の」
・on the other hand「他方では」
・rare「珍しい，まれな」
・recognize「…を認める，…を承認する」
・recall「…を思い出す」
　= remember
・fight for A「A のために戦う，A を求めて争う」
・space「スペース，場所」
・already-crowded「既に過密状態になっている」
・brain「脳，頭」
・given A「A を考慮すると」
・factor「要素，要因」
・effort「努力」
・lock down A「A を閉じ込める」

第5パラグラフ
・not only ... but（also）〜「…だけでなく〜も」
・in relation to A「A に関係して，A と関連づけて」
・even if S V...「たとえ…だとしても」
・get A in「A を取り込む，A を（頭の）中に入れる」
・information「情報，知識」
・encode「記号［符号］化する」
・competition between A and B「A と B との競争」
・memory「記憶」
・overconfident「自信過剰な」
・later on「もっと後で，後になっ

て」⇔ earlier on「前もって」

第6パラグラフ
・distract「…の気をそらす」
・make a good impression「良い印象を与える」
・hold a conversation「会話をする」＝ have［carry on］a conversation
・fall into A「A に陥る，A の中に入る」
・camp「同志たち，グループ，陣営」
・in doing「…する中で，…する際に」
・focus「…を集中させる」
・elsewhere「どこか他へ」
・neglect to do「…することを怠る」
・file away A「A をファイルする，A を整理する」
・struggle to do「…しようと四苦八苦する，…しようともがく」
・mentally「心の中で，頭の中で」
・return to A「A に戻る」
　= come back to A
・interaction「（相手との）やり取り，交流」

第7パラグラフ
・effective「効果的な，有効な」
　= efficient
・helpful「助けになる，有用な」
・recommend doing「…することを勧める」
・distinctive「（他と）明確に区別

できる，特有の」
- characteristic「特徴，特性」
  = feature
- relate A (back) to B「A を（あらためて）B と関連づける」
- categorize A as B「A を B として分類する」
- jogger「ジョギングをする人」
- stick out「突き出る，目立つ」

第8パラグラフ
- test「…をテストする，…に問題を出す」
- (even) as S V...「…する時（でも）」
- ongoing「継続［進行］している」
- add that S V...「…だとつけ加えて言う」
- take note of A「A に留意［注目］する」
- quiz A on B「B に関して A に簡単な試験［クイズ］をする」
- immediately「すぐに，ただちに」
  = promptly, at once
- soon after S V...「…する後すぐに」
- the act of doing「…するという行為」
- actually「実際に，現実に」
  = really
- help O to do「O が…するのに役立つ」
- retain「…を記憶する，…を保持する」

- in the long run「長い目で見れば，結局は」

第9パラグラフ
- repeat「…を繰り返して言う」
- trigger「…の引き金を引く，…を引き起こす」
- powerful「強力な，有用な」
- effect「効果，影響」
- generate「…を生み出す，…を作り出す」= produce
- passively「受動的に」
  ⇔ actively「能動的に」
- take A in「A を取り込む，A を中に入れる」
- produce「…を作る，…を生み出す」= generate

第10パラグラフ
- envision「…に思いを巡らす，…を心に描く」
- moment「（特定の）時」= time
- setting「背景，場面」
- and so on「…など」
  = and so forth
- retrace one's steps「…の足跡をたどる」

第11パラグラフ
- fail「失敗する，うまくいかない」
  ⇔ succeed「成功する」
- among A「A の間で」
- memory researcher「記憶の研究者」
- miracle「奇跡，驚異」

《 Vocabulary Building Exercise 》

1. The most common feature of this disease is a persistent night-time cough.
【happening often; existing in large numbers or in many places】

2. Emergency care staff often underestimate the importance of wound cleansing.
【to think or guess that the amount, cost, size or importance of something is smaller or less than it really is】

3. He died of multiple injuries.

【many in number; involving many different people or things】

4. These activities sometimes distract the students from their homework.
【to take somebody's attention away from what they are trying to do】

1. 「この病気の最も一般的な特徴は, 夜間に咳が続くことです」

【よく起こる／多数, あるいはさまざまな場所に存在する】

2. 「救急医療スタッフは, しばしば傷を洗浄することの重要性を軽視している」
【何かの量, コスト, 大きさ, 重要性などを実際よりも小さく, もしくは少ないと考えたり推測したりする】

3. 「彼は数多くの傷を負ったことで亡くなった」
【数が多い／多くのさまざまな人や物事に関連する】

4. 「これらの活動はときどき, 学生の宿題の妨げになる」

【人がやろうとしていることから注意をそらす】

5. Marketers tend to **neglect** the fact that potential customers in foreign markets often need more information than customers in the home market.
【to fail to take care of somebody/something; to fail or forget to do something that you ought to do】

6. Each district of the city has its own **distinctive** character.
【having a quality or characteristic that makes something different and easily noticed】

7. Nuts can **trigger** off a violent allergic reaction.
【to make something start to happen; to cause something to begin or exist】

8. It is often said that watching TV is a completely **passive** activity.
【accepting what happens or what people do without trying to change anything or oppose them】

9. There are some **ongoing** debates on the issue.

【continuing to exist or develop】

5.「マーケティング担当者は，海外市場の潜在顧客がしばしば国内市場の顧客よりも多くの情報を必要とするという事実を見逃してしまいがちである」
【誰かや何かへの配慮を怠る／するべきことをしなかったり忘れたりする】

6.「この市の各地区は，ほかとは異なる独自の特徴を持っている」
【何かをほかのものと区別し目立たせる性質あるいは特徴を持つ】

7.「ナッツ類は，激しいアレルギー反応を引き起こす可能性がある」
【何かが起こり始めるようにする／何かを始めさせたり生じさせたりする】

8.「テレビを見ることは，まったく受動的な行為である，としばしば言われる」
【起こっていることや人のすることに対し，それを変えたりそれに逆らったりしようとせずに受け入れる】

9.「この問題については，いくつかの継続的な議論が行われている」
【存在し続けたり進展し続けたりしている】

10. Detectives are trying to
retrace her movements on
the night she disappeared.

【 to go along exactly the same
path or route that somebody
has come along; to find out
what somebody has done】

10. 「探偵たちは，彼女が行方不明に
なった夜における彼女の動きを
さかのぼって調べようとしてい
る」

【人がやって来たときとまったく
同じ道や経路をたどる／人が何
をしたのか調べる】

《 Summary 》

One of the most common social mistakes you can make is to forget the name of a person you have just met. There are many reasons people do this. Maybe they were not ⌐motivated⌐ enough to learn the name. Maybe they underestimated how difficult it is to remember a new name. Many people are overconfident about their ability to ⌐encode⌐ new information in their memory. One way to avoid making this mistake is to remember something ⌐distinctive⌐ about the person and give him a nickname like "John the Jogger." Another way is to actively quiz yourself while the conversation is still ⌐ongoing⌐. And if you do forget someone's name, try to ⌐envision⌐ what happened when you first met. But if all else fails, don't worry too much. This is a very common problem. (133 words)

【《Summary》の訳】

　あなたが最も犯しがちな社交上の失敗の1つは，会ったばかりの人の名前を忘れてしまうことです。人がそうしてしまう理由はさまざまです。相手の名前を覚えていようとする動機が十分ではなかったのかもしれません。新しい名前を覚えているのがいかに難しいことなのか，軽く考えていたのかもしれません。多くの人たちは，新しい情報を自分の記憶に変換する自分の能力を過信しています。このような失敗を避けるための1つの方法は，その相手の持つ特徴を覚えておいて，「ジョギングをするジョン」のような愛称を付けておくことです。もう1つの方法は，まだ会話をしている最中に，積極的に自分に問いかけてみることです。そして，それでも誰かの名前を忘れてしまうときは，最初に出会ったときに起こったことを思い浮かべることです。ただし，ほかにどんなことをしてもうまくいかなくても，あまりがっかりしないでください。こうしたことは，とてもよくある問題なのですから。

第5問　早稲田大学

得　点

／50

【解答】

> 問1．A ④　　B ①　　C ④　　D ④
> 問2．a ②　　b ②　　c ③　　d ②
> 問3．③
> 問4．その委員会は，ノルウェーでは一部の従業員は通勤時間を労働
> 　　　時間に数えることができるという裁定を下したのだ。その理論的
> 　　　根拠は，彼らは厳密には労働を行ってはいないかもしれないが，
> 　　　彼らは雇用主の支配下にあるからというものだった。

【配点と採点基準】（50点）

> 問1．20点（各5点×4）解答通り
> 問2．12点（各3点×4）解答通り
> 問3．6点　解答通り
> 問4．12点
> 　　　・The commission ruled that … 2点
> 　　　・in Norway, some employees could count their commute as
> 　　　　working time … 2点
> 　　　・the rationale being that … 2点
> 　　　・while they may not be, strictly speaking, working, … 3点
> 　　　・they are at the disposal of their employer. … 3点

【設問別解説】

問1．

　A 「この記事に基づくと，次の文のうちで正しいのはどれか」

　　① 「ドイツの企業は，モバイル機器を使って家庭で仕事を行うことを強制することによって従業員を虐待している」

　　② 「実業界では今でも過労死がよく起こっているが，一部の政府はその問題をほとんど無視している」

　　③ 「ドイツやフランスや日本の例は，現代のテクノロジーが以前よりも仕事

と生活のバランスを実現しやすくしていることを示している」

④ 「今日，労働条件の改善に努めている企業も多いが，過剰労働の例は残っ
ている」→第3段落の内容に一致する。

B 「次の文のうちで，従業員が仕事と生活のバランスを維持するのを助けるた
めにドイツで取られている対策を正しく言い表しているのはどれか」

① 「ある民間企業は正規の労働時間外に仕事に関係する電子メールを利用で
きなくした」→第5段落第2文の内容に一致する。

② 「勤務時間中の電子メールの利用を制限する努力は，民間部門と公営部門
の両方で行われてきた」

③ 「企業の電子メールの利用を制限する最初の行動はドイツ政府によって取
られ，ある民間企業がその2年後に続いた」

④ 「電子メールをスタッフに送信する際の最良の判断を利用することを雇用
主に義務づける法律を制定することへ向けて，政府と民間部門は力を合わ
せてきた」

C 「西イングランド大学が行った調査の結果が示すことは（　　）というこ
とだ」

① 「エイルズベリーからロンドンまでの通勤者のうちで，乗車中に個人的な
やりとりを行った者はかなり少ない」

② 「長い方の路線のすべての乗客のうちの約3分の1は，移動中に仕事の遅
れを取り戻そうと努めている」

③ 「鉄道車両はあまりに混雑していて，仕事を効果的に行うことは一切でき
ないので，乗車中の時間をビデオゲームをやって過ごす通勤者は多い」

④ 「乗車中に行われる仕事の量と目的地に着くまでに費やされる時間との間
には正の相関関係がある」→第7段落第4文の内容に一致する。

D 「欧州法務委員会の裁定の非常に意義深い点は何か」

① 「特定の従業員に対して，職場との往復に費やす時間を勤務時間だと主張
することを許した」

② 「新しいテクノロジーの利用に対する態度を改めることを実業界に禁じ
た」

③ 「雇用主が従業員に時間外労働を求めることをより困難にした」

④ 「特に従業員が追加の賃金を要求したフランスの訴訟の例のように，注目
を集める多くの裁判が行われる原因となった」→第9・10段落の内容に一
致する。

問2．

a　crack down on overworking「過重労働を取り締まる」

b　outside office hours「勤務時間外に［の］」

  c　productive「生産性の高い」
  d　doesn't mean that S V ...「…ということを意味するわけではない」
問3.
  ①　「大企業による権力の濫用：企業が従業員に時間外労働を強制する手口」
  ②　「ヨーロッパに現れつつある大きな変化：法的圧力が企業に従業員の労働責任を拡大せざるを得なくさせている理由」
  ③　「9時から5時までは過去のもの：労働時間の従来の定義は出口に来ている」
  →英文全体の「モバイル機器を使って仕事を行うことが多くなった今日，オフィスにいる時間のみを勤務時間と見なす過去の慣例は通用しなくなっている」という主旨を端的に表現している。
  ④　「インターネットの奴隷：イギリスの今日の職場の恐ろしい現実」
問4.
  ・the commission「その委員会」，ここでは，a European legal commission を指している。
  ・rule that S V ...「…だと裁定する，…という判決を下す」
  ・in Norway「ノルウェーでは」
  ・count A as B「A を B に数える，A を B だと見なす」
  ・the rationale being that S V ...「その論理的根拠は…ということだ」
  　分詞構文を用いて，直前に書かれた主節の内容に情報を補足している。the rationale は being that S V ... 以下の意味上の主語。
  ・while S V ...「…だけれども」（= though S V ...），「譲歩」を表す副詞節。
  ・strictly speaking「厳密に言うと」
  ・at the disposal of A（= at A's disposal）「A が自由に使える」「A の思うままに」

【全訳】

　　通勤時間は労働時間の一部として数えるべきではないか。この提言は，数千人ものビジネスパーソンの通勤行動を調べたイギリスの大学の研究者によって出されたものだ。
　　列車，飛行機，自動車での Wi-Fi の拡大によって，従業員は退勤時刻の後でも無数の業務メールを送受信する中で電子機器に縛りつけられ，事実上の労働時間の延長につながっていることは周知の事実だ。
　　「ワーク・ライフ・バランス（仕事と生活のバランス）」は現代の人気のあるキャッチフレーズであり，雇用主は従業員がたまったストレスを取り除くためのさまざまなサービスを用意している。だが，健康増進プログラムが強

調される只中に，1か月に159時間以上の残業をして過労死した31歳の日本人労働者の話のような憂慮すべき話もある。日本や他の国の関係当局は，働き過ぎを取り締まる方向に動き始めている。

　既に週35時間労働を採用しているフランスは昨年，従業員に対して勤務時間外には「接続を切り」メールをブロックする「権利」を与えることを大企業に義務づける法律を導入した。

　同様の制限がドイツで試験運用されており，2013年に労働省は，省内の上司が勤務時間外に部下に連絡を取らないように命じた。また，2011年にフォルクスワーゲン社は，勤務時間終了時に会社の携帯電話ネットワークを遮断するようになり，ドイツ国内の一部の従業員が電子メールの送受信をすることはなくなった。

　英国では，勤労者は行き帰りの通勤に平均して1時間 ― ロンドンとその周辺ではそれ以上 ― を費やすが，混雑した列車の中では誰もが生産的になれるわけではない。そこでは，コンピューターゲームの誘惑が強すぎるかもしれないからだ。

　2016年と2017年の40週にわたって，西イングランド大学の研究チームは，ロンドンからバーミンガムとエイルズベリーへと北西に走る2本の混雑した路線で，1日に最長250マイルを移動する5,000人の通勤者を調査した。勤労者は，乗車中の無料の無線インターネットの利用状況を詳しく調べられた。この研究チームは，通勤者が乗車中の時間を仕事を片づけるために使っていることを発見した。移動する距離が長ければ長いほど，より多くの作業が片づけられていた。バーミンガムからロンドンまでの長い方のルートの通勤者の54％，エイルズベリーからロンドンまでの短い方のルートの通勤者の36％は，移動中に仕事関連の電子メールをチェックしたり送信したりしていたのだった。

　ブリストル大学の研究者，ジェイン博士は，この研究はまだ予備調査の段階にあると語った。週の労働時間の長さをどんな形で変えるにしても，英国政府が発するものでなければならないだろう。

　しかし，ヨーロッパのいくつかの国々は，通勤時間の延長や常時可能に見えるモバイルインターネットの利用状況を考慮した規制上の変更を提案している。また，昨年の欧州法務委員会の場で裁定が出た訴訟は，ヨーロッパ大陸全体にわたって労働時間の計算方法に影響を及ぼす可能性がある。その委員会は，ノルウェーでは一部の従業員は通勤時間を労働時間に数えることができるという裁定を下したのだ。その理論的根拠は，彼らは厳密には労働を行ってはいないかもしれないが，彼らは雇用主の支配下にあるからというものだった。

この夏，フランスの最高裁判所は，ある英国の企業に対し，フランスにいる社員の1人に60,000ユーロ（70,000ドル以上）の補償金を支払うよう命じた。この企業は従業員に対して，携帯電話を常にオンの状態にして，顧客や部下からの問い合わせや苦情に答えることを義務づけていたのだ。「接続を切る権利というのは，私たちが新しいテクノロジーに対して良識ある態度を持たなければならないということをすべての人に思い当たらせてくれる」と，パリ在住の弁護士サッベ・フェリ氏は語った。「24時間インターネットにアクセスできるからといって，私たちが常に働いていなければならないということを意味するわけではないのだ」

【語句】

第1パラグラフ
・commuting hours「通勤時間」
・count「数える，計算する」
・as part of A「Aの一部として」
・workday「一日の労働時間」
・suggestion「提言，提案」
・university researcher「大学の研究者」
・commuting habit「通勤行動［習慣］」
・thousands of A「数千もの A」
・business people「会社員，ビジネスパーソン」

第2パラグラフ
・It is no secret that S V...「…だということは周知の事実だ」
・the expansion of Wi-Fi「Wi-Fiの拡大」
・plane「飛行機」
　= airplane, aircraft
・automobile「自動車」
　= motorcar

・lead to A「Aにつながる，Aを引き起こす」= cause A
　※活用形は【lead / led / led / leading】
・tie A to B「AをBに縛りつける」
・employee「従業員」
　⇔ employer「雇用主」
・electronic device「電子機器」
・as S V ...「…する中で，…するにつれて」
・send and receive「…を送受信する」
・countless「数え切れない，無数の」
・work email「業務メール」
・clock out from one's job「仕事を終える，退出時刻を記録する」

第3パラグラフ
・work-life balance「仕事と生活のバランス」
・popular catchphrase「人気のあるキャッチフレーズ」

- the modern era「現代」
- employer「雇用主，企業主」
  ⇔ employee「従業員」
- provide B for A「A に B を提供［用意］する」
  = provide A with B
- a range of A「さまざまな（種類の）A」
  ※ range は「（変動可能な）幅，範囲」の意味。
- get rid of A「A を取り除く」
- accumulated「（徐々に）蓄積された」
- stress「ストレス，圧迫」
- amid A「A の真ん中に，A の只中に」
  ※ amid A come S「A の真ん中に S がやってくる」という「副詞句 + V S」の倒置構造となっている。
- emphasis on A「A の強調［重点］」
- wellness program「健康増進プログラム」
- alarming「不安にさせる，警戒心を抱かせる」
- tale「話，物語」
- Japanese worker「日本人労働者」
- amass「…を蓄積する」
  = accumulate
- more than A「A 以上」
  = over A
- overtime「残業，超過時間」
- work oneself to death「過労死

する」
- official「役人，当局者」
- move to do「…する方向に動き出す」
- crack down on A「A を厳しく取り締まる」
- overwork「働きすぎる」

第4パラグラフ

- workweek「1 週間の労働（時間）」
- introduce「…を導入する，…を取り入れる」
- law「法律，法」
- require O to do「O に…することを要求する」
- large company「大企業」
- the right to do「…する権利」
- disconnect「接続を切る」
- block email「メールをブロックする［締め出す］」
- off duty「勤務時間外で, 非番で」
  ⇔ on duty「勤務時間中で」

第5パラグラフ

- similar「よく似た，類似の」
- limit「制限，限度」
- test「…を試す，…を検証する」
- the Labor Ministry「労働省」
- order O not to do「O に…しないように命令する」
- supervisor「監督［管理］者，上司」
- contact「…と連絡をとる，…と接触する」
- outside office hours「勤務時間

外に［の］」
・Volkswagen「フォルクスワーゲン社」
・shut off A「A を遮断する，A を切り離す」
・company cellphone network「会社の携帯電話ネットワーク」
・at the end of A「A の終わりに」
・stop O from *doing*「O が…するのをやめさせる［妨げる］」
　= prevent O from *doing*

第6パラグラフ

・Britain「英国」
　= the United Kingdom
・spend O *doing*「…するのに O（時間・お金）を使う」
・on average「平均して，概して」
・get to and from *one's* job「職場に行って帰ってくる」
・not everyone V...「すべての人が…するというわけではない」
　※部分否定の表現。
・productive「生産性の高い」
・rail car「（鉄道の）車両」
・temptation「誘惑，誘い」

第7パラグラフ

・over A「A に渡って，A の間」
　※ over は「期間」を表す前置詞。
・commuter「通勤者」
・travel「…を移動する」
・up to A「最大 A まで」
・a day「1 日につき」= per day
・line「（鉄道の）路線」
・northwest「北西に」

・scrutinize「…を綿密に調べる」
　= examine
・free wireless internet「無料の無線インターネット」
・get O *done*「O を…してしまう」
　※「完了」を表す用法。
・The longer the route, the more work was being accomplished「移動の距離が長ければ長いほど，より多くの作業が片づけられていた」
　※the ＋比較級 ..., the ＋比較級 〜「…すればするほど，ますます〜」の構造。route は「ルート，道筋」，accomplish は「…を成し遂げる」の意味であり，be being *done*「…されている」は進行形の受動態。
・percent「パーセント，100分の1」
・check「…をチェックする，…を確かめる」
・work-related「仕事に関連した」
・during the trip「移動中に」

第8パラグラフ

・exploratory「予備調査の，予備的な」
・stage「段階」
・length「長さ」
・the British government「英国政府」

第9パラグラフ

・European country「ヨーロッパの国」

- propose「…を提案する」
- regulatory「規制上の，規制［統制］する」
- take account of A「Aを考慮する」= take A into account
- commute「通勤（時間）」
- seemingly「表面上は，一見…のように見える」
- permanent「永続する，永久の」
- availability「利用できること，利用の可能性」
- mobile「移動可能な，移動性のある」
- court case「訴訟」
- decide「…に判決を下す」
- legal commission「法務委員会」
- affect「…に影響する」
  = influence
- working time「労働時間」
- calculate「…を計算する，…を算出する」
- across the continent「ヨーロッパ大陸全体にわたって」
- rule that S V...「…だと裁定する，…という判決を下す」
- Norway「ノルウェー」
- count A as B「AをBに数える，AをBだと見なす」
- rationale「理論的根拠」
- strictly speaking「厳密に言うと」
- at the disposal of A「Aが自由に使える，Aの思うままに」

※ disposal は「処分の自由，思い通りにできること」の意味。

第10パラグラフ

- France's highest court「フランスの最高裁判所」
- euro「ユーロ」
- compensation「補償（金），賠償（金）」
- have A on「Aをオンの状態にしている」
- at all times「いつも，常に」
- complaint「苦情，不満」
- client「顧客」
- subordinate「部下」
- remind O that S V...「Oに…ということを思い出させる［気づかせる］」
- ought to do「…すべきである」
  = should do
- reasonable attitude「良識ある態度」
- technology「テクノロジー，科学技術」
- lawyer「弁護士」
- have access to A「Aにアクセスできる，Aを利用できる」
- around the clock「まる一日中，24時間ぶっ通しで」
- mean that S V...「…ということを意味する」
- all the time「常に，いつも」

《 Vocabulary Building Exercise 》

1. We ⎜commute⎟ from Osaka to Kyoto every day.
【to travel regularly by bus, train, car, etc. between your place of work and your home】

1.「私たちは毎日，大阪から京都まで通勤している」
【職場と自宅の間をバスや列車，車などで定期的に移動する】

2. This caused an ⎜expansion⎟ of trade.
【the process of becoming greater in size, number, or amount】

2.「これにより，貿易の拡大がもたらされた」
【大きさや数，量などが大きくなる過程】

3. Individuals ⎜accumulate⎟ knowledge through experience.
【to gradually get more and more of something over a period of time; to gradually increase in number or quantity over a period of time】

3.「人は経験を通じて知識を蓄える」

【一定の期間にわたって次第に多くの量の何かを得る／一定期間にわたって数や量が次第に増加する】

4. My computer crashes every time I ⎜disconnect⎟ it from the Internet.
【to break a connection that something needs in order to work】

4.「私のコンピューターは，インターネットから切断するたびにクラッシュする」
【作動に必要な接続を遮断する】

5. Older adults who engage in multiple ⎜productive⎟ activities, such as caregiving and volunteering, report better health.
【creating or achieving a lot】

5.「介護やボランティア活動など，いくつもの生産的な活動に従事している高齢者ほど健康状態が良いと答えている」

【たくさんのことを創造したり達成したりする】

6. She leaned forward to
[scrutinize] their faces.
【to look at or examine
somebody/something
carefully】

7. The court is going to [rule]
that the women have been
unfairly dismissed.
【to give an official decision
about something】

8. The underlying [rationale]
is that competition removes
monopolies.
【the principles or reasons
that explain a particular
decision, course of action or
belief】

9. The company sought
[compensation] from the
government.
【money that somebody
receives because they have
been hurt or have suffered
loss or damage】

10. She used to be my immediate
[subordinate].
【a person who has a position
with less authority and
power than someone else in
an organization】

6. 「彼女は前かがみになり，彼らの顔を詳しく調べた」
【誰か，あるいは何かを注意深く見たり調べたりする】

7. 「裁判所は，その女性たちが不当に解雇されたと裁定することにしている」
【あることについて正式な決定を下す】

8. 「根本的な論理的根拠は，競争によって独占状態が取り除かれるということだ」
【特定の決定，行動方針，信念などを説明するための原則や理由】

9. 「その会社は政府に補償金を求めた」

【傷害を負ったり，損失や被害を被ったりしたことで受け取るお金】

10. 「彼女は以前,私の直属の部下だった」
【組織内でほかの人よりも権限や影響力が少ない立場にある人】

《 Summary 》

Work-life balance has become a popular [catchphrase], but overwork is still a serious problem. One reason that people are finding it harder to separate work and leisure time is that people can stay connected to the internet even while they are on trains and buses. Some governments in Europe are [proposing] new laws that would give employees the right to block email when they aren't working. A recent study [scrutinizing] the way workers used free wireless internet on trains showed that many people check and send work-related emails while [commuting]. A court case in Europe could affect how working time is calculated across the [continent], and some employees may be able to include the time they travel to and from work in their working time. Governments, companies and workers need to find reasonable ways to deal with new technologies so that people are not working around the clock.(148 words)

【《Summary》の訳】

「ワーク・ライフ・バランス」という言葉が，人気のキャッチフレーズとなっているが，働き過ぎは依然として深刻な問題である。人が仕事と余暇の時間を区別することが難しくなっている理由の1つとして，列車やバスの中でもインターネットに接続し続けられることが挙げられる。ヨーロッパの政府の中には，勤務時間外に届く電子メールを遮断する権利を従業員に与える新たな法律を提案しているところもある。列車内における労働者の無料の無線インターネットの使用状況を詳しく調べた最近の調査では，多くの人たちが通勤中に仕事に関する電子メールをチェックしたり送信したりしていることがわかった。ヨーロッパで起こされた1つの訴訟は，今後，この大陸全体における労働時間の計算方法に影響を与えるかもしれず，一部の従業員は職場への通勤時間を勤務時間に含めることができるようになるかもしれない。政府と企業，労働者は，新しいテクノロジーへの適切な対応方法を探り，人が常に働き続けなくて済むようにする必要がある。

第6問　奈良県立医科大学

得点

／50

【解答】

問1. あなたは最終的に，何であれ脳が褒美の見込みと関連づける物質や活動を強く求めることになり，その「褒美」が気分を良くする唯一の方法だと確信するようになる。

問2. **Feeling bad made the cake look better**

問3. うまくいかないのに，私たちの原始的な脳が至福への道だと頑なに信じている対処戦略へと，私たちは何度も引き戻される。

問4.

1つ目　自分の経済状態に不安を持つ女性が，自分の不安と憂うつに対処するために買い物をする。

2つ目　過食症の人が，自分の体重と食物への自制心のなさを恥じる気持ちを軽くするために食べる量を増やす。

3つ目　先延ばし癖のある人が，予定より遅れているストレスから逃れるためにさらに仕事を先延ばしする。

問5. a ⑤　　b ③　　c ⑥　　d ②

【配点と採点基準】（50点）

問1. 10点
　　・You end up craving … 2点
　　・whatever substance or activity your brain associates with the promise of reward, … 4点
　　・and you become convinced that … 2点
　　・the "reward" is the only way to feel better. … 2点

問2. 4点　解答通り

問3. 9点
　　・We are drawn back again and again to coping strategies … 2点
　　・that don't work, … 2点

・but that our primitive brains persistently believe are the gateway to bliss. … 5 点

問4．15点（各5点×3）

　1つ目
　　・「自分の経済状態に不安を持つ女性が，さらに買い物をする」の内容 … 3 点
　　・「不安と憂うつに対処するために」の内容 … 2 点

　2つ目
　　・「過食症の人が，さらに多くを食べる」の内容 … 3 点
　　・「自分の体重と食物への自制心のなさを恥じる気持ちを軽くするために」の内容 … 2 点

　3つ目
　　・「先延ばし癖のある人が，さらに仕事を先延ばしする」の内容 … 3 点
　　・「遅れていることによって感じるストレスから逃れるために」の内容 … 2 点

問5．12点（各3点×4）解答通り

【設問別解説】

問1．
・end up *doing*「最終的に…する，結局は…する」
・crave「…を切望する」
・whatever substance or activity your brain associates with the promise of reward
　= any substance or activity (which[that]) your brain associates with the promise of reward
・substance「物質」，associate A with B「A を B と関連づける」，the promise of reward「褒美の見込み」
・become convinced that S V ...「…だと確信する」
・the only way to *do*「…するための唯一の方法」

問2．Feeling bad (S) / made(V) / the cake(O) / look better (to everyone)(C)

問3．
・be drawn back to A「A へと引き戻される」，coping strategy「対処戦術」，primitive brain「原始的な脳」，persistently「頑固に」，the gateway to bliss「至福への道」

66

・名詞句 coping strategies を修飾する2つの形容詞節 that don't work と that our primitive brains persistently believe are the gateway to bliss を，等位接続詞 but が連結している。

・形容詞節 <u>that</u> our primitive brains persistently believe are the gateway to bliss は，連鎖関係代名詞節で our primitive brains persistently believe <u>coping strategies</u> are the gateway to bliss という文に基づいて作られている。主格の関係代名詞の that は coping strategies を受ける。

問4.

「非論理的な行動」の具体例は最終段落の中に，次の3つが挙げられている。

1つ目：最終段落第2文 For example, one economic survey found that women worried about their finances shop to cope with their anxiety and depression.

2つ目：最終段落の最後から3番目の文 Binge-eaters who feel ashamed of their weight and lack of control around food turn to — what else? — more food to fix their feelings.

3つ目：最終段落の最後から2番目の文 Procrastinators who are stressed out about how behind they are on a project will put it off even longer to avoid having to think about it.

問5.

a be motivated to *do*「…しようという動機が与えられている」

b criticize「…を非難する」の過去分詞。

c release「…を放出する」の過去分詞。

d compare「…を比較する」の過去形。

【全訳】

　気分が良くないとき，脳は特に誘惑に弱くなる。科学者たちは，実験室の被験者たちにストレスをかけるためのいくつかの巧妙な方法を考え出してきたが，結果はいつも同じだ。喫煙者たちは，歯医者へ行くことを思い浮かべると煙草が欲しいという強い欲求を経験する。過食症の人々が人前で演説しなければならないと言われると，彼らは脂肪分の多い，砂糖を含んだ食物が欲しくなる。

　なぜ，ストレスは強い欲求を引き起こすのだろうか。それは，脳の救助活動の一部なのだ。私たちは，戦うか逃げるかという二者択一の反応を，つまり，危険から身を守ることを可能にする調整的な一連の身体の変化を，ストレスが促すということを知っている。しかし，脳はあなたの生命を守ろうとする

動機が与えられているだけではない。あなたの気分をも守ろうとするのだ。そのため，ストレスがかかったときにはいつでも，あなたの脳は，何でもいいからあなたを幸せにするだろうと思われるものにあなたの注意を向けようとするのだ。神経科学者たちは，ストレス（怒り，悲しみ，自己不信，および懸念などの否定的な感情を含む）が，褒美を求める状態に脳を移行させるということを示してきた。あなたは最終的に，何であれ脳が褒美の見込みと関連づける物質や活動を強く求めることになり，その「褒美」が気分を良くする唯一の方法だと確信するようになる。例えば，コカイン常習者が家族の誰かとけんかしたことや仕事中に非難されたことを思い出すと，彼の脳の褒美のシステムが活性化され，彼はコカインを摂取したいという強い要求に駆られる。戦うか逃げるかの二者択一の反応の最中に放出されるストレスホルモンはまた，ドーパミン・ニューロン（ドーパミンを放出する神経単位）の興奮性も高める。そのことは，あなたにストレスがかかっているときには，あなたが出くわすどんな誘惑でもいっそう強くなることを意味する。例えば，ある研究は，被験者たちに彼らの個人的な失敗について考えさせることによって自己嫌悪に陥らせる前と後での，被験者にとってのチョコレートケーキの魅力度を比較した。嫌悪感を持つと誰の目にもケーキがより美味しそうに見えたのだが，自分はチョコレートケーキが全然好きではないと言っていた人々でさえ，ケーキが自分たちを幸せな気分にしてくれるだろうと急に期待するようになった。

　ストレスがかかっていないときには，私たちは食べ物が本当に自分の気分を良くするわけではないことがわかっているかもしれないが，私たちにストレスがかかり，脳の褒美のシステムが私たちに向かって「冷凍庫の中にベン＆ジェリーのアイスクリームが1パイントあるよ！」と叫んでいると，その明晰さが窓の外へ飛び去っていってしまうのだ。ストレスは，私たちを間違った方向へ，私たちの頭脳明晰な知恵から役立たずの本能へと向かわせるのだ。それが，ストレスとドーパミンによるワンツーパンチの力である。うまくいかないのに，私たちの原始的な脳が至福への道だと頑なに信じている対処戦略へと，私たちは何度も引き戻されるのだ。

　救済の見込みと結びついた褒美の見込みは，あらゆる種類の非論理的な行動につながる可能性がある。例えば，ある経済学の調査では，自分の経済状態に不安を持つ女性たちが，自分の不安と憂うつに対処するために買い物をすることがわかった。もちろん，今あなたは読み違えたわけではない。「買い物をする」のだ。これは理屈に合わない。彼女たちはクレジットカードの債務を増やしているだけであって，債務が増えればやがて彼女たちはさらに重苦しい気分になるだろう。しかし，今の気分が良くなることしか求めていな

い脳にとっては，完全に筋の通ったことなのだ。何かを買うことで気分が良くなるとあなたが多少なりとも信じているなら，あなたは債務に誘発されるストレスを軽くするために買い物をするだろう。自分の体重と食物に関する自制心のなさを恥だと思っている過食症の人たちは，自分の気持ちを癒すために，他の何でもなく，もっと食べることに向かうのだ。あるプロジェクトで自分がどんなに予定よりも遅れているかということでストレスを感じている先延ばし癖のある人たちは，そのことを考えなければならないことから逃避するために，それをさらに先に延ばすだろう。これらのケースのいずれにおいても，気分が良くなるという目的の方が，自制という目的を征服してしまうのだ。

【語句】

第1パラグラフ
・especially「とりわけ，特に」
・be susceptible to A「Aの影響を受けやすい，Aに感染しやすい」
・temptation「誘惑」
・come up with A「Aを思いつく，Aを見つける」= find A
・stress out A「Aを緊張させる，Aにストレスをかける」
・laboratory subject「実験室の被験者」
・result「結果，結末」
・imagine「…を想像する」
・a trip to A「Aに行くこと，Aに移動すること」
・dentist「歯科医，歯医者」
・experience「…を経験する」
・extreme「極度の，過度の」
・give a speech「演説をする」
・in public「人前で，公然と」
  ⇔ in private「人目がないときに，内密に」

・crave「…を切望［渇望］する」
  = desire
・high-fat「高脂肪の」
・sugary「砂糖を含んだ」

第2パラグラフ
・lead to A「Aにつながる，Aを引き起こす」= cause A
・part of A「Aの一部」
・rescue mission「救助活動，救助任務」
・prompt「…を引き起こす，…を促す」
・fight-or-flight response「戦うか逃げるかという二者択一の反応」
・a set of A「一連のA」
・coordinated「調整的な，よく調整された」
・allow O to do「Oが…することを可能にする」
  = enable O to do

- defend「…を守る，…を防御する」
  ⇔ attack「…を攻撃する」
- danger「危険，危険状態」
- motivate O to *do*「O に…する動機を与える」
- mood「気分，気持ち」
- whenever S V...「…するときはいつでも」
- point A toward B「A を B に向ける」
- whatever it thinks will make you happy「あなたを幸せにすると思われるものは何でも」
  ※ it(= your brain) thinks が whatever will make you happy に入り込んだ連鎖関係代名詞節。
- neuroscientist「神経科学者」
- including A「A を含む」
- negative emotion「否定的な感情」
- anger「怒り，立腹」
- sadness「悲しみ，悲哀」
  = grief, sorrow
- self-doubt「自己不信，自信喪失」
- anxiety「心配，懸念」
- shift A into B「A を B に移す，A を B に移行させる」
- reward-seeking state「褒美を求める状態」
- end up *doing*「最終的に…する，結局は…する」
- substance「物質」
- activity「活動」
- associate A with B「A を B と

関連づける」
- the promise of reward「褒美の見込み」
- convince A that S V...「A に…だと確信させる」
- cocaine addict「コカイン常習者」
- criticize「…を非難する」
- activate「…を活性化する，…を活発にする」
- intense「強烈な，激しい」
- stress hormone「ストレスホルモン」
- release「…を放出する」
- increase「…を増やす」
  ⇔ decrease「…を減らす」
- excitability「興奮性，興奮しやすさ」
- dopamine neuron「ドーパミンを放出する神経単位」
- mean that S V...「…ということを意味する」
- run into A「A に出くわす，A に偶然出会う」
- tempting「魅力的な，心をそそる」= attractive
- compare「…を比較する」
- appeal「魅力」= attraction
- participant「参加者」
  ※研究に参加した subject「被験者」のこと。
- personal「個人的な，個人としての」
- failure「失敗」⇔ success「成功」
- suddenly「突然，急に」

- expect that S V ...「…だと期待［予想］する」

第3パラグラフ
- moment「（特定の）時，瞬間」
- far away from A「A から遠く離れて」
- clarity「明晰さ，明快さ」
- fly out the window「窓の外へ飛び去る」
- scream at A that S V ...「A に…だと叫ぶ［絶叫する］」
- pint「パイント」
  ※ 1 パイントは 8 分の 1 ガロン。
- freezer「冷凍庫」
- the wrong A「間違った A，不適切な A」
  ⇔ the right A「正しい A」
- direction「方向，方角」
- clear-headed「頭脳明晰な，頭の切れる」
- wisdom「知恵，賢明（さ）」
- least ＋形容詞「最も…でない」
- helpful「役立つ，助けになる」
- instinct「本能」
- be drawn back to A「A へと引き戻される」
- coping strategy「対処戦術」
- primitive「原始的な」
- persistently「頑固に，しつこく」
- the gateway to A「A への道，A への手段」
- bliss「至福，無上の幸福」

第4パラグラフ
- combine A with B「A を B と

結合させる」
- relief「救済，救助」
- all sorts of A「あらゆる種類の A」＝ all kinds of A
- illogical behavior「非論理的な行動」
- economic survey「経済学の調査」
- finances「財源，財政状態」
- shop「買い物をする」
- cope with A「A をうまく処理する」＝ deal with A successfully
- depression「憂うつ」
- defy「…を受け入れない，…を無視する」
- reason「理性，道理」
- add to A「A を増やす」
  ＝ increase A
- debt「負債，借金」
- overwhelmed「圧倒されて」
- down the road「今後，やがて，ゆくゆくは」
- make perfect sense「完全に筋が通る」
- at some level「ある程度」
- relieve「…を取り除く，…を軽減する」
- debt-induced「債務に誘発される」
- feel ashamed of A「A を恥ずかしいと思う」
- *one's* lack of control「自制心のなさ」
- turn to A「A に向かう，A に走る」
- fix「…を治す，…を回復させる」

・behind「遅れて」
・put A off「A を延期する」
・avoid *doing*「…することを避け
　る」

・goal「目的，目標」
・conquer「…を征服する」
・self-control「自制，克己」

《 Vocabulary Building Exercise 》

1. Young people are the most susceptible to advertisements.
　【very likely to be influenced, harmed or affected by somebody/something】

1.「若者は，最も広告の影響を受けやすい」

　【誰かや何かに感化されたり，傷つけられたり，影響を受けたりする可能性がとても高い】

2. The world champion will conquer yet another challenger.
　【to defeat somebody, especially in a competition, race, etc.】

2.「その世界チャンピオンは，さらに次の挑戦者も打ち破るだろう」
　【特に競争やレースなどで誰かを打ち負かす】

3. She felt a desperate craving to be loved.
　【a strong desire for something】

3.「彼女は愛されたいという，どうしようもない渇望を抱いた」
　【何かへの強い欲求】

4. These children are not motivated to learn.
　【wanting to do something, especially something that involves hard work and effort】

4.「その子どもたちは，学習することに意欲的ではない」
　【何かを，特にハードワークや努力が必要なことを，やりたいと思っている】

5. He's only 24 years old and a drug **addict**.
【somebody who takes harmful drugs and cannot stop taking them】

6. In business circles he is noted for his **clarity** of vision.
【the ability to think clearly】

7. I didn't have as strong a maternal **instinct** as some other mothers.
【the natural tendency that a person or animal has to behave or react in a particular way】

8. We need to devise an effective long-term **strategy**.
【a general plan or set of plans intended to achieve something, especially over a long period】

9. Bullying is a **persistent** problem in UK schools.
【continuing for a long period of time】

10. Certain drugs can **induce** depression.
【to cause something】

5. 「彼はまだ24歳なのに麻薬中毒者だ」
【有害な薬物を摂取するのをやめられない人】

6. 「ビジネス界では，彼は展望の明確さで名を知られている」
【明快な思考力】

7. 「私は，ほかの何人かの母親ほど強い母性本能を持っていませんでした」
【人あるいは動物が持つ，特定の方法で行動したり反応したりする生まれつきの傾向】

8. 「私たちは，効果のある長期的な戦略を考え出す必要がある」
【特に長期間にわたって何かを達成することを目的とする1つの基本的な計画，あるいは一連の計画】

9. 「いじめは，英国の学校で繰り返し起こっている問題だ」
【長期間にわたって続く】

10. 「ある種の薬物は，うつ状態を誘発する可能性がある」
【何かを引き起こす】

《 Summary 》

Scientists have found ways to study how people react when they are under stress, and the results are always the same. People experience strong cravings when they imagine having to do things they hate, like going to the dentist. It is part of your brain's rescue mission not just to protect you from danger but to protect your mood. Neuroscientists have shown that when you experience negative emotions like sadness or self-doubt, your brain shifts into a reward-seeking state. That means that you will feel strong temptations for things like chocolate cake or even illegal drugs. In fact, a shopping addict copes with anxiety and depression by spending more money and going deeper into credit card debt. When under stress, your brain just wants to feel better, even if this leads to bigger problems. What is important is to maintain self-control. (141 words)

【《Summary》の訳】

　科学者は，人がストレスにさらされたときに，どう反応するかについてさまざまな研究方法を生み出してきたが，その結果はいつも同じである。人は，たとえば歯医者に行くことなど，嫌なことをしなければならないと思ったときに，何かを強く求めようとする。これは，脳が行う救助活動の一環で，その目的は単に危険から自分を守るだけでなく，気分を守ることにもある。神経科学者が明らかにしてきたところによると，人が悲しみや自信喪失などの否定的な感情を持つと，脳が報酬を求める状態に移行する。それはつまり，人がチョコレートケーキとか場合によっては違法薬物のようなものに対する強い誘惑を感じるようになるということである。実際に，買い物依存症の人は金銭を浪費してクレジットカードの借入額を増やすことで，自分の不安感やうつ状態に対処しようとする。ストレスにさらされているとき，たとえそれがより大きな問題を招くとしても，人の脳は気分を良くすることしか考えない。大切なことは，自制心を保つことである。

第7問　慶應義塾大学

【解答】

> 問1．最初期の写真家は事実を記録することよりも創作を行うことに関心を持っていた。
>
> 問2．②
>
> 問3．私たちの数え切れないほど多くの者が写真をアルバムに収集して未来の世代に伝えるのだが，それは娯楽的価値や好奇心を満たす価値のためだけでなく，証拠として，つまり，かつて私たちがどんな姿をしていたかとか，かつて世界がどのような働きをしていたかを示す証拠としてなのだ。
>
> 問4．写真の持つ主観的な側面や時々行われた画像操作の歴史があるにもかかわらず，大半の人々は誤解を生じる写真や歪曲された写真を例外的なものだと考えてきた。
>
> 問5．②
>
> 問6．(a)　④　　(b)　③　　(c)　①　　(d)　①　　(e)　①

【配点と採点基準】（50点）

> 問1．8点
> ・「最初期の写真家は創作を行うことに関心を持っていた」の内容 …5点
> 　＊「最初期の写真家」の脱落は2点減
> ・「事実を記録することよりも」「真実を記録することではなく」などの内容 …3点
>
> 問2．6点　解答通り
>
> 問3．12点
> ・Countless millions of us collect our photos in albums …2点
> ・and pass them on to future generations, …2点
> ・not only for entertainment or curiosity value but as evidence …4点

＊ not only A but B の関係をとらえていないものは 4 点減
・proof of the way we once looked and the way the world once worked. … 4 点
　＊ the way we once looked の誤訳は 2 点減
　＊ the way the world once worked の誤訳は 2 点減
問 4 ．8 点
・despite its subjective aspects and its history of occasional manipulation, … 4 点
　＊ its が photography「写真」を指すことを誤っているものは 2 点減
・most people have considered misleading or distorted photos to be the exceptions … 4 点
　＊ consider O to be C をとらえていないものは 4 点減
問 5 ．6 点　解答通り
問 6 ．10点（各 2 点× 5 ）解答通り

【設問別解説】

問 1 ．

　直前の many of its earliest practitioners were more concerned with concocting fantasy than documenting reality. の内容を言い換えている。

問 2 ．

　下線部 viewers recognized their basis in photographic processes and regarded them as reliable depictions of actual events において，their と them が woodcuts と steel engravings を指していることを理解することがポイント。「木版画や鋼板版画に転写されたものも，写真と同様に，事実を描写するものだと考えていた」の内容をつかむ。

① 「見る人たちは，写真家が新聞や雑誌のために木版画や鋼板版画を作ることを受け入れた」
② 「見る人たちは，**報道出版物の木版画や鋼板版画が写真の忠実なコピーだと信じていた**」
③ 「見る人たちは，木版画や鋼板版画のほうが写真よりも頼りになりうることに気づいた」
④ 「見る人たちは，木版画や鋼板版画を作る技術が写真を作る技術と同じだと理解していた」

76

問３．
- countless millions of us「数え切れないほど多くの者，無数の人々」
- pass A on to future generations「A を未来の世代へ伝える」
- not only A but (also) B「A だけでなく B も」
- for entertainment or curiosity value「娯楽的価値や好奇心を満たす価値」
- proof of ... の名詞句は，直前の名詞 evidence を同格的に言い換えている。
- the way we once looked「私たちの以前の姿」
- the way the world once worked「世界の以前の働き」

問４．
- ２つの its はどちらも名詞 photography を指している。
- despite A「A にもかかわらず」
- its subjective aspects「写真の持つ主観的な側面」
- occasional manipulation「たまに起こる画像操作」
- consider O to be C「O を C だと思う」
- misleading or distorted photos「誤解を与えたり歪曲されていたりする写真」，the exceptions「例外的なもの」

問５．
「写真に写っていることだけが真実だとは言えない」ということを訴えている文脈を理解する事がポイント。
① 「現実には，映画制作に関するすべての疑問に対して明確な答えが出るわけではない」
② **「現実の世界は，写真では十分に表現できるわけではない」**
③ 「現実の世界は，カラー写真でしか理解できない」
④ 「現実の世界は，善悪に関することがすべてではない」

問６．
(a) unqualified「無条件の，絶対的な」→ unquestionable「疑いようのない」
(b) veracity「真実性，信憑性」→ trustworthiness「信用性，信頼性」
(c) legitimate「本物の，真正の」→ authentic「本物の，正真正銘の」
(d) take for granted「…を当然のことと思う」
→ assume as natural「…を当然だと思い込む」
(e) revealing「明らかにするような」→ illuminating「啓蒙的な，明らかにするような」

【全訳】

　「（画像）操作された」写真に関するどんな議論であろうと，写真自体が本質的に操作を受けたものであるということ，つまり，光を操作したものであり，多くのステップと段階を伴う加工であり，すべてが写真家や印刷者や編集者や鑑賞者の偏見と解釈の影響を受けるものであるという認識から出発しなければならない。写真は絶対的な「現実」ではない。写真は無条件の「真実」ではない。写真は純粋に「客観的な」ものではない。写真はそれらのもののいずれかであったことはなかったし，写真が作り出されて以来ずっと歪曲を受けてきたのだ。実際のところ，最初期の写真家の多くは，現実を実証記録することよりも虚構をでっち上げることの方に関心があったのだ。彼らは，ジャーナリストではなくアーティストだったのだ。

　それでも，写真が生まれてから1世紀半にわたって，漠然と「フォトジャーナリズム」と定義されることのある写真の一分野が，大衆の心の中に特別な地位を獲得してきた。それは，特有の説得力と信頼性を持つやり方で写真は現実を映し出すことができるという信頼である。実際のところ，写真の信憑性への大衆の信頼は，写真そのものと同じくらい古いものだ。『アメリカのフォトジャーナリズムの起源』の中で，マイケル・カルレバッハは，写真が印刷されるようになる以前に一般的に木版画や鋼板版画に転写されていた時代でさえ，見る者たちは写真の加工過程がベースになっていることを認識していて，それらを実際の出来事についての信頼できる描写だと見なしていたと説明する。

　だが，それはなぜだろうか。写真はなぜこんなに長きにわたって，これほど本質的に現実を写すものだと思われてきたのだろうか。マスメディアの画像に対する信頼の多くは，一般市民の個人的な写真に関する日常体験から生じているのだ。私たちは家族，友人，旅行先での景色にカメラを向け，そして印画された写真を，有意義な方法で出来事や場面を「捕らえた」適正な記録と見なしている。私たちの数え切れないほど多くの者が写真をアルバムに収集して未来の世代に伝えるのだが，それは娯楽的価値や好奇心を満たす価値のためだけでなく，証拠として，つまり，かつて私たちがどんな姿をしていたかとか，かつて世界がどのような働きをしていたかを示す証拠としてなのだ。ダートマス大学のマリアンヌ・ハーシュ教授の言葉を借りれば，「火事になったら最初に運び出すのは写真のアルバムだと人々は言う。私たちは，アルバムを失くすと自分の思い出を失くすことになってしまうという恐怖心に近い気持ちを持っている」ということだ。

　写真は「現実を写す」ものなのか，あるいは，そうではないのかという議

論は，現実自体が純粋に客観的であるという考え方を当然のことと見なしているように思われる。一方で，もっと賢明な議論は，真実性を表す否定できない写真の可能性だけでなく，写真の内在的な主観性を認識している。リチャード・ラカヨは『タイム』誌の1998年6月8日号に次のように書いた。「カメラが私たちに与えるすべての楽しみの中で，平凡な現実を変容させることが最も不可欠なことだ。それは世界が見た目以上のものであることを暗に意味しているが，結局のところ，おそらく世界は見た目以上のものだろう。それは，無視するにはあまりに魅力的で，解明するにはあまりに深遠なパラドックスである」

　写真が完全に偏りのないものであったことは一度もなかったので，一部の批評家は写真の客観的性質を完全に退けるかもしれない。しかし，写真の持つ主観的な側面や時々行われた画像操作の歴史があるにもかかわらず，「特殊効果の」，「演出された」，「細工された」，「トリックを使った」写真（撮影）などの一般的な修飾語句の使用によって証明されるように，大半の人々は誤解を生じる写真や歪曲された写真を例外的なものだと考えてきた。例えば，撮影者または被写体は見る人を欺くことができるということ，現実は文字通り白黒ではないということ，世界全体は写真のフレームの外に存在しているということを，読者はすでに知っている。しかし，これらの事実の一つとして，例えば，現実の世界の諸相をわかりやすく映し出す白黒写真の能力への一般読者の基本的な信頼を妨げたりはしなかった。結局のところ，「写真の真実性」は写真が現実であるという読者の信念に基づくものではない。むしろ，写真が真実になり得るのは，文が真実になり得るのと同じようなことなのだ。意味のある形でそれが現実に一致していると信じる限りにおいて，見る人はそれが真実であると信じるのだろう。

【語句】

第1パラグラフ

- manipulate「…を操作する，…を操る」
- photography「写真撮影」
  - ※不可算名詞。photo・photograph「写真」は可算名詞。
- begin with A「（順序として）Aから始まる」
  - ⇔ end with A「Aで終わる」
- the recognition that S V...「…という認識」
- inherent「本来備わっている」
- manipulation「操作」
- process「加工，工程」
- stage「段階」
- (be) subject to A「Aの影響を

受ける，A を受けやすい」
・bias「偏見」= prejudice
・interpretation「解釈」
・photographer「写真家」
・printer「印刷者」
・editor「編集者」
・viewer「見る人，鑑賞者」
・absolute「絶対的な」
　⇔ relative「相対的な」
・reality「現実」= actuality
・unqualified「無条件の，絶対的
　な」
・purely「純粋に」
・objective「客観的な」
　⇔ subjective「主観的な」
・distortion「歪曲，曲解」
・creation「創作，創造」
・practitioner「専門家，実践して
　いる人」
・be concerned with A「A に関
　心がある」
・fantasy「空想，幻想」
・document「…を記録する，…を
　立証する」

第2パラグラフ
・throughout A「A の間ずっと，
　A の初めから終わりまで」
・branch「分野，分科」
・loosely「漠然と，大ざっぱに」
・define「…を定義する」
・photojournalism「フォトジャー
　ナリズム」
　※写真に重点を置いた報道形式。
・acquire「…を得る，…を獲得す

る」
　= get, obtain
・standing「地位」= status
・confidence that S V...「…とい
　う信頼」
・reflect「…を映し出す，…を反
　映する」
・uniquely「独特に，比類なく」
・compelling「説得力のある，人
　を引き付ける」= convincing
・credible「信頼される，信用さ
　れる」
・public faith「大衆の信頼」
・veracity「真実性，信憑性」
・origin「起源，始まり」
・typically「一般的に，主として」
・transfer A to B「A を B に転写
　する」
・prior to A「A の前に」
・recognize「…を認識する，…を
　認める」
・basis「根本［基本］原理」
・regard A as B「A を B だと見
　なす」
・reliable「信頼できる」
　= trustworthy
・depiction「描写」
・actual event「実際の出来事」

第3パラグラフ
・realistic「現実的な」
・mass-media imagery「マスメ
　ディアの画像」
・average citizen「一般市民」
・experience「経験」

- point A at B「AをBに向ける」
- vacation sight「休暇旅行先の景色」
- view A as B「AをBだと見なす」
  = regard A as B
- legitimate「本物の，真正の」
  = authentic
- capture「…を捕らえる，…を獲得する」
- scene「場面，シーン」
- meaningful「意味のある，意義のある」
- countless millions of A「数え切れないほど多くのA」
- pass A on to B「AをBに伝える」= convey A to B
- future generation「未来の世代」
- not only A but (also) B「AだけでなくBも」
- evidence「証拠」= proof
- the way we once looked「私たちの以前の姿」
- the way the world once worked「世界の以前の働き」
- fire「火事，火災」
- save「…を救う，…を救出する」
- album「アルバム」
- fear that S V...「…ではないかと心配する」
- memories「思い出」
  ※通例複数形。

第4パラグラフ
- argument that S V...「…という議論」

- take A for granted「Aを当然のことと思う」
  = assume A as natural
- the idea that S V...「…という考え方」
- on the other hand「一方で」
- sensible「賢明な，分別のある」
  = wise
- subjectivity「主観性」
  ⇔ objectivity「客観性」
- B as well as A「A同様Bも，AだけでなくBも」
  = not only A but (also) B
- undeniable「否定できない」
- potential「可能性，潜在能力」
- authenticity「真実［信頼］性，信憑性」
- pleasure「楽しみ，喜び」
- transfiguration「変容，変形」
- plain「平凡な，普通の」
  = ordinary
- indispensable「欠くことのできない，不可欠な」= essential
- imply that S V...「…であることを暗に意味する」
- which, after all, it may well be「結局のところ，おそらく世界は見た目以上のものだろう」
  ※it は the world, which は直前の more than it seems「見た目以上のもの」を受ける。may well be C で「おそらくCであろう」という意味を表す。
- paradox「パラドックス，逆説」

- lovely「すてきな，素晴らしい」
- ignore「…を無視する」
  = disregard
- profound「深い，深遠な」
- solve「…を解決する，…を解く」

第5パラグラフ
- entirely「完全に，全く」
  = altogether
- unbiased「偏りのない，偏見のない」
- critic「批評家」
- dismiss「…を退ける，…を捨てる」
- quality「特質，性質」
- altogether「完全に，全く」
  = entirely
- despite A「A にもかかわらず」
  = in spite of A
- aspect「側面，状況」
- occasional「時折の，時々の」
- consider O (to be) C「O を C だと思う」
- misleading「誤解を招きやすい，人を誤らせる」
- distorted「ゆがめられた，歪曲された」
- exception「例外」
- evidence「…を証明する」

- common「一般的な，よく知られた」
- B such as A「A のような B」
  = such B as A
- special effect「特殊効果」
- staged「演出された」
- doctored「細工された」
- trick「トリックを使った」
- reader「読者」
- subject「被写体」
- be capable of A「A の能力がある」
- deception「だますこと，ごまかし」
- literally「文字通り」
- whole world「世界全体」
- outside the frame of A「A のフレーム［枠］の外に」
- interfere with A「A を妨げる，A を邪魔する」
- say「例えば」
- revealing「明らかにするような」
- phototruth「写真の真実性」
- be based on A「A に基づいている」
- sentence「文」
- as long as S V...「…する限り」
- correspond to A「A に一致する」

《 Vocabulary Building Exercise 》

1. As a politician, he knows how to manipulate public opinion.
   【to control or influence somebody/something, often in a dishonest way so that they do not realize it】

2. Flights are subject to delay because of the fog.

   【likely to be affected by something, especially something bad】

3. Employers must consider all candidates impartially and without bias.
   【a tendency to prefer one person or thing to another, and to favour that person or thing】

4. The term 'normal' is difficult to define.
   【to say or explain what the meaning of a word or phrase is】

5. We have total confidence in the veracity of our research.

   【the quality of being true】

1. 「政治家として，彼は世論を巧みに操作する方法を知っている」

   【しばしば不正な方法を用いて人に気づかれないように，誰か，あるいは何かを支配したり影響を与えたりする】

2. 「霧のために，フライトの遅延を余儀なくされることがあります」
   【何か，特に悪い事態の影響を受ける可能性がある】

3. 「雇用主は，すべての応募者について偏見を持たず公平に評価しなければならない」
   【ある人や物を，ほかの人や物よりも好んで特別扱いしようとする傾向】

4. 「'normal' という言葉を定義するのは難しい」
   【単語や語句の意味を述べたり説明したりする】

5. 「私たちは，自分たちの調査の正確さに絶対の自信を持っています」
   【信憑性が高いこと】

6. These films **depict** Japanese society in the 1960s.
【to show or represent somebody/something in a work of art such as a drawing or painting】

6.「これらの映画は1960年代の日本社会を描いている」

【図画や絵画などの芸術作品で人物や事物を描いたり表現したりする】

7. The authors discuss the difficulties **inherent** in research involving more than one country.
【being a basic or permanent part of somebody/something that cannot be removed】

7.「その著者たちは，複数の国々を扱う研究に内在する困難について論じている」

【誰かや何かが持つ基本的な，あるいは不変な取り除くことのできない部分】

8. Cars have become an **indispensable** part of our lives.
【too important to be without】

8.「車は私たちの生活に不可欠なものとなっている」

【非常に重要なので欠かせない】

9. He was accused of obtaining property by **deception**.
【the act of deliberately making somebody believe something that is not true】

9.「彼は詐欺によって財産を得たとして告発された」
【真実ではないことを誰かに悪意を持って信じ込ませる行為】

10. The written record of the conversation doesn't **correspond** to what was actually said.
【to be the same as or match something else】

10.「その会話を文書にした記録は，実際に言われたこととを一致しない」

【何か別のものと同じであったり一致したりする】

《 Summary 》

While most people consider photography, especially the kind loosely defined as "photojournalism," as an accurate depiction of events, photography is not absolute "reality." The public has had faith in the ability of photography to show things as they really occurred since it was first invented. But photography has been subject to distortion from the very beginning. Most people think about their own experiences with photography and see photographs as evidence of the way things really looked. People know that photographers and subjects are capable of deception, and they understand that the world is not "black-and-white," but this doesn't seem to interfere with their basic belief that photographs reflect aspects of the real world. (113 words)

【《Summary》の訳】

　たいていの人は，写真，特に「フォトジャーナリズム（報道写真）」と大雑把に定義されているような写真を，ある出来事を正確に写し取ったものと見なしているが，写真は絶対的な「現実」ではない。一般大衆は，写真というものが初めて発明されてからずっと，それが実際に起こったことを示す力を持つと信じてきた。しかし，写真はまさに最初から歪曲を受けてきた。たいていの人は，写真に接した自分の経験のことを思い浮かべ，写真を物事が実際にどのような様子だったのかを示す証拠と見なしている。人々は，撮影者や被写体がだますことができるとわかっていて，この世界が「白黒」ではないことを理解しているが，だからといって，写真が現実世界の諸相を反映しているという基本的な信念が揺らぐことはないようである。

第8問　京都大学

【解答】

問1．その後の10年間で，それは写真家や写真研究者たちに大きな不
安をもたらした。この変化の結果として写真は死んだと断言する
者さえいた。

問2．このことは，個々の画像の価値を変えただけでなく，私たちが個々
の写真を保存することと捨てることの両方に与えていた感情的な
意味を変えた。

問3．私が個人的に気に入っているものの中に，公園で出会う人なつっ
こい犬の写真が撮れるように，この機器が自分の国でも手頃な価
格で手に入れられるようになるのが待ち遠しいと書いた投稿者が
いる。

問4．A　③　　　B　①

問5．a　①　　b　⑤　　c　③　　d　②　　e　⑥　　f　④

【配点と採点基準】（50点）

問1．10点
  ・In the decade that followed, … 2点
  ・it created a lot of anxiety in photographers and photography
    scholars. … 2点
  ・Some went as far as declaring photography dead … 4点
    ＊ go as far as *doing* の誤訳は2点減
    ＊ declare O C の誤訳は2点減
  ・as a result of this shift. … 2点

問2．10点
  ・In addition to transforming the individual value of the image,
    … 3点
    ＊ in addition to A の誤訳は2点減
  ・this has altered the emotional meanings … 2点

・we attributed both to keeping and getting rid of individual photographs. … 5点

＊直前の the emotional meanings を修飾する形容詞節であることを理解していないものは 2 点減

＊ attribute A to B の誤訳は 2 点減

＊ keeping と getting rid of の並置関係を理解していないものは 2 点減

問 3 ． 12点

・My personal favourites include commenters … 2 点

＊ commenters の訳語は人を表すことが伝われば可

・who wrote they couldn't wait for the device to be available … 3 点

＊ couldn't wait の誤訳は 2 点減

＊ wait for A to *do* の誤訳は 2 点減

・at a reasonable price … 2 点

・in their home country, … 1 点

・so they can take pictures of the friendly dogs … 2 点

・they meet at the park. … 2 点

＊直前の the friendly dogs を修飾する形容詞節であることを理解していないものは 2 点減

問 4 ． 6 点（各 3 点× 2 ）解答通り

問 5 ． 12点（各 2 点× 6 ）解答通り

【設問別解説】

問 1 ．

・the decade that followed「それに続く10年，その後の10年」，that は主格の関係代名詞。

・go as[so] far as *doing*[to *do*]「…するところまで行く，…しさえする」

・declare O C「O が C であると断言する［公言する］」

問 2 ．

・in addition to A「A に加えて，A だけでなく」

・transform「…を変える」

・alter「…を変える」

・attribute A to B「A を B に帰する，A を B が持っていると考える」

・get rid of A「Aを取り除く」

・名詞句 individual photographs は，keeping と getting rid of の両方の目的語となっている。

・the emotional meanings we attributed ...

= the emotional meanings which[that] we attributed ...（目的格の関係代名詞の省略）

問3.

・名詞の favourite「お気に入りのもの」

・include A「Aを（全体の一部として）含む」, commenter「回答者，投稿者，コメントをする人」

・can't wait for A to *do*「Aが…するのが待ち遠しい」

・available「入手できる」

・at a reasonable price「リーズナブルな［手頃な］価格で」

・so S can *do*「Sが…できるように」（「目的」を表す副詞節 so that S can *do* の that が省略された形）

・the friendly dogs they meet at the park

= the friendly dogs which[that] they meet at the park（目的格の関係代名詞の省略）

問4.

A カメラ付き携帯電話の用途について，「若者にはさまざまな用途があるだろうが，大人には役に立たないだろう」と回答している状況を理解する必要がある。

① commonplace「ありふれた」　② indispensable「不可欠な」

③ pointless「無意味な」　④ practical「実用的な」

B 「カメラ付き携帯電話が持つと想定される社会的用途は，1980年代に家庭用ビデオが持つと想定されていた社会的用途と同じになる」という文脈を理解する必要がある。同段落第2文で列挙される3つの用途（「to capture memories」，「to maintain relationships」，「to express yourself」），と第3文の中で列挙される3つの用途（「memory」,「（ B ）」,「self-expression」）の内容を一致させることがポイント。

① communication「コミュニケーション」

② innovation「革新」

③ pastime「娯楽，気晴らし」

④ self-improvement「自己改善」

問5.

a break「断絶」

b　sort through A「A を分類する」
c　out of focus「焦点が外れて，ピンボケの」
d　date back to A「（起源などが）A までさかのぼる」
e　keep in touch with A「A と連絡を取り合う」
f　happen in practice「現実に起こる，実現する」

【全訳】

　　最初の市販のデジタルカメラは1990年に発売された。その後の10年間で，それは写真家や写真研究者たちに大きな不安をもたらした。この変化の結果として写真は死んだと断言する者さえいた。当初，これはただの再構成に分類されるにはあまりに急激な変化だと考えられており，より正確にはそれは断絶であると見られていた。古いものの死，新しいものの誕生なのだと。

　　デジタル画像はまた，簡単にコピーし，複製し，編集することができる。特に最後のものは，写真によって表現できると見なされるものの融通性をより明確にした。それはまた，私たち自身や私たちの生活を簡単に少ない費用で迅速に表現できるようにした。今では追加の写真を撮っても追加の費用はかからず，何の写真を撮るにしても10，20，30枚と撮影しておいて後でゆっくりと選別することが可能であり，実際に私たちはそうしている。このことは，個々の画像の価値を変えただけでなく，私たちが個々の写真を保存することと捨てることの両方に与えていた感情的な意味を変えた。最愛の人たちのプリント画像は以前であれば，ピントが合っていなかったり，ぼやけていたり，現像のミスがあったりしても保存されていた。膨大な量のデジタル画像がある状況では，今や愛情を示すための骨折りといえば，写真の調整，選択，タグ付け，分類，そしてその大半を削除することになっている。このように写真を削除することが受け入れられるようになってきたのは，写真の社会的価値が低下していることを示していると主張されることがある一方で，プリントアウトされたり，電子機器のロック画面として表示されたり，コンピューター画面の背景として使われたりするデジタル画像は数多くある。全体的に見て，デジタル化とは写真の重点を写真そのものから写真を撮る行為へ移したと言えるだろう。

　　最初のカメラ付き携帯電話の登場は，21世紀のまさに初めにさかのぼる。2001年初頭，BBC は，日本で発明された最初のカメラ付き携帯電話について報道した。世界中の読者が，そのような奇妙な発明品が何の役に立つのか，さまざまなアイデアを披露した。10代の若者にはいろいろな使い道（衣服の買い物が効率的になる，ポップアイドルに会ったことを証明できる，友達の

デートのお膳立てをするなど）があるかもしれないが，大人にはまったく無意味なものになるだろうと言う人たちもいた。また，スパイ活動，ライバル企業の製品の盗撮，交通事故や負傷の迅速な報告などを行うのには実用的な道具になるだろうと考えた人たちもいた。さらには，旅行者が家族と連絡を取り合ったり，何かの趣味に熱中する人が芸術作品や収集品を他の人に見せたりすることに向いていると考えた人たちもいた。私が個人的に気に入っているものの中に，公園で出会う人なつっこい犬の写真が撮れるように，この機器が自分の国でも手頃な価格で手に入れられるようになるのが待ち遠しいと書いた投稿者がいる。ビデオ通話ができるようにカメラを画面側に配置する必要があると提案した人がいたが，それが実現したのは2003年になってのことだった。

　私たちが常にカメラを持ち歩いているという事実は，何が見られる，記録される，議論される，記憶される対象となりうるのか，また現に対象となっているのかを変えると，デジタル文化の研究者の1人は主張する。写真研究者の中には，カメラ付き携帯電話とそれで撮影した画像には，記憶を保存する，関係を維持する，自分を表現するという3つの社会的な用途があると言う者もいる。対照的に，別の研究者の1人は，カメラ付き携帯電話は他の携帯型撮影装置と何ら異なるわけではなく，1980年代の家庭用ビデオが持つと思われていた用途と意味 — 記憶・コミュニケーション・自己表現 — は，それらとまったく同じものだと主張している。この意味では，テクノロジーが変化し，その利用の仕方に関する人々の予測において変化があったにもかかわらず，写真の社会的機能はそのまま残っているようだ。

【語句】

第1パラグラフ
・commercially「商業上，商業的に」
・available「購入できる，入手できる」
・launch「…を売り出す，…を発売する」
・the decade that followed「それに続く10年，その後の10年」
・create「…を引き起こす，…を

巻き起こす」= cause
・anxiety「不安，心配」
・photographer「写真家」
・photography「写真撮影」
　※「写真」は photo(graph)。
・scholar「研究者，学者」
・go as[so] far as *doing*「…するところまで行く，…しさえする」
　※ go as[so] far as to *do* の方が一般的。

・declare O C「O が C であると断言［公言］する」
・shift「変更, 変化」
・initially「当初は, 最初に」
・consider O C「O を C だと見なす」
・steep「急（激）な, 途方もない」
・classify A as B「A を B に分類する」
・see A as B「A を B だと見なす」
　= regard A as B

第2パラグラフ

・image「画像」
・copy「…のコピーを取る」
・duplicate「…を複写する」
・edit「…を編集する」
・the latter「後者」
　⇔ the former「前者」
　※本文中の the latter は「編集が容易にできること」を受ける。
・make O C「O を C にする」
　※本文中では目的語は the flexibility of ..., 補語は more obvious。
・flexibility「柔軟性, 適応性」
・what photos can be seen as representing「写真によって表現できると見なされるもの」
　※「what + 名詞」から始まる関係代名詞節。
・represent「…を表現する, …を描写する」
・additional「追加の, 付加された」

・shot「早撮り（写真）」
・cost「費用, 経費」
・snap「スナップ写真, 早撮り写真」
　= snapshot
・given「一定の, 特定の」
　※限定用法で用いる。
・sort through A「A を分類する」
・in addition to A「A に加えて, A だけではなく」= besides A
・transform「…を変える」
・individual「個々の」
・alter「…を変える」
・emotional「感情的な」
　⇔ rational「理性的な」
・meaning「意味」
・attribute A to B「A を B に帰する, A を B に起因すると考える」
・get rid of A「A を取り除く」
　= dispose of A
・loved ones「最愛の人々」
　※「今は…されていない」の意味が含まれる。
・even if S V...「たとえ…だとしても」
・out of focus「焦点が外れて, ピンボケの」
・blurry「ぼやけた, ぼんやりした」
・development「（写真の）現像」
・in the context of A「A の状況で」
・the massive amount of A「膨大な量の A, 大量の A」
・the labo(u)r of love「愛情を示すための骨折り」

・clean「（写真）を調整する」
・sort「…を選択する」
・tag「…にタグを付ける」
・categorize「…を分類する」
・delete「…を削除する，…を消す」
・majority「大多数，大部分」
・occasionally「時折，時々」
　= once in a while
・claim that S V...「…だと主張する」
・emergent「現れた，出現した」
・be indicative of A「A の徴候がある，A を表示する」
・diminished「減少した」
・social worth「社会的価値」
・plenty of A「たくさんの A，十分な A」
・print out「…をプリントアウトする」
・display A as B「A を B として表示する」
・lock-screen「ロック画面，ロックスクリーン」
　※画面のタッチ操作を制限するための画面。
・device「装置」
・background「背景」
・overall「全体として，全般的に言えば」
・digitalization「デジタル化」
・focus「重点，焦点」

第3パラグラフ
・date back to A「（起源などが）A までさかのぼる」

・report「報道する，伝える」
・cell phone「携帯電話」
　= cellular phone
・invent「…を発明する，…を考案する」
・offer「…を提案する，…を申し出る」
・peculiar invention「奇抜な発明品」
・teenager「10代の若者」
・outfit「衣装一式，服装ひとそろい」
・prove that S V...「…ということを証明する」
・pop idol「ポップアイドル」
・set up A on a date「A のデートのお膳立てをする」
・pretty「かなり，相当」
・pointless「無意味な」
・practical aid「実用的な道具」
・spy「スパイをする」
・take a sneak picture of A「A を盗撮する」
・competitor's produce「競争相手の製品」
・injury「負傷」
・keep in touch with A「A と連絡を取り合う」
・hobbyist「趣味に熱中する人」
・collection「収集物，コレクション」
・favourite「お気に入り（のもの）」
・include「…を（全体の一部として）含む」
・commenter「投稿者，回答者」

- can't wait for A to *do*「A が…するのが待ち遠しい」
- at a reasonable price「リーズナブルな［手頃な］価格で」
- so S can *do*「S が…できるように」
  ※ so that S can *do* の that が省略された形。
- friendly「愛想のよい，人なつっこい」
- suggest that S V...「…だと提案する」
- allow for A「A を考慮する，A を計算に入れる」
- video call「ビデオ通話」
- happen in practice「現実に起こる，実現する」

第4パラグラフ
- the fact that S V...「…という事実」
- record「…を記録する」
- propose that S V...「…だと提案する」= suggest that S V...
- capture「…を捕らえる，…を保存する」

- memory「記憶」
- maintain「…を維持する」
- relationship「（人間）関係，結びつき」
- express *oneself*「自分を表現する」
- in contrast「対照的に」
- argue that S V...「…だと主張する」= claim that S V...
- portable「携帯用の，持ち運びができる」
- communication「コミュニケーション，意思疎通」
- in this sense「この意味では」
  ※ sense = meaning
- social function「社会的機能［役目］」
- remain「残っている，残されている」
- despite A「A にもかかわらず」= in spite of A
- technology「科学技術，テクノロジー」
- prediction「予測，予想」

《 Vocabulary Building Exercise 》

1. The company plans to `launch` a new product this summer.
【to make a product available to the public for the first time】

2. His lawyers are confident that the judges will `declare` him innocent.
【to state something clearly in public】

3. The cells `duplicate` themselves by dividing into two.
【to multiply something by two】

4. You can download the file and `edit` it on your computer.
【to make changes to text or data】

5. He told me to `delete` some words from the sentence.
【to remove something that has been written or printed, or that has been stored on a computer】

1.「その会社は，今年の夏に新製品を発売する予定だ」
【製品を初めて一般の人の手に入るようにする】

2.「彼の弁護士たちは，裁判官たちが彼に無罪の判決を下すことを確信している」
【公の場ではっきりと何かを述べる】

3.「細胞は2つに分裂することで自らを複製する」
【何かを2倍に増やす】

4.「そのファイルは，自分のコンピューターにダウンロードして編集することができる」
【文章やデータに変更を加える】

5.「彼は私に，その文からいくつかの単語を削除するように言った」
【書かれていたり印刷されていたり，コンピューターに保存されていたりするものを取り除く】

6. These misunderstandings will lead to ⟨pointless⟩ conflict.
【having no purpose; not worth doing】

7. A great deal of educational software is ⟨available⟩ for use both by teachers and students.
【that you can use or obtain】

8. Flexibility is essential as market conditions ⟨alter⟩.
【to make somebody/something different; to become different】

9. She began to ⟨sort⟩ the books according to their subject matter.
【to arrange things in groups or in a particular order according to their type, etc.】

10. They ⟨attribute⟩ magical properties to snakes.
【to regard a quality or feature as belonging to somebody/something】

6.「これらの誤解は，無意味な対立を招くだろう」
【目的を持たない／実行する価値がない】

7.「たくさんの教育用ソフトウェアを，教師と生徒のどちらも利用できる」
【使ったり手に入れたりすることができる】

8.「市場の状況は変化するので，柔軟さが不可欠だ」
【誰かや何かを別のものにする／別のものになる】

9.「彼女は，書籍をその分野に従って分類し始めた」
【物事をその種類などに応じてグループ化したり特定の順序に並べたりする】

10.「彼らは，ヘビには不思議な性質があると考えている」
【ある性質や特徴が誰か，あるいは何かにあると見なす】

《 Summary 》

When digital cameras first became [commercially] available in 1990, some people went as far as to say that photography was dead, and that something new had appeared to replace it. People wondered how photography would change, since digital images can be easily copied, [duplicated] and edited. In the past, people kept printed images of loved ones, even if they were [blurry]. At first, many people thought camera phones would only be used by teenagers and spies, but now that the devices are available at reasonable prices, some scholars propose that the same uses can be [attributed] to camera phones as to other portable image making devices, like home video recorders: [capturing] memories, maintaining relationships and expressing yourself. (117 words)

【《Summary》の訳】

1990年にデジタルカメラが初めて市販されたとき，一部の人たちは，写真は死んで，それに置き換わるものとして新たなものが生まれたとまで言った。デジタル画像は簡単にコピーしたり，複製したり，編集したりできるので，人々は写真がどのように変化するのだろうかと思った。かつては，たとえ写真が不鮮明でも，人は大切な人物がプリントされた画像を保管していた。最初のうち，多くの人たちはカメラ付き携帯電話を使うのは10代の若者やスパイだけだろうと考えていたが，今では機器が手頃な価格で手に入るようになったので，学者の中には，家庭用ビデオレコーダーのようなポータブル画像録画装置と同じ役割が，カメラ付き携帯電話に与えられるだろうと主張している。すなわち，思い出の保存，人間関係の維持，自己表現などの用途である。

第9問　東京農工大学

【解答】

問1．農耕が始まる前には，人間は狩猟をしていたが，逆に周囲にいるさまざまな獣の餌食にもなっていた。

問2．②

問3．③

問4．飼い慣らされた種の場合には，このような生活は私たちがそうした動物へ向けて作りだしてきた役割と気持ちよく重なり合うのかもしれないが，よく考えてみると，単純な擬人化が間違いであるに違いないことに気づく。

問5．初めての国を訪れる旅行者が自分の国と比較することで異質なものに対処しやすくするのと同じように，私たちが動物の心理を考える場合には,私たちは必ず自分の人間の心理を出発点にして，動物がすることと私たちがすることを比較する。

問6．a　③　　　b　⑥　　　c　⑤　　　d　④

【配点と採点基準】（50点）

問1．8点
・Before agriculture, … 1点
・humans hunted … 1点
・and were in their turn preyed upon by … 4点
＊in their turn の誤訳は2点減
＊were preyed upon by の誤訳は2点減
・the various beasts that surrounded them. … 2点

問2．5点　解答通り

問3．5点　解答通り

問4．10点
・In the case of domesticated species, … 2点
・these may overlap quite satisfactorily with … 2点

・the roles we have created for them, … 2 点

・but reflection tells us … 2 点

・naïve anthropomorphism must be wrong. … 2 点

問 5 ． 14点

　　・Just as S' V' ..., so S V 〜 … 2 点

　　・tourists visiting a new country … 2 点

　　・make the foreign more manageable … 2 点

　　・by making comparisons with home, … 2 点

　　・in considering animal psychology, … 2 点

　　・we inevitably start with our human minds … 2 点

　　・and compare what animals do with what we do. … 2 点

問 6 ． 8 点（各 2 点× 4 ）解答通り

【設問別解説】

問 1 ．

・agriculture「農耕，農業」，hunt「狩猟する」

・in *one's* turn「自分の番になって，今度は自分になって」，獲物を狩る側では
なく，逆に狩られる側になることを表している。

・動詞表現 prey upon［on］A「A を餌食にする，A を捕食する」の受動態。

・that surrounded them（＝ humans）は直前の名詞句 the various beasts
を修飾する形容詞節。surround「…を取り囲む」，beast「獣」。

問 2 ．

・make A of B「B について A だと理解する，B を A だと思う」

　what are we to make of them?

　＝ what should we make of them（＝ animals）？

　「動物をどう理解すればいいのか，動物のことをどのように考えればいいのか」

　①　「どうすれば動物を繁殖させることができるのか」

　②　**「動物をどのように理解すればいいのか」**

　③　「動物からどのような恵みを期待できるのか」

　④　「動物をどのような用途に利用できるのか」

問 3 ．

・What is it like to be C?「C であることはどういうことなのか」，it は形式
主語で to be C を受ける。

　What is it like to be a bat?「コウモリであることとはどういうことなのか」

① 「コウモリはどのような種類の食べ物を好むのか」
② 「どうすれば人々がコウモリを好きになることができるか」
③ **「コウモリになったとしたらどんな感じがするのか」**
④ 「コウモリについてどんな質問をすることができるのか」

問4.
- in the case of A「A の場合に」
- domesticated species「飼い慣らされた動物，家畜」
- overlap with A「A と重なる」
- quite satisfactorily「とても満足できる形で，うまい具合に」
- the roles we have created for them（= domesticated species）
  = the roles which［that］we have created for them（目的格の関係代名詞の省略）
- reflection tells us (that) S V ...「よく考えると，…ということがわかる」
- naïve anthropomorphism「単純な擬人化」

問5.
- Just as S' V' ..., so S V ～「…であるのと同様に～」
- visiting a new country は直前の名詞 tourists を修飾する形容詞句。
- make the foreign more manageable「異質なものをより扱いやすくする」
  make O C は「O を C にする」，the foreign は「異質なもの，よく知らないこと」の意味の名詞句。the ＋形容詞「…なこと［もの］」で名詞句を作っている。
- make comparisons with home「自分の国との比較を行う」
- in *doing*「…する場合に」
- inevitably「必然的に，必ず」
- compare A with B「A を B と比較する」

問6.
a　for one moment = for a moment, 否定の文脈では「一瞬も…しない，少しも…しない」
b　reflect on A「A について考察する」
c　in *one's* own right「他から独立して，独自に」
d　be free from A「A を免れている，A を持たない」

【全訳】

　私たちは動物といっしょに暮らしている ― 私たちはいつもそうしてきたし，おそらくこれからもずっとそうするだろう。21世紀初頭の都市生活者として，

私は自宅にイヌ（上品で愛情深い），ネコ（かわいくて抱きしめたくなる），時にはネズミ（臆病ですばしっこい），いつも現れるクモ（気味は悪いが無害），ゴキブリ（こいつのことは考えたくもない），それに，飛び跳ねたり，ちょこちょこ走ったり，噛みついたりするほかのたくさんの小さな生き物たちと一緒に暮らしている。過去数千年間にわたって，農家や農業従事者は，家畜化されたさまざまな大型哺乳動物や数種類のトリと一緒に暮らしてきた。農耕が始まる前には，人間は狩猟をしていたが，逆に周囲にいるさまざまな獣の餌食にもなっていた。動物に対する私たちの態度とは無関係に，動物はいつでも身近な存在なのだ。

　だが，私たちは動物をどのように理解すべきなのだろうか。彼らには思考力があるのだろうか。彼らは心を持っているのだろうか。彼らには意識があるのだろうか。コウモリであるというのはどんな感じなのだろうか。あるいはネコだったら？　アリだったら？　残っている最も古い記録が示すところでは，人は動物をまるで人間であるかのように扱ってきた。単純な人間なのかもしれないが，それでも人間であるかのように。動物を人間と見なすこのような姿勢は，「擬人化」（ギリシャ語で人を意味する anthropos と形を意味する morph が語源）と呼ばれ，遠い昔から存在する抑えられない衝動のようだ。世界で最も古い芸術作品の一部 — 例えば3万年前にさかのぼる南フランスの洞窟の壁画など — は，動物の頭部を持った人体を描いていて，当時の人々は動物が人間と似た性質を持っていると見ていたことを示している。誰であろうと，どんなに強情な人であろうと，私の飼いネコのシビルに対して，小さな子どものように扱う態度をとらずにはいられないはずだ。私はシビルの行動をもっともらしくシミュレーションできるコンピュータープログラムを書くことはできるかもしれないが，それでもコンピューターに対して示すのと同じような態度で彼女を扱うことは一瞬たりともできないだろう。擬人化の誘惑があまりに強いのだ。

　したがって，擬人化は，動物のことを考える上で最も自然で，無意識的で，日常的な方法なのだ。それでも，動物の行動をわずかでも観察して考察したことがある人であれば，それが正しいはずがないことを知っている。動物は小さな人間なんかではない。シビルは赤ん坊ではない。灰色のあごひげを生やしたイヌは老賢者ではない（ましてや愚かな老人ではない）。動物たちをそのように扱うことは感情的に満足のいくことかもしれないが，それが真実であるはずがないことを私たちは知っている。ネコやイヌや，それ以外の動物もすべて，それぞれが独自の精神的な生活を送っている。飼い慣らされた種の場合には，このような生活は私たちがそうした動物へ向けて作りだしてきた役割と気持ちよく重なり合うのかもしれないが，よく考えてみると，単純

な擬人化が間違いであるに違いないことに気づく。私たちは動物の心理を，その動物に独自のものとして考えなければならない。

　私たちが動物を見るときに，相手が人間でないことはわかっているのだが，どうしても私たちの人間としての視点から見てしまう ― これは「人間中心主義」と呼ばれるものだ。初めての国を訪れる旅行者が自分の国と比較することで異質なものに対処しやすくするのと同じように，私たちが動物の心理を考える場合には，私たちは必ず自分の人間の心理を出発点にして，動物がすることと私たちがすることを比較する。動物には知性や意識はあるのか。動物は考えたり感じたりするのか。これらはすべて人間中心主義から生まれる疑問だ。私たちは，自分に知性と意識があり，自分が考えたり感じたりしているということを知っている。そのために，私たちは，他の種もそうした状態を共有しているかどうかという疑問を持つことになる。人間中心主義は，擬人化よりも捉えにくい問題だ。私たちは人間なので，人間中心主義から完全に逃れることはおそらくできないだろう。しかし，天文学者が地球は太陽系の中心にはないことを少しずつ認識するようになって，地球を1つの銀河にある太陽系の特定の地点に正しく位置づける宇宙論を作り上げたのと同じようにして，私たちも人間を中心的な位置から外し，それぞれの種はそれぞれの独自の世界の中心にいるものと見る動物心理学を作り上げられると期待してもいいだろう。

【語句】

第1パラグラフ
- city dweller「都市に住む人，都市生活者」
- share A with B「AをBと共有する，AをBと共同で使う」
- elegant「上品な，優雅な」
- loving「愛情深い」
- sweet「かわいい，愛らしい」
- occasional「時折の」
- mice「ネズミ」
  ※ mouse「ネズミ」の複数形。
- regular「いつもの，通常の」
- spider「クモ」
- unsettling「心を乱す，動揺させる」
- harmless「害のない，無害の」
- cockroach「ゴキブリ」
- hop「ぴょんぴょん跳ぶ」
- bite「かみつく，かむ」
- farmer「農民，農家」
- agriculturist「農業従事者」
- domesticated「家畜化された」
- mammal「哺乳動物」
- agriculture「農耕，農業」
- human「人間」 = human being
- hunt「狩猟する」

- in *one's* turn「自分の番になって，今度は自分になって」
- prey upon[on] A「A を餌食にする，A を捕食する」
- beast「獣」
- surround「…を取り囲む，…を囲む」
- no matter A「A がどうであれ」
  ※ no matter が前置詞的に用いられ直接名詞（句）を目的語にとる。
- attitude「態度，心構え」

第2パラグラフ

- make A of B「B について A だと理解する，B を A だと思う」
- mind「心，精神」
- conscious「意識を有する，知覚のある」
- What is it like to be C?「C であることとはどういうことなのか」
  ※ it は形式主語で to be C を受ける。
- go back as far as records「記録に残っているところまでさかのぼる」
- treat「…を扱う，…と見なす」
- nonetheless「それにもかかわらず」
  = nevertheless, in spite of that
- tendency to *do*「…する傾向」
- view A as B「A を B だと見なす」
  = see A as B, regard A as B
- form「形，形状」
- ancient「大昔からある，太古か

- らの」
- irresistible「抑えきれない，抵抗できない」
- urge「衝動，本能的な欲望」
- artwork「芸術作品」
- painting「絵，絵画」
- cave「洞窟，ほら穴」
- southern France「南フランス」
- date back「さかのぼる」
- depict「…を描く，…を描写する」
- human body「人体」
- suggest that S V...「…だと暗示［示唆］する」
- quality「性質，特性」
- defy「…を無視する，…を受け入れられない」
- adopt「（態度など）を取る」
- involve *doing*「…することを伴う［含む］」
- computer program「コンピュータープログラム」
- convincingly「納得のいくように，もっともらしく」
- simulate「…をシミュレートする，…を模擬実験する」
- behavior「行動，振る舞い」
- never [not] (...) for one [a] moment「一瞬も（…しない），少しも（…しない）」
  ※否定の強調表現。
- tug「引力，強く引くこと，（突然の）強い感情」

第3パラグラフ

- spontaneous「無意識的な，自

発的な」
・consider「…をよく考える」
・observe「…を観察する」
・reflect on A「A について考察する」
・for a little while「少しの間」
・beard「あごひげ」
・emotionally「感情的に」
・satisfying「満足のいく，納得のいく」
・in the case of A「A の場合に」
・species「（分類上の）種」
　※単複同形の名詞。
・overlap with A「A と重なる」
・satisfactorily「満足のいくように，申し分なく」
・role「役割」
・reflection「熟考」
・naïve「単純な，無邪気な」
　= simple
・psychology「心理，心理学」
・in *one's* own right「他から独立して，独自に」

第4パラグラフ
・recognize that S V...「…だと認める［承認する］」
・can't［cannot］help *doing*「…せずにはいられない」
　= cannot help but *do*
・perspective「（総体的な）見方，視点」
・just as S' V'....，so S V〜「…であるのと同様に〜」
・tourist「旅行者」

・the foreign「異質なもの，よく知らないこと」
　※「the ＋形容詞」で「…なこと［もの］」の意味を表す。
・make a comparison with A「A と比較する」
・home「本国，自国」
・inevitably「必然的に，必ず」
・intelligent「知能のある，高い知能を持つ」
・state「状態，有様」
　= situation
・subtle「理解しがたい，微妙な」
・be free from A「A を免れている，A を持たない」
・astronomer「天文学者」
・gradually「次第に，徐々に」
・come to *do*「…するようになる」
・at the center of A「A の中心に」
・the solar system「太陽系」
・develop「…を展開する，…を進展させる」
・cosmology「宇宙論」
・our planet「地球」
　= the earth, Earth
・appropriately「適切に，ふさわしく」
・at a particular point「特定の地点に」
・galaxy「銀河，星雲」
・move A from B「A を B から動かす［移動させる］」
・position「位置，場所」= place
・see A as B「A を B だと見なす」
　= view A as B, regard A as B

《 Vocabulary Building Exercise 》

1. The gorillas ⌈dwell⌉ in the high rainforests of Rwanda.

【to live somewhere】

2. They found it very hard to ⌈domesticate⌉ wild wolves.

【to make a wild animal used to living with or working for humans】

3. They are curious about which species ⌈prey⌉ on which others in this ecosystem.

【to hunt and kill another animal for food】

4. We took shelter in a dark ⌈cave⌉.
【a large hole in the side of a hill or cliff or under the ground】

5. I ⌈defy⌉ you to accomplish this task in a week.

【to challenge somebody to do something when you think that they will be unable to do it】

1.「そのゴリラの群れは，ルワンダの高地の熱帯雨林に住んでいる」
【ある地域に住む】

2.「彼らは，野生のオオカミを飼い慣らすのが非常に難しいことに気づいた」
【野生の動物を人間と一緒に暮らしたり，人間のために働いたりすることに慣れさせる】

3.「彼らは，この生態系においてどの生物種がほかのどの生物種を捕食しているのか知りたがっている」
【ほかの動物を食べるために狩りをして殺す】

4.「私たちは暗い洞窟に避難した」

【丘や崖の側面や地下にある大きな穴】

5.「この作業を1週間で終わらせられるのなら，やってみてほしいものだ」
【ある人にはできないと思っていながら，その人にやってみるようけしかける】

6. These systems [adopt] a new approach to problem solving.

【to start to use a particular method; to show a particular attitude towards somebody / something】

7. These devices can [simulate] conditions in space quite closely.

【to create particular conditions that exist in real life using computers, models, etc.】

8. The leaders claimed that the riot was [spontaneous], not prearranged.

【done naturally, without being forced, practiced or organized in advance】

9. We should [reflect] on the child's future.

【to think deeply about something】

10. It is almost [inevitable] that errors will occur.

【that you cannot avoid or prevent】

6.「これらのシステムは，問題解決のために新たな方式を取り入れている」

【特定の方法を使い始める／誰かや何かに対して特定の態度を示す】

7.「これらの装置は，宇宙空間の状態をとても厳密にシミュレートすることができる」

【コンピューターや模型などを使い，現実世界に実在する特定の状況を作り出す】

8.「指導者たちは，その暴動は自然発生的なもので，事前に準備されたものではないと主張した」

【強制されたり，練習されたり，事前に準備されたりすることなく，自然に行われる】

9.「私たちは，その子どもの将来についてよく考えるべきだ」

【何かについてじっくりと考える】

10.「エラーが発生するのは，ほとんど避けることはできない」

【避けたり防いだりすることができない】

《 Summary 》

People have always lived with animals. Even city dwellers share their homes with pets or less welcome creatures like mice and spiders. Before the development of agriculture, humans hunted some animals and were preyed upon by others. Over thousands of years, people have domesticated some species of mammals and birds. But we still don't fully understand them. Are they conscious, like humans? Do they think and feel like we do? We can't help but adopt an attitude towards them that is similar to the way we treat humans. This is a natural and spontaneous response to animals, but they are not human. Just as astronomers gradually came to recognize that Earth is not at the center of the solar system, we need to develop an animal psychology that sees each species as the center of its own world. (138 words)

【《Summary》の訳】

> 人間は常に動物とともに暮らしてきた。都市の住人でさえ，ペットやネズミやクモのような，もっと歓迎しない生き物と同居している。農耕が発達する以前，人間は動物を狩ったり，ほかの動物の餌食となったりしていた。数千年もの間にわたり，人間はある種の哺乳動物や鳥類を家畜化してきた。しかし，私たちはまだそうした動物を完全には理解していない。動物は人間と同じように意識があるのだろうか。動物は私たちと同じように考えたり，感じたりしているのだろうか。私たちは，人間に対するときと同じような態度を動物に対して取らざるを得ない。これは動物に対する自然で無意識的な反応だが，動物は人間ではない。ちょうど天文学者が地球は太陽系の中心にはないことを徐々に理解するようになったのと同じように，私たちはそれぞれの生物種がそれぞれの独自の世界の中心にいると考える動物心理学を作り出さなければならない。

第10問　名古屋大学

【解答】

問1．ビクトリア女王が即位した1837年から今日までの期間に，世界
　　　人口が約10億人から約70億人にまで増大したということ。

問2．④

問3．ビクトリア女王が生存した1819年から1901年［20世紀の初め］
　　　までの期間に，オーストラリアの先住民の人口が30〜100万人
　　　から10万人未満に減少したのに対して，ヨーロッパ系のオース
　　　トラリア人の人口は約3万人から400万人近くへと増加したとい
　　　うこと。

問4．これらの驚くべき事実，すなわち，急速でありながらも選択的
　　　な人口増加の加速，乳幼児死亡率の急激な低下，出生率の低下，
　　　19世紀に起こったヨーロッパ人口のヨーロッパ以外の地域への
　　　流出，などの事実はすべてが関連しあっている。

問5．(a)　④　　　(b)　③　　　(c)　④

問6．①・③（順不同）

【配点と採点基準】（50点）

問1．8点
　　　・「（ビクトリア女王が即位した）1837年から今日までの期間に」の内
　　　　容 … 4点
　　　・「世界人口が約10億人から約70億人にまで増加した」の内容 … 4点

問2．4点　解答通り

問3．12点
　　　・「（ビクトリア女王が生存した）1819年から1901年［20世紀の初め］
　　　　の期間に」の内容… 4点
　　　・「オーストラリアの先住民の人口が30〜100万人から10万人未満に減
　　　　少した」の内容… 4点

・「ヨーロッパ系のオーストラリア人の人口は約３万人から400万人近くに増加した」の内容…４点

問４. 12点
・These startling facts ... are all connected. …３点
・the rapid but selective acceleration of population growth; …３点
　＊selective の誤訳は１点減
・plummeting infant mortality rates; …２点
・falls in fertility; …２点
・the nineteenth-century outpouring of European populations to lands beyond Europe …２点

問５. ６点（各２点×３）解答通り
問６. ８点（各４点×２）解答通り

【設問別解説】

問１.
　直前の２つの文の中の，when Queen Victoria ascended the British throne in 1837, the number of people living on earth had grown to something like 1,000 million, ... と，Yet less than two hundred years after Victoria's coronation, world population has increased a further seven times ... から，「期間」と「世界人口の数の変化」についての具体的な情報を読み取って整理する。

問２.
　アン女王の時代からビクトリア女王の時代を経てクイーン・マザー（エリザベス王妃）の時代へと移っていく中で，乳幼児の死亡率の低下と並行して出生率が低下したことを説明している第３段落の内容をとらえることがポイント。
　① 「権威主義的な」　　② 「例外的な」
　③ 「不適切な」　　　　④ 「**標準的な，正常な**」

問３.
　第４段落の冒頭から下線部(3)にいたるまでの，When Queen Victoria was born in 1819, only a small number of Europeans — around 30,000 — were living in Australia. と，The number of indigenous Australians at that time is uncertain, but estimates range from between 300,000 to 1 million. と When Victoria died at the start of the twentieth century, there were fewer than 100,000, while Australians of European origin numbered

nearly 4 million, ... から，「期間」と「オーストラリア先住民の人口の数の変化」と「ヨーロッパ系のオーストラリア人の人口の数の変化」についての具体的な情報を読み取って整理する。

問4.
- These startling facts ... are all connected.「（…という）これらの驚くべき事実はすべてが関連しあっている」という文の構造を理解する。
- 2つのダッシュ（—）にはさまれた部分は，主語の These startling facts の具体的な4つの項目を列挙している。
- the rapid but selective acceleration「急速ではあるが選択的な加速」
- population growth「人口増加，人口成長」
- plummet「急落する」
- infant mortality rate「乳幼児死亡率」
- fertility（＝ fertility rate）「出生率」（＝ birth rate）
- outpouring「流出」
- lands beyond Europe「ヨーロッパ以外の地域」

問5.
(a) domain「領域，領土」
① 「攻撃」　② 「避難所」　③ 「住居」　④ **「領土」**

(b) represent「…を表す［示す］」
① 「…を加速する」　② 「…を変える」
③ **「…を実例で示す」**　④ 「…と矛盾する」

(c) agony「苦悩」
① 「運命」　② 「病気」　③ 「日課」　④ **「苦痛」**

問6.
① **「紀元前47年に世界人口の約5分の1は共和制ローマに住んでいた」**→第1段落第3文の内容に一致。
② 「クイーン・マザー（エリザベス王妃）には，姉妹が一人いただけで男の兄弟はいなかった」
③ **「イギリスでは，ビクトリア時代の終わりまでに乳幼児死亡率が急激に低下した」**→第3段落第5文の内容に一致。
④ 「アン女王の子どものうちで，生後1年を過ぎて生存できた者は1人もいなかった」
⑤ 「この200年の間に，オーストラリアの人口は減少したのちに増加した」
⑥ 「イギリスの急速な人口増加は，産業革命の原因の1つだった」

【全訳】

　この200年ほどの変化がいかに完全に革命的だったかを感じ取るためには，人口統計を長期間にわたって見ることが役に立つ。紀元前47年にジュリアス・シーザーが共和制ローマの終身独裁官に任命されたとき，彼の領土は今日スペインと呼ばれている地方から現代のギリシャ，北はフランスのノルマンディーまで，そして地中海のそれ以外の多くに至るまで，今日では30か国以上を含む地域に広がった。この広大な土地の人口は約5,000万人であり，それは約2億5,000万人だった世界の人口の約20%だった。それから1,800年以上後，1837年にビクトリア女王がイギリスの王位に就いたときには，地球の人口は4倍に増えて約10億人になっていた。しかし，ビクトリア女王の即位から200年も経たないうちに，世界の人口はさらに7倍に増加しており，10分の1の期間で2倍近い増え方である。この後者の増加は驚くべき速さであり，世界全体に変革的影響を及ぼしてきた。

　1840年から1857年までに，ビクトリア女王は9人の子どもを出産し，そのすべてが生き残って成人した。それ以前のイギリスの女性君主であるアン女王は1714年に49歳で亡くなっている。彼女は18回懐妊したが，彼女の悲劇は彼女の子どもの誰一人として彼女より長く生きることがなかったことだ。ビクトリア女王の死からわずか29年後の1930年までに，また一人の偉大なイギリスの女性統治者であるクイーン・マザー（エリザベス王妃）は，エリザベス（現在の女王）とマーガレットの2人の子どもしか産まなかった。アン女王，ビクトリア女王，クイーン・マザー（エリザベス王妃）という3人の女王と王妃についてのこれらの事実は，18世紀から20世紀にかけてイギリスで始まり，その後で世界中に広がっていった2つの流れを見事に表している。

　1つ目は，乳幼児死亡率の急激な低下であり，子どもの死は親にとってよくある苦悩ではなく，幸いにも不規則な出来事となった。その後に起こった2つ目のことは，女性1人あたりの平均出産数が劇的に減少したことである。アン女王の時代には，子どもを次々と失うことはよくあることだった。ビクトリア女王時代の中期のイギリスではまだ，多くの子どもを産むのが普通だった。成人するまで完全に生存することは珍しいことだった（この点ではビクトリア女王は富だけでなく幸運にも恵まれていた）が，すぐにそれは普通のことになった。20世紀の大戦間の時期までには，娘たちが2人とも成人するまで生き延びることをクイーン・マザー（エリザベス王妃）が期待することは，少なくともイギリスでは標準的なこととなっていた。

　ビクトリア女王が1819年に誕生した時，オーストラリアに住んでいたヨーロッパ人はとても少なく，わずか3万人程度だった。当時のオーストラリア

先住民の数は定かではないが，推定では30万人から100万人の範囲だった。20世紀に入ってすぐにビクトリア女王が亡くなった時には，その数は10万人より少なくなっていたが，その一方で，ヨーロッパ系のオーストラリア人は400万人近くの数になっていて，その80年前の100倍を上回る数だった。この大陸人口の規模と構成の変化は，1人の人間の生涯の期間で起こったのだ。この変化はオーストラリアを完全に，そして永久に変えたが，両方の世界大戦においてイギリスの活動に対して食糧を供給し人員を配置する上で重要な役割を果たすようになるのと並行して，国外にも大きな影響を与えることになるのだった。同様のことは，カナダやニュージーランドにも言えることである。

　これらの驚くべき事実，すなわち，急速でありながらも選択的な人口増加の加速，乳幼児死亡率の急激な低下，出生率の低下，19世紀に起こったヨーロッパ人口のヨーロッパ以外の地域への流出，などの事実はすべてが関連しあっているのだ。これらは産業革命に伴って生じた同一の大きな社会的変化から生まれたもので，他国や他地域の犠牲の上に一部の国や地域を強大化させることになり，経済と帝国の運命を決定し，今日の世界の基盤を築くことによって，歴史の流れに恐ろしく大きな影響を与えるものとなってきたのだ。

【語句】

第1パラグラフ
- get a sense of A「Aを感じ取る」
- completely「完全に」
  - = totally, entirely
- revolutionary「革命の，変革的な」
- it helps to do「…することが役立つ」
  - ※ it は to do を受ける形式主語。
- have a long view of A「Aを長期間にわたって見る」
- demography「人口統計学」
- appoint O C「O を C に任命する」
- the Roman Republic「共和制ローマ」
- domain「領域，領土」
  - = territory
- stretch from A to B「（土地が）AからBに広がる［及ぶ］」
- what is called C「C と呼ばれているもの」
- modern Greece「現代のギリシア」
- as far north as A「北は A まで」
- the rest of A「A の残り，残りの A」
- the Mediterranean「地中海」
  - = Mediterranean Sea
- region「地域，地帯」

- contain「…を（中味の全体として）含む」
  ※「…を（中味の一部として）含む」は include。
- population「人口，住民数」
- vast「広大な，非常に広い」
- comprise「…から成る，…を構成する」
- million「100万」
- approximately「およそ，約」
- more than A「A 以上」
  = over A
- the British throne「イギリスの王位」
- the number of A「A の数」
- something like A「A くらい，約 A」
  = about A
- fourfold「4 倍の」
- increase「増加」
  ⇔ decrease「減少」
- less than A「A 未満，A 足らず」
  ⇔ more than A「A 以上」
- twice「2 倍」
- in a tenth of the time「10分の 1 の期間で」
- latter「後者の」
  ⇔ former「前者の」
- multiplication「（数量の）増加」
- astonishingly「驚くほど」
- rapid「早い，急速な」
- transformative「変化させる，変革的な」
- global「世界的な, 世界的規模の」
- impact「影響，衝撃」

第 2 パラグラフ
- give birth to A「A を産む」
- survive into adulthood「生き残って成人になる」
- previous「以前の，前の」
- female「女性の」
  ⇔ male「男性の」
- monarch「君主」
- pregnancy「妊娠」
- tragedy「悲劇」
- not a single A（単数名詞）V ...「ひとつの A も…しない」
- produce「（子）を産む」
- fact「事実」
- neatly「きちんと，適切に」
- represent「…を表す, …を示す」
- trend「傾向，動向」
- subsequently「後に，その後」
- spread across the world「世界中に広がる」

第 3 パラグラフ
- precipitous「急激な，急勾配の」
- drop「低下，下落」
- infant mortality「乳幼児死亡率」
- mercifully「情け深く, 幸いにも」
- irregular「不規則な，不定期の」
- B rather than A「A ではなく B」
  = not A but B
- common「よく起こる，普通の」
- agony「苦悩，激しい苦痛」
- follow「（結果として）次に起こる［来る］」
- dramatic「劇的な」
- reduction「減少，縮小」

- the average number of A「A の平均数」
- per A「A につき」
- have a large brood「多くの子どもを産む」
- norm「標準，基準」
- survival「生存，生き残ること」
- unusual「まれな，普通でない」
  ⇔ usual「普通の」
- luck「幸運」= good fortune
- B as well as A「A だけでなく B も」
  = not only A but (also) B
- wealth「富，財産」
- in *A's* favo(u)r「A に味方して」
- shortly「すぐに，やがて」
  = soon
- interwar「両大戦（第一次・第二次大戦）間の」
- *A's* expectation that S V ...「…という A の期待」
- normal「標準の，通常の」
  ⇔ abnormal「異常な」
- at least「少なくとも」

第4パラグラフ

- indigenous「現地の，原住民の」
- uncertain「不確実な，よくわからない」
- estimate「…と見積もる，…と推定する」
- range from between A to B「A から B の範囲」
- at the start of A「A の初めに」
- while S V ...「（～）だが一方で…」

- of European origin「ヨーロッパ系の」
- number「…の数になる」
- transformation「変化，変形」
- the size and composition of A「A の規模と構成」
- continental「大陸の」
- occur「起こる，生じる」
- in the space of a single lifetime「１人の人間の生涯の期間で」
- forever「永久に」
- significant「重要な，重大な」
- beyond Australia's shores「オーストラリア国外で」
  ※ shores は通例複数形で「（海に囲まれた）国」の意味。
- come to *do*「…するようになる」
- play a major role in A「A において重要な役割を果たす」
- British efforts「イギリスの活動」
- similar「同様の，よく似た」

第5パラグラフ

- startling「驚くべき，びっくりさせる」
- selective「選択的な」
- acceleration「加速」
- growth「増加，成長」
- plummet「急落する，急に下がる」
- rate「（比）率，割合」
- fertility「出生率，出産率」
  = fertility rate, birth rate
- outpouring「流出」

- connect「…を関連づける，…をつなぐ」
- be born of A「A から生まれる」
- profound「重大な，深い」
- accompany「…に付随して起こる，…に伴って起こる」
- the industrial revolution「産業革命」
- prove to be C「(結果として) C になる」= turn out to be C
- formidable「恐ろしい，恐るべき」
- influence「影響(力)」= effect
- the course of history「歴史の流れ」
- empower「…に権限を与える，…に政治的権限を持たせる」
- community「地域社会，共同体」
- at the expense of A「A を犠牲にして」= at the cost of A
- determine「…を決定する」
- fate「運命」
- economy「経済」
- empire「帝国」
- lay the foundation(s) of A「A の基盤を置く」

《 Vocabulary Building Exercise 》

1. Changes in the demography of a society can also change patterns of social need.
【the changing number of births, deaths, diseases, etc. in a community over a period of time; the scientific study of these changes】

1.「社会の人口動態の変化は，社会的ニーズの形態も変化させることがある」
【ある地域社会における一定期間内の出生数，死亡数，疾患などの変化／そうした変化の科学的研究】

2. It makes no sense to appoint a banker to this job.
【to choose somebody for a job or position of responsibility】

2.「銀行員をこの仕事に任命するのははばかげている」
【仕事や責任のある地位に誰かを選ぶ】

3. The artist uses doves to represent peace.
【to be a symbol or sign of something】

3.「その画家は，平和を表現するのにハトを使った」
【何かの象徴やしるしとなる】

4. Each individual language may
   comprise several dialects.
   【to have somebody/something
   as members or parts】

4.「個々の言語は，いくつかの方言
   から構成されていることがある」
   【誰かや何かを構成員もしくは一
   部分として持つ】

5. These laws limit the power
   of the monarch .
   【a person who rules a country,
   for example, a king or queen】

5.「これらの法律は，君主の権力を
   制限している」
   【国を統治する国王や女王などの
   人物】

6. His wife is pregnant with
   their third child.
   【having a baby or young animal
   developing inside her/its body】

6.「彼の妻は夫婦の3番目となる子
   どもを身ごもっている」
   【体の中で赤ん坊や動物の胎児が
   育っている】

7. Those customs began in
   China and subsequently
   spread across East Asia.
   【afterwards; after something
   else has happened】

7.「そうした習慣は中国で始まり，
   その後で東アジア全体に広がっ
   た」
   【その後で／何か別のことが起
   こった後で】

8. Jack collapsed in agony on
   the floor.
   【extreme physical or mental
   pain】

8.「ジャックは苦痛のあまり床に崩
   れるように倒れた」
   【非常に激しい肉体的もしくは精
   神的な苦痛】

9. In North and South America,
   entirely new populations
   came in, virtually eliminating
   the indigenous peoples.
   【belonging to a particular
   place rather than coming to
   it from somewhere else】

9.「南北アメリカでは，まったく新
   しい集団が流入し，先住の民族
   は実質的に消滅した」

   【ほかの場所からやって来たので
   はなく，特定の地域に属してい
   る】

10. We have a formidable task ahead of us.
【that makes you feel slightly frightened because it is impressive or powerful】

10.「私たちには，とても手強い作業が待ちかまえています」
【圧倒的だったり強力だったりするので，いくらか恐怖心を起こさせる】

《 Summary 》

    If we look back at history, we will realize what kinds of revolutionary changes have taken place in the last two hundred years. For instance, when Julius Caesar was appointed perpetual dictator of the Roman Republic in 47 BC, there were approximately 250 million people in the world. By the time Queen Victoria became Britain's monarch in 1837, the world population had grown fourfold to about 1,000 million. However, in the 200 years since then, the world population has increased an additional sevenfold. This dramatic growth in population has had a transformative impact on the world. In addition, the population of indigenous people in countries like Australia, Canada and New Zealand has plummeted , while that of people of European origin has exploded in those countries. All of these things have caused profound social changes. (134 words)

【《Summary》の訳】

　歴史を振り返って見れば，過去200年のうちにどのような革命的変化が起きたのかがわかるだろう。たとえば，ジュリアス・シーザーが紀元前47年に共和制ローマの終身独裁官に任命されたとき，世界の人口はおよそ2億5,000万人だった。1837年にビクトリア女王がイギリスの君主になった頃には，世界の人口はその4倍のおよそ10億人に達していた。しかし，それから200年後には，世界の人口はさらにその7倍に増えた。人口のこの劇的な増加は，世界を大きく変えるほどの影響を与えた。さらに，オーストラリアやカナダ，ニュージーランドなどの国々では，先住民の人口が激減する一方で，ヨーロッパ系の人々の人口は爆発的に増加してきた。こうしたことのすべてが，重大な社会的変化を引き起こしている。

第11問　中央大学

【解答】

問1. 私は，母が私のためにそんな大金を使ったことを知って心苦しい気持ちになり，このように母の部屋に押し入って，クリスマスの日に私が驚き喜ぶのを見る楽しみを母から奪ってしまったことがわかってうんざりした。

問2. その後，私には演技の才能がなくて，私の愛情を心から自然に叫びたい大事な瞬間には，それらの言葉はすべてわざとらしく聞こえるだろうなということに気づいた。

問3. もしかすると，何も言わずに，驚いてあまりに大きな喜びのせいで何も言葉が出てこないという表情を見せた方がいいのかもしれない

問4. a ①　　b ④　　c ⑥　　d ⑤　　e ③　　f ②

【配点と採点基準】（50点）

問1. 12点
　　・I was overwhelmed by the discovery that S V ...　…2点
　　・she had spent such money on me　…2点
　　・and sickened by the knowledge that S V...　…2点
　　・bursting into her room like this,　…2点
　　・I had robbed her of the pleasure of ...　…2点
　　・seeing me astonished and delighted on Christmas day.　…2点

問2. 12点
　　・Then I realized that S V ...　…2点
　　・with my lack of acting talent,　…2点
　　・all of them were going to *do*　…2点
　　・sound false　…2点
　　・at the critical moment when S V ...　…2点
　　・I wanted to cry out my love spontaneously from the heart.　…
　　　2点

問3．8点
　　・Maybe it would be better to say nothing … 2点
　　・but appear to be shocked into … 2点
　　・such deep pleasure that S V ... … 2点
　　・speech had escaped me. … 2点
問4．18点（各3点×6）　解答通り

【設問別解説】

問1．

・be overwhelmed by A「Aに圧倒される，Aに困惑する，Aを心苦しく感じる」
・by the discovery that S V ...「…ということを発見して」，spend A on B「Bに A（お金）を使う」
・be sickened by A「Aにうんざりする」，by the knowledge that S V ...「…ということを知って」
・burst into A「Aに乱入する」
・like this「このように」
・rob A of B「AからBを奪う」
・the pleasure of *doing*「…する楽しみ」
・see me astonished and delighted「私が驚いて喜んでいるのを見る」

問2．

・with my lack of acting talent「私に演技の才能がなくて」
・all of them は，うれしさを表現するために私が練習していた言葉を指す。
・be going to *do*「…することになるだろう」
・sound false「嘘っぽく聞こえる」
・at the critical moment when S V ...「…する重大なときに，…する大事な瞬間に」，when は関係副詞。
・cry out A「Aを大声で叫ぶ」，spontaneously from the heart「心から自然に」

問3．

・it would be better to *do*「…した方がいいだろう」
・say nothing but appear to be shocked「何も言わずに驚いた様子を見せる，驚いた様子を見せるだけで何も言わない」
・such deep pleasure that S V ...「…するほど大きな喜び，あまりに嬉しくて…する」
・speech had escaped me「言葉が浮かばなかった，何も言えなかった」

問4.

  a　母の部屋にあったのが店のショーウィンドウに飾ってあった自転車だった
　という文脈。
　　recognize「（見聞きしたことがあって）…を識別できる」

  b　母の部屋から出て行って，自分が取るべき今後の行動について考え始める
　という文脈。

  c　母の秘密を知っていることを表に出さないことにしようという決意を表明
　している文脈。

  d　偽りの喜びの表情を練習しても自信が持てず，一か八か本番に賭けようと
　決める文脈。

  e　母の部屋に用意してあったはずの自転車がなくなったことに対して，その
　理由を考えている文脈。

  f　母に憧れの自転車を与えてもらい，自然に喜びの感情表現ができたという
　文脈。

【全訳】

　　それはクリスマスが近づいていた12月のことで，母は仕事に出ていて，ド
リスはキッチンにいた。そんなある日の午後に，私は安全ピンを探しに母の
寝室に入り込んだ。母の寝室は玄関ホールに面していたので母はドアに鍵を
かけていたが，私は安全ピンが必要だったので，隠し場所から鍵を取り出し
てドアの鍵を開けて中に入っていった。その壁に立てかけてあったのは，バ
ルーンタイヤ（幅広・低圧のタイヤ）の付いた大きな黒い自転車だった。私
はすぐに，それが何なのかわかった。それは，ボルチモア・ストリートの店
のショーウィンドウに飾られているのを見て，私が見とれていたあの中古自
転車に他ならなかった。私はその値段を尋ねたことさえあった。それは，ひ
どく高い値段だった。15ドルくらいしていた。母は何らかの方法で頭金に十
分な額をどうにか貯めて，クリスマスの朝にその自転車で私を驚かせようと
していたのだった。

　　私は，母が私のためにそんな大金を使ったことを知って心苦しい気持ちに
なり，このように母の部屋に押し入って，クリスマスの日に私が驚き喜ぶの
を見る楽しみを母から奪ってしまったことがわかってうんざりした。私は母
のすてきな秘密を知りたいと望んでいたわけではなかった。それでも，この
ようにその秘密を知ったことによって，私は母の幸福を自分が壊してしまっ
たように感じた。私は後ずさりして，鍵を元の隠し場所に戻し，人知れずあ
れこれと考えた。

　私は，これからクリスマスの日までは，自分が知ったひどいことをほんの少しでも匂わせるようなことは何も，絶対に何もしてはいけないと決意した。私が母の秘密を知っていることをさらけ出すようなちょっとした言葉も，わずかな声の抑揚も，ささいな身振りも避けなければならないのだと。クリスマスの日に私が驚きのあまりあぜんとしてしまうのを見るという幸福を母から奪うようなことはあってはならないのだと。

　私は人知れず自分の寝室で，喜びを表現する感嘆の言葉を作文してはテストしてみることに取り掛かった。「うわあ！」「バルーンタイヤの付いた自転車だ！信じられない！」「僕は世界一幸運な子どもだ！」などと。その後，私には演技の才能がなくて，私の愛情を心から自然に叫びたい大事な瞬間には，それらの言葉はすべてわざとらしく聞こえるだろうなということに気づいた。もしかすると，何も言わずに，驚いてあまりに大きな喜びのせいで何も言葉が出てこないという表情を見せた方がいいのかもしれない。寝室で手鏡を見ながら，私はありとあらゆる表情を試してみた。口をぽかんと開けて目を大きく見開く，あごが落ちないように手のひらを両頬に強く当てる，両腕で自分の体を抱きしめながらすべての歯がむき出しになるほど満面の笑みを浮かべる，といった具合に。数日間，これらのことやその他のことをいろいろと練習をしてみたものの，それらのどれ１つとして自信は持てなかった。私はクリスマスの朝まで待って，何か自然に出てくるものがないかどうか様子を見ることにした。

　クリスマス当日の朝，母は私たちを早めに起こした。母は，「サンタさんが何を持ってきてくれたか見てみようね」と，私たちが皆サンタクロースの正体を知っていて当然の年齢だと示すかのような皮肉を込めた口ぶりで言った。私は母とドリスへの私からのプレゼントを持って，そしてドリスも自分からのプレゼントを持って寝室から出てきた。母からのプレゼントは，夜中のうちにクリスマスツリーの下に置いてあった。小さくてキラキラ輝く包みがいくつかと，ドリスのための大きな人形があったが，自転車はなかった。私はがっかりした表情をしていたに違いない。

　私が包みを開けていると，母は「どうやら今年のサンタさんは，あなたにあまり気前がよくなかったようだね」と言った。それは１枚のシャツと１本のネクタイだった。私は「大事なのは気持ちなんだよね」とか何とか適当なことを言ったが，私が感じていたのは辛い失望の気持だった。私は，あの自転車がどうしようもなく高価だと母が気づいて返品したのだろうと思った。

　「ちょっと待って！」と，母は指を鳴らしながら大きな声を上げた。「寝室にあるもののことをすっかり忘れてたよ」

　母がドリスに手招きをして，２人は部屋から出ていった。そしてすぐにバ

ルーンタイヤの付いた大きな黒い自転車を両側から2人で押しながら戻ってきた。結果的に，私は喜びを装う芝居をしなくてもよかった。私たち家族は3人とも，ドリスも母も私も，愛情を示す感情表現を抑えるように育てられてきたのだが，私は母だけでなく自分をも驚かせる行動を取ったのだった。私は自然に母の体に腕を回し，母にキスをしたのだった。

「もうわかったから。そんなことで興奮しないで。ただの自転車だよ」と母は言った。

それでも私は，母が喜んでいるのを見て私が幸福を感じているのと同じくらいに，母も幸福を感じていることに気づいていた。

【語句】

第1パラグラフ

- approach「近づく，接近する」
- be out at work「仕事に出ている」
- in search of A「A を捜して」
- safety pin「安全ピン」
- open onto A「(部屋が) A に面している，A に通じている」
- keep O locked「O に鍵をかけている」
- unlock「…の鍵を開ける」
- step in「中に入っていく」
- against A「A によりかかって」
- bicycle「自転車」
- balloon tire「バルーンタイヤ」
  ※「幅広い低圧のタイヤ」のこと。
- recognize「…に見［聞き］覚えがある」
- second-hand「中古の」= used
- admire「…に見とれる，感心して…を眺める」
- horribly「ひどく，身の毛もよだつほど」

- something like A「約 A，だいたい A」= about A
- somehow「何らかの方法で，何とかして」= in some way
- manage to do「何とか…する，どうにか…する」
- save「…をたくわえる」
- mean to do「…するつもりである」= intend to do
- surprise A with B「A を B で驚かせる」

第2パラグラフ

- overwhelm「…を圧倒する，…を困惑させる［苦しめる］」
- the discovery that S V ...「…という発見」
- spend A on B「B に A（お金）を使う」
- sicken「…をうんざりさせる，…を閉口させる」
- the knowledge that S V ...「…ということを知ること」

・burst into A「Aに乱入する」
・rob A of B「AからBを奪う」
・the pleasure of *doing*「…する楽しみ」
・astonished「喜んで,うれしがって」
・lovely「すてきな,すばらしい」
・secret「秘密」
・still「それでも,それにもかかわらず」
　※この意味の場合,文頭に置く。
・stumble upon[on] A「Aを偶然見つける[発見する]」
・feel as though [if] S V ...「まるで…かのように感じる」
・strike a blow against A「Aにダメージを与える,Aに打撃を与える」
　※活用は【strike / struck / struck / striking】
・back out「後退する,後ずさりする」
・ponder「熟考する」
・privately「ひそかに,内密に」

第3パラグラフ
・resolve that S V ...「…だと決心[決意]する」
・absolutely「絶対に,完全に」
・reveal「…を示す,…を明らかにする」= show
・the slightest hint of A「Aをほんの少しでもほのめかすこと」
・avoid「…を避ける」
・the least word「ほんのささいな言葉」
・the faintest intonation「ほんのわずかな声の抑揚」
・the weakest gesture「ほんのささいな身振り」
・possession「入手,所有」
・deny O_1 O_2「O_1に O_2 を与えない」
　⇔ allow O_1 O_2「O_1に O_2 を与える」
・stunned「あぜんとして,ぼうぜんとして」
・amazement「驚き,驚嘆」

第4パラグラフ
・in the privacy of A「Aの中でひそかに」
・compose「…を作文する,…を創作する」
・test「…をテストする,…を試す」
・exclamation「感嘆(の言葉)」
・delight「歓喜,うれしさ」
・wow「うわあ」
　※「喜び,驚嘆」を表す表現。
・and so on「…など」
　 = and so forth
・realize that S V ...「…だと理解する,…だと悟る」
・lack of A「Aの不足」
・acting talent「演技の才能」
・sound false「嘘っぽく聞こえる」
・at the critical moment when S V ...「…する重大な時に」
　※ when は関係副詞。
・cry out A「Aを大声で叫ぶ」

- spontaneously「自然に，自発的に」
- from the heart「心から」
- maybe「ことによると，ひょっとしたら」
- it would be better to *do*「…した方がいいだろう」
  ※ it は形式主語。
- say nothing but appear to be shocked「驚いた様子を見せるだけで何も言わない」
- such deep pleasure that S V ...「…するほどの大きな喜び，あまりにも嬉しくて…する」
- escape「…を免れる，…を逃れる」
- hand-held mirror「手鏡」
- the whole range of A「あらゆる種類のA，すべての種類のA」
- expression「（顔などの）表情」
- slap「…をぴしゃりと打つ」
- firmly「しっかりと」
- cheek「ほお」
- keep O from *doing*「Oに…させないようにする」
  = prevent O from *doing*
- jaw「あご」
- fall off「（離れて）落ちる」
- ear-to-ear grin「満面の笑み」
  = ear-to-ear smile
- with all teeth fully exposed「すべての歯がむき出しになって（いるほど）」
  ※ with O C で「付帯状況」を表す。
- while *doing*「…しながら」

- hug「…をしっかり抱きしめる」
  = embrace
- practice「…を練習する」
- confident「自信があって，自信に満ちた」
- see if S V ...「…かを見る」
- naturally「自然に，ひとりでに」

第5パラグラフ

- rouse「…を目覚めさせる，…を起こす」
- tone「口ぶり，口調」
- irony「皮肉，アイロニー」
- indicate that S V ...「…であることを示す」
- place A under B「AをBの下に置く」
- during the night「夜中に」
  ⇔ during the day「昼間に」
- glitter「きらきら輝く，ぴかぴか光る」
- package「包み，小包」
- must have looked disappointed「がっかりした表情をしていたに違いない」

第6パラグラフ

- it looks like S V ...「…するようだ」
- do well by A「Aを優遇する」
- halfhearted「気乗りのしない，いいかげんな」
- count「重要である」= matter
- bitter disappointment「辛い失望」
- suppose that S V ...「…だと思

う，…だと推定する」
・intolerably「耐えられないほど
　に，我慢できないほどに」
・expensive「(値段が) 高い」
　⇔ inexpensive「(値段が) 安い」
・send A back「Aを返品する」

第7パラグラフ
・snap *one's* fingers「指を鳴らす」

第8パラグラフ
・beckon「手招きする，合図する」
・a moment later「すぐに，すぐ
　あとに」
・wheel「…を運ぶ，…を動かす」
・two-wheeler「二輪自転車」
・fake「…をでっち上げる，…を
　偽造する」

・after all「結局」
・breed O to *do*「Oを…するよう
　に育てる」
　※活用は【breed / bred / bred /
　　breeding】
・repress「(感情など) を抑える」
・emotional「感情的な，感情の」
・startle「…をびっくりさせる」
　= surprise
・throw *one's* arms around A「A
　に腕を回す」

第9パラグラフ
・carry on about A「A について
　騒ぎたてる [はしゃぐ]」

第10パラグラフ
・be happy to *do*「…して嬉しい」

《 Vocabulary Building Exercise 》

1. You might not **recognize**
the name, but you'll know
her face.
【to know who somebody is or
what something is when you
see or hear them, because
you have seen or heard them
before】

1.「あなたは，その名前がわからな
いかもしれないが，彼女の顔は
見分けがつくでしょう」
【以前に見たり聞いたりしたこと
があるので，見たり聞いたりし
たときに，それが誰なのか，あ
るいは何なのかがわかる】

2. In middle age, people ⎡save⎤ money which they will use to support themselves in retirement.

【to keep money instead of spending it, especially in order to buy a particular thing】

2.「中年になると，人は退職後の生活資金に使うお金を貯める」

【特に決まったものを買うために，お金を使わずにとっておく】

3. The crowds and noise in the city may ⎡overwhelm⎤ your parents.

【to have such a strong emotional effect on somebody that it is difficult for them to resist or know how to react】

3.「都会の人混みや騒音は，あなたのご両親を圧倒してしまうかもしれない」

【人の感情にとても大きな影響を与えるので，その人が抵抗したり反応したりするのが難しくなる】

4. His careless words would sometimes ⎡sicken⎤ his daughters.

【to make somebody feel very shocked and angry】

4.「彼の不注意な言葉は，ときどき彼の娘たちをうんざりさせた」

【人に大きな驚きと怒りを感じさせる】

5. You cannot ⎡deny⎤ this opportunity to your children.

【to refuse to allow somebody to have something that they want or ask for】

5.「あなたは，このようなチャンスを子どもたちから取り上げるべきではない」

【人が欲しがるものや求めているものを手に入れることを許さない】

6. We intend to ⎡ponder⎤ all the alternatives before acting.

【to think about something carefully for a period of time】

6.「私たちは，行動する前にすべての選択肢をよく検討するつもりだ」

【時間をかけて何かについてじっくりと考える】

7. Farmer cooperation is seen as critical for the continued expansion of organic farming. 【extremely important, for example because a future situation will be affected by it】

7.「農家の協力は，有機農業を継続的に拡大するために非常に重要であると考えられている」【未来の状況に影響を与えたりするので非常に重要な】

8. The main characters are portrayed with a mixture of irony and sympathy. 【the use of words that say the opposite of what you really mean in order to emphasize something or to be funny】

8.「その主人公は，皮肉と同情を織り交ぜて描かれている」

【何かを強調したり，おもしろくしたりするために，実際に言いたいこととは正反対の意味の言葉を使うこと】

9. She appeared to beckon us to sit down on the sofa.

【to signal to somebody to come to you】

9.「彼女は，私たちにソファに座るよう手招きをしているように見えた」【自分の近くに来るよう人に合図をする】

10. It was not easy for me to resolve that I would never see her again. 【to make a firm decision to do something】

10.「私がもう二度と彼女に会わないと決心するのは簡単なことではなかった」【あることを行う固い決心をする】

《 Summary 》

One Christmas, the author accidently discovered that his mother had bought him a ⌜second-hand⌝ bike he really wanted. He was ⌜overwhelmed⌝ by the discovery that she had spent so much money on a gift for him, but he didn't want to ⌜deny⌝ her the pleasure of seeing his happy, surprised expression on Christmas morning, so he decided to practice making ⌜exclamations⌝ of delight. In the end, he didn't have to act, because his mother kept the bike hidden in her bedroom. At first, he thought she had returned the bike, so when his mother finally showed it to him, he ⌜spontaneously⌝ hugged and kissed her. She told him not to get so excited, but he knew that she was pleased. (120 words)

【《Summary》の訳】

　ある年のクリスマスに，筆者は自分がとても欲しかった中古の自転車を母親が購入していたことを偶然に発見した。彼は，母親が彼へのプレゼントのためにそんな大金を費やしたことを知って心苦しい気持ちになった。しかし，クリスマスの朝に彼の喜び驚いた顔を見る楽しみを母親から奪いたくなかったので，彼は歓声を上げる練習をすることにした。結局，母親はその自転車を寝室に隠したままにしたので，彼は演技をする必要はなかった。最初，彼は母親が自転車を店に返してしまったのだと思ったので，母親がとうとう彼にそれを見せたとき，彼は思わず母親を抱きしめてキスをした。母親はあまり興奮しないようにと彼をたしなめたが，彼は母親が喜んでいることがわかっていた。

第12問　兵庫県立大学

得　点

／50

【解答】

問1.
① 米国の出生率がそれほど低くなく，人口数を維持できる水準に近いため。
② 移民の受け入れに積極的なので，労働力を確保しやすいため。

問2. しかしながら，ドイツ，日本，韓国などの国々は，高齢化を相殺するだけの人々を迎え入れれば，必ずナショナリズムの高まりが起こることになるだろう。

問3. 長期的に見ると，これらの直接的な出産給付金を支給しても出生率は変化しないままであるという場合もある。

問4. make it easier to bear the burden of

問5. 仕事と家庭のバランスを促進する政策が，子どもを持つかどうかの決断に強い影響力を持つ。

(別解) 子どもを持ちながら仕事を続けることを容易にする政策が，子どもを持つかどうかの決断全体を変える。

問6. (a) ①　　(b) ③　　(c) ②　　(d) ④

【配点と採点基準】（50点）

問1. 12点（各6点×2）
　　①・「米国の出生率は低くない」の内容…2点
　　　・「米国の出生率は人口数を維持できる水準に近い」の内容…4点
　　②・「米国は移民の受け入れに積極的だ」の内容…3点
　　　・「米国は労働力を確保しやすい」の内容…3点

問2. 10点
　　・However, … 1点
　　・countries such as Germany, Japan and South Korea … 1点
　　・probably can't import enough people to cancel out aging … 4点

・without experiencing increased nationalism. … **4点**

問3．**8点**
　　・Over the long run, … **2点**
　　・some of these direct childbearing subsidies … **2点**
　　・leave fertility rates unchanged. … **4点**

問4．**4点**　解答通り

問5．**8点**
　　・「仕事と家庭のバランスを促進する政策が」「子どもを持ちながら仕事を続けることを容易にする政策が」「子育てと仕事の両立を支援する政策が」などの内容 … **5点**
　　・「子どもを持つかどうかの決断に影響力を持つ」「子どもを持つ動機となる」などの内容 … **3点**

問6．**8点**（各2点×4）　解答通り

【設問別解説】

問1．
　「米国において出生率を上げることが優先順位の高い問題ではない」2つの理由は，直後の2つの文 The U.S. has a total fertility rate of 1.8 children per woman, which is reasonably close to the replacement rate of 2.1 ─ i.e., the rate that leads to long-term population stability.（①）と Also, the U.S. tends to be welcoming to immigrants, and（at least, up until now）has been able to attract large numbers of the kinds of skilled immigrants who contribute most to fiscal and financial sustainability.（②）に述べられている。

問2．
　・B such as A「AのようなB」
　・can't *do* ... without *doing* ～「～することなしに…することはできない，…すれば必ず～する」
　・import enough people to *do*「…するのに十分な人々を受け入れる」
　・cancel out aging「高齢化を相殺する，高齢化の影響を打ち消す」
　・increased nationalism「ナショナリズムの高まり［高揚］」

問3．
　・over the long run「長期的に見れば」（= in the long run）
　・childbearing subsidy「出産給付金」
　・leave O unchanged「Oを変えないでおく」
　・fertility rate「出生率」

問4.
- ・make it easier to *do*「…することをより容易にする」，形式目的語 it を用いた第 5 文型（SVOC）。
- ・bear the burden of child-rearing「育児の負担に耐える」

問5.

「この発見」の具体的内容は，同段落第 2 文の中の ... found that "policies that facilitate the work-family balance seem to have a strong influence on the decision to have children or not.", または，第 4 文の Policies to make it easier for people to both have children and keep a job or career change the whole decision of whether or not to have children. に述べられている。

問6.

(a) shrinking「縮小している」
　①**「減少している」** ②「拡大している」 ③「有望な」 ④「変容している」

(b) rosy「バラ色の，楽観的な」
　①「複雑な」 ②「嘆かわしい」 ③**「好ましい」** ④「単純な」

(c) modest「ささやかな」
　①「長く続く」 ②**「取るに足らない」** ③「とても大きい」 ④「否定できない」

(d) pressing「急を要する」
　①「困難な」 ②「感情的な」 ③「小さい，少ない」 ④**「緊急の」**

【全訳】

　　豊かな国々は，自国民にもっと多くの子どもを持たせるように努めるべきだろうか。社会的保守主義者は一般にイエスと答える。中道主義者は，減少していく若年労働者層が高齢化に対して払う金銭的負担に耐えられなくなるのではないかと懸念し，しばしば暫定的な同意を示す。リベラル派はしばしば，豊かな国の人口増加は環境を圧迫するだけなので，人口問題は移民受け入れを増やすことによって解決する方が良いと反論する。

　　実際は，この問題に対する正解はおそらく国によって違うのだ。米国では，出生率を押し上げることは大した優先事項ではない。米国の女性 1 人当たりの合計特殊出生率は1.8で，2.1の人口置換水準 ─ 長期的な人口の安定をもたらす水準 ─ にかなり近い。また米国は移民を歓迎する傾向があり，（少なくとも今までは）国庫および金融の持続可能性に最も貢献できるような特殊技能を持つさまざまな移民を多数引きつけることができてきた。

　　だが欧州と東アジアの豊かな国々にとっては，状況はあまり明るくない。これらの国々は歴史的に，普遍的な理想よりも，共通の祖先と民族性の観点

から国民としてのアイデンティティを定義してきた。リベラル派であれば，この事実を変えたいと思うだろう。しかしながら，ドイツ，日本，韓国などの国々は，高齢化を相殺するだけの人々を迎え入れれば，必ずナショナリズムの高まりが起こることになるだろう。また，こうした国々は，出生率の点で，はるかにより深刻な状況にある。日本の出生率は1.46，ドイツは1.5，そして驚くことに韓国は1.24と低い。もっと赤ん坊が生まれなければ，これらの国々の経済は危機に瀕する。

　政府はどうすれば国の出生率を上げられるだろうか。シンガポールが結婚を推奨し，さらに多くの子どもを持つことに対して国民に奨励金を出すという手段で出生率を上げようとして失敗したことは広く知れ渡っていて，その結果として出産を促す政策は役に立たないと考えるようになった人もいる。だが，シンガポールは特殊なケースかもしれない。そこは非常に人口密度の高い都市国家だ。人口密度の低い郊外を持つ余地がもっと大きい国々は，話が別なのかもしれない。

　最もわかりやすい解決策，すなわち，国民に出産給付金を支給するという解決策は，出生率の短期的急上昇をもたらすことがある。だがこの多くはおそらくタイミングに起因する。いつか子どもを持つつもりでいた親たちが，すぐに給付金を要求するために早めに子どもを持つということだ。長期的に見ると，これらの直接的な出産給付金を支給しても出生率は変化しないままであるという場合もある。出産給付金はタイミング効果を除いたあとも出生率を上げるということを明らかにした研究もあるが，その効果はわずかなものだ。

　だが，長期的な出生率上昇策として，それよりも有望な政策が他に2つある。それは，保育補助金と有給育児休暇だ。これらの政策はどちらも，子育ての負担に耐えることを容易にする。それらは，あなたが仕事を続ける一方で，子どもの世話をするために昇進の道から脱落せずに済むことを可能にしてくれる。これは金銭的観点から見て，政府のいかなる赤ん坊への手当よりもはるかに大きいだろう。

　こうした政策が出生率を押し上げるということを示す心強い証拠がある。人口統計学者のオリビエ・テヴノンとアン・ゴーティエは豊かな国々の証拠を調査し，「仕事と家庭のバランスを促進する政策が，子どもを持つかどうかの決断に強い影響力を持つと思われる」ことを明らかにした。言い換えれば，それは単なるタイミング効果ではない。子どもを持ちながら仕事やキャリアを維持することを容易にする政策が，子どもを持つかどうかの決断全体を変えるのだ。他の研究もこの結果を裏づける傾向がある。

　だから日本，ドイツ，韓国のような国々には，潜在的に社会を不安定にす

るレベルの移民を必須とせずに，低出生率の罠から抜け出す方法がある。有給育児休暇と多額の補助金が投入される託児所は安くはないだろうが，効果はあるのだ。そして，出生率が緊急の問題ではない米国のような国々も，家族を擁護するこれらの政策の一部を取り入れることによって，悪戦苦闘する若い親たちにかかるプレッシャーを軽減することを検討すべきである。

【語句】

第1パラグラフ
・get O to *do*「Oに…してもらう［させる］」
・citizen「国民」
・social conservative「社会的保守主義者」
・generally「一般に，概して」
・centrist「中道主義者」
・tentatively「一応，暫定的に」
・agree「同意する」
・worry that S V ...「…ではないかと心配する」
・financial burden「金銭的負担」
・pay for A「Aの費用を払う」
・aging「老齢化している」
・population「人口，住民」
・intolerable「耐えられない」
 ⇔ tolerable「耐えられる」
・shrinking「縮小している」
・base「層，基盤」
・liberal「リベラル派の人」
・counter that S V ...「…だと反論する」
・put pressure on A「Aに圧力をかける」
・environment「環境，自然環境」
・solve「…を解決する」
・immigration「移民，移住」

第2パラグラフ
・The truth is that S V ...「実際は…ということだ」
・the right answer to A「Aに対する正解［答え］」
・probably「おそらく，たぶん」
・vary from country to country「国によって異なる」
・boost「…を押し上げる，…を上げる」
・fertility rate「出産率，出生率」
 = birthrate, birth rate
 ※ fertility は「生殖能力」の意味。
・priority「優先事項」
・total fertility rate「合計特殊出生率」
 ※人口統計上の指標。
・per A「Aにつき」
・be close to A「Aに近い」
・reasonably「かなり，満足のいく程度に」
・i.e.「すなわち，言い換えれば」
 = that is
・lead to A「Aにつながる，Aを引き起こす」

- long-term population stability「長期的な人口の安定」
- tend to do「…する傾向がある」
- be welcoming to A「A を歓迎する」
- immigrant「移民，移住者」
- at least「少なくとも」
- up until [till] now「今までは」
- attract「…を引きつける，…を引き寄せる」
- skilled「熟練した，特殊技能を持つ」
- contribute to A「A に貢献する」
- fiscal and financial sustainability「国庫と金融の持続可能性」

第3パラグラフ
- the picture「全体像，状況，実態」
- rosy「バラ色の，楽観的な」
- historically「歴史的に」
- define「…を定義する」
- national identity「国民のアイデンティティ，国民性」
- less in terms of A and more in terms of B「A よりも B の観点から」
- universal ideal「普遍的な理想」
- shared「共通の，共有の」
- ancestry「祖先，先祖」
- ethnicity「民族性，民族的背景」
- B such as A「A のような B」
- can't [cannot] do ... without doing ～「～することなしに…することはできない，…すれば必

ず～する」
※二重否定の表現。
- import enough people to do「…するのに十分な人を受け入れる」
- cancel out A「A を相殺する，A を埋め合わせる」
  = offset A, make up for A
- aging「高齢化，(年) 老いること」
- increased nationalism「ナショナリズムの高まり [高揚]」
- be in a much worse situation「はるかにより悪い状況にある」
- startlingly「驚くほど，驚いたことに」
- economy「経済」
- be in danger「危険な状態にある」

第4パラグラフ
- government「政府」
- failure「失敗，不首尾」
  ⇔ success「成功」
- encourage「…を促進 [助長] する」= promote
- pay O to do「O にお金を払って…させる [してもらう]」
- publicize「…を公表する，…を公にする」
- lead O to do「O を…するように仕向ける」
- policy「政策，方針」
- promote「…を促進する」
  = encourage
- childbirth「出産」

- useless「役に立たない，むだな」
  ⇔ useful「役に立つ」
- special case「特殊なケース」
- city-state「都市国家」
- extremely「極度に，極端に」
- density「密度，密集」
- room for A「A のための余地［余裕］」
- suburbs「郊外」

第5パラグラフ

- obvious「明らかな，明白な」
- solution「解決策，問題解決」
- cause「…を引き起こす，…を生じさせる」
- short-term「短期（間）の」
  ⇔ long-term「長期（間）の」
- spike「急上昇，突出」
- birth rate「出生率」
  = fertility rate, birthrate
- due to A「A の原因で，A のせいで」= because of A
- timing「タイミング」
- plan to do「…するつもりである」
  = intend to do
- in order to do「…するために」
  = so as to do
- claim「…を要求する，…を請求する」
- benefit「給付金，手当」
- immediately「すぐに，即座に」
  = at once
- over the long run「長期的に見れば」= in the long run
- direct「直接の」

⇔ indirect「間接の」
- childbearing subsidy「出産給付金」
- leave O unchanged「O を変えないでおく」
- effect「効果，効力」
- remove「…を取り除く，…を除く」
- modest「ささやかな，控えめな」

第6パラグラフ

- promise「見込み，有望」
- booster「高めるもの，後押しするもの」
- child-care「保育，育児」
- paid-parental leave「有給育児休暇」
- make it easier to do「…することをより容易にする」
- bear the burden of A「A の負担に耐える」
- allow O to do「O が…するのを可能にする」= enable O to do
- maintain one's job「仕事を続ける」
- lose one's position「地位［立場］を失う」
- career ladder「昇進の階段，昇進の道」
- take care of A「A の世話をする」
  = look after A
- baby bonus「赤ん坊への手当」

第7パラグラフ

- There is evidence that S V ...「…という証拠がある」

※ evidence は不可算名詞。
・encouraging「励みとなる，好意的な」
・demographer「人口統計学者」
・survey「…を調査する」
　= examine
・facilitate「…を促進する，…を容易にする」= promote
・the work-family balance「仕事と家庭のバランス」
・have a strong influence on A「Aに強い影響力を持つ」
・the decision to *do*「…するという決心［決意］」
・in other words「言い換えれば」
・confirm「…を確認する，…を確証する」
・finding「研究結果，発見」

第8パラグラフ
・have a way out of A「Aから抜け出す方法がある」
・trap「罠」

・require「…を要求する，…を求める」
・potentially「潜在的に」
・destabilizing「社会を不安定にさせる（ような）」
※他動詞 destabilize「…を不安定にさせる」の現在分詞。
・subsidize「…に補助金［助成金］を与える」
・day care「託児所」
　= day-care center
・pressing「差し迫った，急を要する」= urgent
・issue「問題（点）」
・consider *doing*「…することを考慮する」
・reduce「…を減少させる」
　= decrease, diminish
・struggle「もがく，奮闘する」
・adopt「…を採用する，…を取り入れる」
・pro-family「家族擁護の，家族主義を支持する」

《 Vocabulary Building Exercise 》

1. One of the best-known cases of illegal immigration is that of Mexicans moving into the U.S.
   【the process of coming to live permanently in a country that is not your own】

1.「最もよく知られている不法移民の事例の1つは，メキシコ人の米国への流入である」

　【自分の母国ではない国に永住するためにやって来る過程】

2. Anxiety and stress affect fertility in both men and women.

【the ability to produce babies, young animals, fruit or new plants】

3. Switzerland is known for its political stability .

【the quality or state of not changing or being disturbed in any way】

4. The creation of an efficient and sustainable transport system is critical to the long-term future of London.

【able to continue or be continued for a long time】

5. The author appeared on television to publicize her latest book.

【to make something known to the public】

6. The Netherlands is a smaller country, with a greater population density .

【the number of people or things in a particular area or space】

7. Their future was full of promise .

【a sign that somebody/ something will be successful】

2.「不安やストレスは，男性と女性のどちらにおいても生殖能力に影響を及ぼす」

【人間や動物の子ども，果実，あるいは若い植物を生み出す能力】

3.「スイスは政治的に安定していることで知られている」

【決して変化しない，あるいは乱されることのない性質や状態】

4.「効率的で持続可能な輸送システムの構築は，ロンドンの長期的な将来にとってとても重要だ」

【長期間にわたって継続したり維持したりすることのできる】

5.「その作家は，自分の最新作を宣伝するためにテレビに出演した」

【あることを広く一般に知らせる】

6.「オランダは，比較的人口密度が高い小さな国である」

【特定の場所や空間を占めている人や物の数】

7.「彼らの将来は明るい見通しに満ちていた」

【誰か，あるいは何かが成功しそうな予兆】

8 . European farmers are planning a massive demonstration against farm ⬚subsidy⬚ cuts. 【money that is paid by a government or an organization to reduce the costs of services or of producing goods】

9 . Many companies are now offering paternity ⬚leave⬚ . 【a period of time when you have permission to be away from work for a holiday or for a special reason】

10. The new airport will ⬚facilitate⬚ the development of tourism. 【to make an action or a process possible or easier】

8 .「ヨーロッパの農家は，農業への補助金の削減に反対する大規模なデモを計画している」【サービスや商品の生産コストを下げるために政府や団体によって支払われるお金】

9 .「多くの企業が今では，男性の育児休暇を用意している」【休暇や特別な理由のために仕事を休むことが認められている期間】

10.「その新しい空港は，観光業の発展を促進するだろう」【何らかの行為や過程を可能にしたり容易にしたりする】

《 Summary 》

Many rich countries are struggling with the problem of low fertility rates. The populations of countries must remain stable to keep the financial burden of paying for aging populations from becoming intolerable. One solution is immigration, but countries in Europe and East Asia have historically defined their national identities in terms of shared ancestry, so high immigration rates could lead to nationalism. Singapore tried paying people to have more children, but the policy failed, possibly because it has a high population density. Two solutions which show promise are to provide child-care subsidies and paid-parental leave. These solutions are expensive, but they are effective because they facilitate a healthy work-family balance. (110 words)

【《Summary》の訳】

裕福な国々の多くは，低い出生率という問題に悩んでいる。国の人口は，高齢者のための支出という財政負担が耐えきれないほど大きくなることを防ぐために，安定した水準に保つ必要がある。解決策の1つは移民だが，ヨーロッパや東アジアの国々は，共通の祖先という観点から歴史的に国としての独自性を定義してきたので，移民の増加はナショナリズムにつながる可能性がある。シンガポールは，国民により多くの子どもを産んでもらうために給付金を支払ってみたものの，その政策が失敗したのは，おそらく人口密度が高いせいだと思われる。2つの有望な解決策は，子育て支援金と有給の育児休暇を提供することである。そうした解決策は高いコストがかかるが，仕事と家庭生活との健全なバランスを促すので効果的である。

138

第13問　大阪市立大学

/ 50

【解答】

問1．**why what we do means so much**

問2．19世紀に賃金雇用が広まった時に初めて，仕事自体を目的とし，アイデンティティの源とする考え方が現れたのだと彼は言う。

問3．（豊かな国々で）年間の平均労働時間が過去半世紀間に減少してきたこと。

問4．**always-on culture**

問5．それら（の研究）は，自分の仕事に幸福を感じている人々は，自分の仕事への満足度が低い人々と比較して，健康である可能性が高く，特に抑うつや不安や低い自己評価を経験する可能性が低いということを明らかにした。

問6．a ②　　b ③

問7．③

【配点と採点基準】（50点）

問1．5点　解答通り

問2．10点

・It was only with 〜 that S V... の強調構文の理解 … 2点

・the rise of paid employment in the 19th century … 2点

・the notion of work as an end in itself … 2点

・and a source of identity … 2点

　＊等位接続詞 and による並置関係の誤りは2点減

・begins to crop up, he says. … 2点

問3．6点

・（豊かな国々で）労働時間が過去半世紀間に減少した」の内容 …6点

　＊「1960年から2005年の間に」は可。

　＊「2100時間から1600時間になった」は可。

問4．4点　解答通り

問5．12点
　・They showed that … 1点
　・people who were happy in their jobs … 2点
　・were more likely to be healthy, … 2点
　・and in particular … 2点
　・were less likely to experience depression, anxiety or low self-esteem … 2点
　・compared with those less satisfied with their jobs. … 3点
問6．6点（各3点×2）　解答通り
問7．7点　解答通り

【設問別解説】

問1．
　・the reason(s) why S V ...「…である理由」
　・what we do「私たちの職業」
　・means so much to us「私たちに大きな意味を持つ，私たちにとって重要である」

問2．
　・It was only with 〜 that S V ...「…したのは〜を持った時でしかなかった，〜を持った時に初めて…した」
　・the rise of A「Aの台頭，Aの増大」
　・paid employment「有給雇用，賃金雇用」
　・the notion of work as an end in itself「仕事自体が目的であるという概念」，end「目的」（＝ purpose），in itself「それ自体」
　・a source of identity「アイデンティティの源」
　・等位接続詞 and は2つの名詞句 an end（in itself）と a source of identity をつないでいる。
　・crop up「（突然に）現れる」

問3．
　that「そのこと」は，同文の副詞節の中の in rich countries the average amount of time people work each year has declined over the past half-century という内容を指している。

問4．
　「（ホワイトカラーの労働者が）常に仕事とつながっている」状態を端的に表した語句は，同段落の最終文の中の always-on culture「常時オン［作動］の状態

の文化」である。

問5.
- be likely to *do*「…する可能性が高い，…する傾向が強い」
- in particular「特に，とりわけ」
- depression「うつ病，うつ状態」，anxiety「不安，心配」，self-esteem「自尊心，自己評価」
- compared with A「Aと比較して」
- those less satisfied with their jobs「自分の仕事への満足度がもっと低い人々」

問6.
　空所の前後の内容から判断することがポイント。（　a　）前後では〈自己と仕事を一体化している人々の数〉のイメージとその実態について述べられており，（　b　）前後では〈仕事に対してのネガティブなイメージ〉から〈仕事をしていることによるポジティブな効果〉へと話題転換されている。
- ① 「それだけのことだ」
- ② 「そうではないのだ」＝a
- ③ 「だが，悪いことばかりではない」＝b
- ④「それは言うまでもないことだ」

問7.
- ① 「数十年前に，工業先進国の人々は自分を職業と重ねて考えることをやめた」→本文に言及なし。
- ② 「現代世界では増加する労働時間に直面しているので，いかなる仕事にも従事しないことが私たちの生活の中のストレスを減らすのに役立つ」→最終段落最終文の内容と矛盾。
- ③ 「私たちが見知らぬ人にどんな仕事をしていますかとしばしば尋ねるのは，仕事が自分のアイデンティティにとって極めて重要な部分だからだ」→第1，2段落の内容に一致。
- ④ 「名字は世代から世代へと受け継がれてきたが，その起源は中世以前にまでさかのぼる」→第3段落第3文と矛盾。
- ⑤ 「私たちがもっと効率を上げるためには，私たちの生活における仕事の重要性を理解する必要がある」→本文に言及なし。

【全訳】

　「お仕事は何ですか」これは初めて会った人との会話の始め方としては最も一般的で，同時に最も優雅さに欠けるものである。それでもそれは確かに問題の核心はついている。私たちの仕事は，私たちの自己意識に染みわたっているのだから。それは，しばしば私たちの名前から始まる。あなたが英国人

の Smith，ドイツ人の Schmidt，あるいはイタリア人の Ferraro さんならば，あなたはまさに先祖が選んだ職業で決まったブランド・アイデンティティを持つ多くの人々の一人ということになる。

　世界の裕福な国では，職を変えるのは日常茶飯事であることが多く，仕事以外での自己表現や成長の機会がかつてないほど大きくなっているので，このような仕事と自己の一体化は減ってきていると皆さんは思うかもしれない。だが，そうではないのだ。2014年のギャラップ調査において，アメリカの労働者の55％が自分の仕事からアイデンティティを得ると言ったが，その数値は大卒者では70％に上るのだ。自動化が進み仕事の性質が絶えず変化していく世界では，このことが問題を生む可能性がある。だが，それはまた好機でもある。仕事がなぜ自分にとってそんなに大きな意味を持つのか，そして仕事が自分にどのような影響を与えるのかを吟味するようになれば，働くことを私たちの誰にとっても今よりも役立つものにするきっかけがつかめるだろう。

　それを行う場合に，そのような仕事がどのように時代によってまったく異なることを意味してきたかということをまず認識することが重要だ。雇用者と被雇用者の関係が数千年前までさかのぼることを示す証拠はあるが，特定の職業で毎週定まった時間働くという概念は，比較的最近生まれたものだ。明確に区分される職業の出現が名字の発明につながった中世ヨーロッパでさえも，私たちの帰属意識は家や宗教や居住地で決まることの方が多かったと，アイオワ大学で労働と余暇の歴史を研究しているベンジャミン・ハニコットは言う。19世紀に賃金雇用が広まった時に初めて，仕事自体を目的とし，アイデンティティの源とする考え方が現れたのだと彼は言う。

　今日へ時間を進めて考えてみると，はっきりしていることが一つある。仕事が確実に生活の多くを占めているということだ。確かに豊かな国では，人々の１年ごとの平均労働時間は過去半世紀で減少してきたが ― 2011年の OECD 報告によれば，1960年には2100時間ほどだったが，2005年では1600時間未満になった ― その多くは，有給休暇の増加などが要因である。休暇を取っていないホワイトカラー層の場合は，仕事が支配している。2005年には，英国で高技能を持ち週50時間以上働く人の割合は20％に及んだ。それ以後少しは下がったが，昨年公表された分析によれば，そういった極端な労働時間は1970年以後，アメリカ，カナダ，ヨーロッパで，上昇傾向にある。

　私たちは，仕事をしていないときでも，仕事をしているような気持ちになることがある。スマートフォンは，ホワイトカラーの労働者が常に仕事とつながっていることを意味する。「家庭と職場，仕事と余暇，公と私，さらには自己と他者といった近代主義的な区別は，もはや揺るぎないものではない」と，

ニューヨーク大学の社会学者ダルトン・コンリーが2009年の著書『アメリカの別のところで』に書いた。それ以来, モバイル技術の急激な普及は, この「オールウェイズ・オン」の文化が大きく広まったことを意味する, と彼は言う。

そのことを, 私たち自身や他者との人間関係にとって悪いことだと見なすのは容易である。そしてたしかに, 仕事は長時間に及び, 精神的重圧になり, 退屈で, ただただ辛いものとなりうる。しかし, 悪いことばかりでもないのだ。

「失業の悲惨な影響は, 社会科学者たちによってかなり適切に実証記録が行われている」と英国カーディフ大学のデイビッド・フレインは言う。それは単に失業に通常伴う貧困の話だけではない。2005年に, 当時英国のマンチェスター大学にいたブライアン・ファラガーと共同研究者たちが, 仕事の満足度と健康の関係に関する過去の485件の研究を調べた。それらの研究は, 自分の仕事に幸福を感じている人々は, 自分の仕事への満足度が低い人々と比較して, 健康である可能性が高く, 特に抑うつや不安や低い自己評価を経験する可能性が低いということを明らかにした。2006年に英国政府の指示で実施された再調査で示されたことは, 結局, 仕事によって生じるどんなストレスよりも, 仕事を持たないことで生じる問題の方が大きい傾向にあるということとだった。

【語句】

第1パラグラフ
- simultaneously「(…と) 同時に」
- common「ありふれた, 一般的な」
- the least +形容詞「最も…ない」
- elegant「優雅な, 上品な」
- begin a conversation with A「Aと会話を始める」
- stranger「見知らぬ人」
- sure「確かに」
- pervade「…の一面に広がる, …全体に浸透する」
- *one's* sense of self「自己意識」
- begin with A「(順序として) Aから始まる」
  ⇔ end with A「Aで終わる」

- brand identity「ブランド・アイデンティティ」
- determine「…を決定する」
- employment「(雇われてする) 仕事, 職」
- ancestor「祖先, 先祖」

第2パラグラフ
- switch jobs「仕事を変える」
- routine「いつもの, 日常の」
- opportunity「機会」= chance
- self-expression「自己表現」
- development「成長, 発達」
- outside of work「仕事以外の」
- expect O to *do*「Oが…すると

予想［期待］する」
・identification with A「A と自
己との一体化」
・diminish「減少する，小さくな
る」= decrease
・Gallup survey「ギャラップ調
査」
・figure「数字」
・college graduate「大卒者」
・increasingly「ますます，だん
だん」
・automated「自動化された，オー
トメーション化された」
・the nature of work「仕事の性
質」
・present「…を起こす，…を生じ
させる」
・start to *do*「…することを始め
る」
　※命令文 ..., and ～「…しなさい，
　　そうすれば～」の形で用いら
　　れている。
・examine「…を調べる」
・mean much to A「A にとって
大いに意味がある」
・effect「影響」= influence

第3パラグラフ
・realise how S V ...「いかに…
かを理解［実感］する」
・employer-employee「雇用者と
被雇用者［従業員］の」
・relationship「関係，関連」
・stretch back thousands of
years「数千年前までにさかのぼ

る」
・the concept of *doing*「…する
という概念」
・distinct「はっきりとした，はっ
きり認識できる」
・profession「職業」
・for a set number of hours「定
まった時間（の間）」
・relatively「比較的」
・recent「最近の，近ごろの」
・medieval Europe「中世ヨー
ロッパ」
・the rise of A「A の出現［台頭］，
A の増大」
・differentiate「…を区別［認識］
する」= distinguish
・lead to A「A につながる，A を
引き起こす」
　※活用は【lead / led / led /
　　leading】
・invention「発明」
・surname「姓，名字」
　= family name
・*one's* sense of belonging「帰属
意識」
・be likely to *do*「…する可能性
が高い」
・religion「宗教」
・leisure「余暇，自由時間」
・paid「有給の」
・the notion of A「A という概念
［考え］」
・end「目的」= purpose, aim
・in itself「それ自体」
・source「源，根源」

・crop up「(突然に)現れる,(思いがけなく)生じる」

第4パラグラフ

・wind forward to A「A まで早送りする,A まで時間を進める」
・for sure「確かな[に]」
・fill「…を満たす,…に充満する」
　※ does fill の does は「do [does / did] ＋動詞の原形」の形で動詞を強調する助動詞。
・the average amount of time「平均時間」
・decline「減少する,低下する」
　＝ decrease
・according to A「A によれば」
・factor「要因」
・B such as A「A のような B」
・paid leave「有給休暇」
・account for A「A の原因となる,A の理由を説明する」
・white-collar worker「ホワイトカラーの労働者」
・on vacation「休暇を取って」
・dominate「支配する,優勢である」
・proportion「割合」
・high-skilled「高い技能を持つ」
・at least「少なくとも」
・a week「1 週間につき」
　＝ per week
・hit「…に達する」
・since「その時以来」
・go down a bit「少し下がる」
・analysis「分析(結果)」

・publish「…を公表する,…を発表する」
・show that S V ...「…ということを示す[明らかにする]」
　＝ indicate that S V ...
・extreme「極端な」

第5パラグラフ

・at work「仕事中で,働いて(いる)」
　＝ off work「仕事を休んで」
・it can feel like S V ...「…であるかのように感じることがある」
・smartphone「スマートフォン」
・mean that S V ...「…ということを意味する」
・connect A to B「A を B に結びつける,A を B と関係させる」
・at all times「いつも,常に」
・modernist「近代[現代]主義の」
・distinction「区別,識別」
　＝ difference
・home-office「家庭と職場(の)」
・public-private「公と私(の)」
・self-other「自己と他者(の)」
・no longer「もはや…ない」
・hold C「C のままだ」
・fast「固定した,ぐらつかない」
　※ hold fast で「揺るがない」の意味。
・sociologist「社会学者」
・mobile technology「モバイル技術」
・always-on culture「常時オン[作動]の状態の文化」

・spread「広まる，広がる」
・enormously「大いに，ものすごく」

第6パラグラフ
・see A as B「A を B だと見なす」
・stressful「ストレスの多い，緊張に満ちた」
・boring「うんざりするような，退屈な」
・plain hard「ただただ辛い」
　※ plain は「まったく，実に」の意味を表す副詞。

第7パラグラフ
・miserable「みじめな，悲惨な」
・unemployment「失業」
　⇔ employment「雇用」
・pretty well「かなり十分に」
・document「…を文書で立証する，…を記録する」
・social scientist「社会科学者」
・go beyond A「A を越える，A にまさる」
・simply「単に，ただ」
・poverty「貧困，貧乏」
・accompany「…に付随して起こる，…に伴う」

・colleague「同僚，同業者」
・previous study「以前の研究，過去の研究」
・job satisfaction「仕事への満足度」
・in particular「特に，とりわけ」
・experience「…を経験する」
・depression「うつ病，うつ状態」
・anxiety「不安，心配」
・self-esteem「自尊心，自己評価」
・compared with A「A と比較して」= in comparison with A
・those「人々」= the people
・(be) satisfied with A「A に満足して（いる）」
・review「再調査」
・carry out A「A を行う，A を実施する」
・government「政府」
・stress「ストレス，緊張」
・create「…を引き起こす，…を巻き起こす」
・on balance「すべてを考慮すると，結局」
・outweigh「…にまさる，…を上回る」
・problem「問題，悩み」

《 Vocabulary Building Exercise 》

1. The two guns fired almost ⟦**simultaneously**⟧.
【at the same time as something else】

1.「その2丁の銃がほぼ同時に銃弾を発射した」
【何かと同じタイミングで】

2. Members of a film audience tend to ⟦**identify**⟧ themselves with the film's hero or heroine.
【to have a close association or connection with somebody / something】

2.「映画の観客は，自分をその映画のヒーローやヒロインと重ね合わせる傾向がある」
【誰かや何かと密接な関連づけやつながりを持つ】

3. This book is divided into two ⟦**distinct**⟧ parts.
【clearly different or of a different kind】

3.「この本は2つのはっきりと異なる部分に分けられている」
【明らかに異なる，もしくは種類が異なる】

4. Most states in ⟦**medieval**⟧ Europe were feudal in structure.
【connected with the Middle Ages (about AD 1000 to AD 1450)】

4.「中世のヨーロッパにおけるほとんどの国家は，（社会）構造としては封建制だった」
【中世（西暦1000年頃〜西暦1450年頃）に関連した】

5. Agricultural industries such as dairy farming continue to ⟦**decline**⟧.
【to become smaller, fewer or weaker】

5.「酪農などの農業は，衰退し続けている」
【縮小，減少，あるいは衰弱する】

6. Diet books ⟦**dominate**⟧ bestseller lists.
【to be the most important or obvious feature of something】

6.「ダイエット関連の本がベストセラーのリストを独占している」
【何かについて最も重要な，あるいは明白な特徴となる】

7. This study is the first to
   boxed[document] the massive
   population changes in the
   area.
   【to record the details of
   something; to prove or support
   something with records】

7. 「この研究は，その地域の人口の
   大きな変動を記録した最初のも
   のである」

   【何かを詳しく記録する／何かを
   記録によって証明したり裏づけ
   たりする】

8. Nausea is likely to
   boxed[accompany] this therapy.
   【to happen or appear with
   something else】

8. 「この療法には，吐き気が伴いが
   ちである」
   【ほかの何かと一緒に起こったり
   現れたりする】

9. She suffered from severe
   boxed[depression] after losing her
   job.
   【a medical condition in which
   somebody feels very sad and
   anxious】

9. 「彼女は仕事を失った後で，重度
   のうつ病に苦しんだ」

   【人が非常に大きな悲しみと不安
   を感じる症状】

10. The costs of such decisions
    are likely to boxed[outweigh] their
    benefits.
    【to be greater or more
    important than something】

10. 「そのような決定の代償は，その
    利点を上回る可能性がある」

    【何かよりも大きい，あるいは重
    要なものとなる】

《 Summary 》

When we meet someone new, we usually ask them what they do. This is because the kind of work we do is an important part of our identity. This was not true in medieval Europe, when our sense of belonging was connected to our family instead of our work. You might assume that people identify with their work less and less nowadays, since switching jobs has become so common in rich countries. But many college graduates say they get a sense of identity from their jobs, and work has clearly come to dominate the lives of white-collar workers. Moreover, the proliferation of mobile technologies means that people cannot disconnect from their jobs. This can be stressful, but it may be better than being unemployed. Having a job that you are satisfied with can lead to better health and lower the risk of depression . (143 words)

【《Summary》の訳】

初めての人と会ったとき，私たちはたいてい相手が普段何をしているのか尋ねる。なぜなら，私たちがどのような種類の仕事に就いているのかが，自分のアイデンティティーの重要な部分だからである。そのようなことは，中世のヨーロッパには当てはまらなかった。当時は，私たちの帰属意識が仕事ではなく家族と結びついていたからである。最近では，人が自分を仕事と重ね合わせることがますます少なくなっていると思う人がいるかもしれない。というのも，裕福な国々では転職することがごく一般的になってきているからである。しかし，大卒者の多くが，自分のアイデンティティーを仕事から感じていると言い，明らかに仕事がホワイトカラー労働者の生活の大きな部分を占めるようになっている。さらに，モバイル技術の拡散は，人が自分を仕事から切り離せなくなっていることを意味する。これはストレスを高めることがあるものの，失業するよりはマシかもしれない。満足できる仕事に就くことは健康状態を改善し，うつ病になるリスクを下げてくれる可能性がある。

第14問　同志社大学

得　点

／50

【解答】

問1. ③
問2. 大量生産された安価な綿の衣類と品質の良い石鹸のおかげで，最
も貧しい家族でも清潔な衣類を身につけ，より衛生的な生活をす
ることができるようになった。というのも，綿は羊毛よりも洗濯
や乾燥が容易だったからだ。
問3. ①
問4. ①
問5. (a) ④　　(b) ①　　(c) ④　　(d) ②
問6. ア ③　　イ ③　　ウ ④　　エ ②
問7. ③・⑥・⑦（順不同）

【配点と採点基準】（50点）

問1. 4点　解答通り
問2. 10点
　　・Mass-produced cheap cotton clothing and good-quality soap
　　　… 2点
　　・allowed even the poorest families to *do* … 2点
　　・have clean clothing and practice better hygiene, … 3点
　　　＊等位接続詞 and による並置関係をとらえていないものは2点減
　　　＊ have clean clothing の誤訳は2点減
　　　＊ practice better hygiene の誤訳は2点減
　　・since cotton was easier to wash and dry than wool. … 3点
問3. 4点　解答通り
問4. 4点　解答通り
問5. 8点（各2点×4）　解答通り
問6. 8点（各2点×4）　解答通り
問7. 12点（各4点×3）　解答通り

【設問別解説】

問1.「その影響は，観察するための会計士を必要としないほどだった」

  ① 「その影響に気づくのには専門家が必要だろう」

  ② 「その影響を認識するには専門家である必要があった」

  ③ **「その影響は誰でも簡単に見ることができた」**

  ④ 「その影響はまったく調べられていなかった」

問2.

  ・mass-produced「大量生産された」，cotton clothing「綿の衣類」

  ・good-quality soap「品質の良い石鹸」

  ・allow O to *do*「O が…するのを可能にする」（= enable O to *do*）

  ・practice better hygiene「衛生状態をもっと良くする」「より良い衛生を実践する」

  ・have clean clothing と practice better hygiene が並置関係にある。

  ・since ... 以下は，「理由」を表す副詞節。

  ・be easy to wash and dry「洗濯するのと乾燥するのが容易だ」

  ・主語の cotton が wash and dry の意味上の目的語となっている。

問3.「その（工場の）近くに住むことの好影響によって十二分に埋め合わせられることができた」

  ① **「工場の近くに住むことの利点によって大きく縮小された」**

  ② 「人々が工場から離れて生活するようになったという事実の一因だった」

  ③ 「工場の近くに住むことによって強い影響を受けた」

  ④ 「人々が工場の近くに住むことから享受できる利点とは無関係だった」

問4.「どんな蒸気機関にも劣らないほど決定的だった」

  ① **「蒸気機関と同等に重要だった」**

  ② 「どんな蒸気機関よりも汚染源となった」

  ③ 「蒸気機関ほどは役に立たなかった」

  ④ 「すべての蒸気機関よりも優れていた」

問5.

  (a) startling「驚くべき」

  (b) quarter「地域，区域」

  (c) poison「…を害する」

  (d) not ... so much as ～「～さえ…ではない」（= not ... even ～）

問6.

  ア for the first time in history「歴史上初めて」

  イ to say nothing of A「A は言うまでもなく」

ウ　thanks to A「Aのおかげで」

エ　There was something different about A「Aには（それとは）異なると
　ころがあった」

問7.

①　「18世紀後半には，産業革命の意義は正確に理解することが可能だった」→
　第1段落の内容と矛盾。

②　「1850年の英国の人口は，1700年の人口の3分の1になった」→第2段落
　第1文の内容と矛盾。

③　「機械化と人口増加の関係を理解するためには，工場以外の要因に注目する
　必要があった」→第2段落最終文と第3段落第1文の内容に一致。

④　「産業革命に伴って，農業のやり方の改善は重要性を失った」→本文に言及
　なし。

⑤　「工業都市から田舎への移住は，健康の向上と密接に関連していた」→第4
　段落の内容と矛盾。

⑥　「英国の貴族に関して保管されているデータに基づけば，1200年から1600
　年の間に平均余命はほとんど変化しなかった」→第5段落第4文の内容に一
　致。

⑦　「筆者によれば，平均余命の延びは人々の豊かさと関係があった」→第5段
　落最終文と第6段落第1～2文の内容に一致。

⑧　「筆者は，多種多様な機械によって私たちの生活の質を高めることはできな
　かったと結論づけている」→本文の主旨と矛盾。

【全訳】

　「産業革命」とは正確には何なのだろうか。歴史家たちは，18世紀後半に経
済の成長率に驚くべき何かが起こっていることに初めて気づいて以来ずっと，
この疑問について議論をしてきた。最初の工場とともに到来した製造業と貿
易の急拡大が経済を一変させたことはすでに明白だったが，統計データが見
つかりにくいことも1つの理由となって，その純粋な規模はすぐには明らか
にならなかった。しかし，1790年代までには，会計士がいなくてもその影響
を見てとれるほどになっていた。人口はまさに爆発的に増加し，歴史上初めて，
富は地主階級，王族，その他の上流階級の枠を越えて広がっていっていた。

　1700年から1850年の間に，英国の人口は3倍になった。そして，1800年か
ら2000年の間に，インフレを考慮した調整後の1人当たりの平均所得は10倍
に増えた。このようなことは，記録された歴史の中でそれ以前に起こったこ
とがなかった。このような社会的革命が，急成長する英国の都市で主流とな

りつつあった工業地帯と何らかの関係があることは，明らかなように思われ
た。しかし，なぜ機械化が，他の急上昇する生活の質の指標（QOL 尺度）は
言うにおよばず人口の増加にまでつながっていったのかを解明するにはより
長い時間を要した。

　もちろん，その要因は単に工場だけではなかった。「共有地の悲劇」の問題
を避けるための牧草地の囲い込みを含めた，農法の改善がそれに大きく関わっ
ていたのだった。また，天然痘ワクチンの発明やその他の医学的進歩のおか
げで，成人になるまで生き延びる子どもの数も増えていた。だが，工業化は
それら以上に大きく貢献したのだった。

　私たちは工場を，ウィリアム・ブレイクの詩の中の「暗い悪魔の工場」と
考え，労働者と土地に害を及ぼすものだと考えるが，工業化の主な効果は健
康状態の改善だった。人々が農村社会から工業都市に移動したのと並行して，
人々は泥壁の小屋からレンガ造りの建物に移り，そのことが彼らを湿気や病
気から守ってくれるようになったのだ。大量生産された安価な綿の衣類と品
質の良い石鹸のおかげで，最も貧しい家族でも清潔な衣類を身につけ，より
衛生的な生活をすることができるようになった。というのも，綿は羊毛より
も洗濯や乾燥が容易だったからだ。そこに，より豊かで多様な食生活を可能
にした収入の増加と，都市への移住に伴う医師や学校や他の共用資源へのア
クセスの向上を加えると，工場労働から生じたどんな悪影響であろうと，そ
の近くに住むことの好影響によって十二分に埋め合わせができたのである。
（誤解をしないでいただきたいが，工場での労働は辛く，長時間に及び，劣悪
な環境だった。それでも統計は，農場での労働の方がさらにひどかったこ
とを示しているのだ。）

　この時期の前と後の生活の違いは，実際にまったく驚くべきものだ。私た
ちが今日抱いているような継続的な成長と生活の質の向上に対する期待感は，
生まれてからほんの数百年しか経っていない。それ以前は，数千年の間ほと
んど変わらなかった。つまり，かなりひどい状態だったのだ。西暦1200年か
ら1600年の間に，英国の貴族（彼らの記録が最も多く保存されている）の平
均寿命は，ほんの１年さえ延びなかった。ところが，1800年から今日までの
間に，西洋の白人男性の平均余命は38歳から76歳へと２倍に延びたのだ。大
きな違いは，子どもの死亡数の減少だった。しかし，子ども時代を生き延び
た人たちの場合でさえ，平均余命はその期間に約20年延びていて，それ以前
には見られなかった大幅な延びである。

　このことについての説明は，衛生状態や医療の改善から都市化や教育にい
たるまで，さまざまな変化と関係があった。しかし，共通する要因は，人々
がより豊かになるにつれて，より健康になっていったということだ。そして，

彼らが豊かになったのは，彼らの能力が機械，特に物を作る機械によって増強されたからだった。もちろん，人間は先史時代から道具を使ってきたし，火やすき，動物の家畜化，選択的交配という「テクノロジー」はいかなる蒸気機関にも劣らないほど決定的だったと主張することもできるだろう。だが，農業技術はより多くの人々に，より容易に食料を供給することを可能にしたに過ぎない。衣服から輸送にいたるまで私たちの生活の質を向上させる製品を作ることを可能にした機械には，それとは異なるところがあった。

　1つには，世界中の人々がそのような品物を欲しがったので，その品物が貿易を推進した。次に今度は，その貿易が比較優位を推進する力となった。その結果，各国は最も上手にやれることをやり，それ以外は輸入するようになり，そのことがすべての人々の生産性を高めた。そして，次に今度は，それが成長を推進したのである。マンチェスターの紡績工場が進むのに合わせて，世界経済も進んでいったのだ。

【語句】

第1パラグラフ

- exactly「正確に（は）」
- industrial revolution「産業革命」
- historian「歴史家」
- debate「…を討論する，…を議論する」= discuss
- notice that S V ...「…だと気づく」
- startling「驚くべき，びっくりさせる」= surprising
- happen to A「Aに起こる」
- growth rate「(経済) 成長率」
- obvious「明らかな，明白な」
- manufacturing「製造 (業)」
- trade「貿易」
- boom「急拡大，急激な増加」
- factory「工場」
- economy「経済」

- the magnitude of A「Aの規模，Aの大きさ」
- sheer「真の，純然たる」
- immediately「すぐに，ただちに」= at once
- in part「一つには，部分的に」
- statistics「統計 (のデータ)」
- A is hard to find「Aは見つかりにくい」
  = It is hard to find A
  ※主語のAが to find の意味上の目的語。
- effect「影響」= influence
- accountant「会計士」
- observe「…を観察する」
- population「人口」
- simply「まさに，文字通り」
- explode「爆発する」
- for the first time in history「歴

史上初めて」
・wealth「富」
・spread beyond A「A の枠を越えて広がる」
・royalty「王族」
・elite「上流階級」

第2パラグラフ
・triple「3倍になる」
・average「平均の」
・income「収入，所得」
　⇔ outgo「出費，支出」
・inflation adjusted「インフレ［物価上昇率］を考慮した調整がなされると」
　※独立分詞構文の形。adjust は「…を調整する」の意味。
・grow tenfold「10倍になる」
・in recorded history「記録された歴史の中で」
・connect A to B「A を B と関連づける，A を B と結びつける」
・somehow「なんらかの形で」
・quarter「地域，区域」
　= district
・increasingly「ますます，だんだん」
・dominating「支配的な，優勢な」
・fast-growing「急成長の，成長の速い」
・mechanization「機械化」
・lead to A「A につながる，A を引き起こす」
　※活用は【lead / led / led / leading】

・to say nothing of A「A は言うまでもなく」= not to mention A, not to speak of A
・boom「急上昇する，急に発展する」
・quality-of-life measure「生活の質の指標，QOL 尺度」
・figure out A「A を解決する，A を理解する」

第3パラグラフ
・There is more to A than B「A は B だけでもたらされたわけではない」
・of course「もちろん，確かに」
・improve「…を改善する，…を改良する」
・farming methods「農法」
・including A「A を含めて」
・the fencing-in of A「A を柵で囲い込むこと」
・pasture「牧草地，放牧場」
・avoid「…を避ける」
・have a lot to do with A「A と大いに関係がある」
・adulthood「成人期」
　⇔ childhood「幼少期」
・thanks to A「A のおかげで」
　= owing to A
・invention「発明」
・vaccine「ワクチン」
・medical advance「医学的な進歩」
・industrialization「工業化」
・help「役立つ」
　※自動詞用法。

第4パラグラフ

- think of A as B「A を B だと考える［見なす］」
  = regard A as B
- dark satanic mills「暗い悪魔の工場」
  ※ mill は「工場」の意味。
- poison「…を害する」= harm
- move from A to B「A から B に移動する」
- rural「田園の，農村の」
- community「地域社会」
- industrial town「工業都市」
- mud-walled cottage「泥壁の小屋」
- brick building「レンガ造りの建物」
- protect A from B「A を B から守る」
- damp「湿気」
- disease「病気，疾病」
- mass-produced「大量生産された」
- cotton clothing「綿の衣類」
- good-quality soap「品質の良い石鹸」
- allow O to *do*「O が…するのを可能にする」= enable O to *do*
- practice「…を実行［実践］する」
- hygiene「衛生（状態）」
  ※ practice［carry out］good hygiene は「衛生状態を良くする」の意味。
- wool「羊毛」
- add A to B「A を B に加える［付

け足す］」
  ※本文では A が長いので，add to B A の形となっている。「命令文 ...., and ～」は「…しなさい，そうすれば～」の意味を表す。
- increased「増加した，増えた」
- varied「変化に富んだ，さまざまな」
- diet「常食，（日常の）食事」
- access to A「A へのアクセス，A への面会［入手 / 利用］方法」
- shared「共有の，共用の」
- resources「資源」
- migration「移住」
- ill「悪い」= bad
- result from A「（結果として）A から生じる，A に起因する」
  = arise from A
- more than「十二分に」
  ※過去分詞や形容詞の前に置く。
- compensate for A「A を埋め合わせる」= make up for A
- positive「好意的な，肯定的な」
- clear「あいまいでない，明白な」
- tough「辛い，骨の折れる」
- condition「状況，環境」
- suggest that S V...「…だと暗示［示唆］する」
- worse「より悪い」
  ※ bad の比較級。

第5パラグラフ

- the difference between A and B「A と B の違い」

- period「期間，時期」
- amazing「驚嘆すべき，びっくりするような」
- modern「現代の，近ごろの」
- expectation「期待，予見」
- continual「連続的な，断続的な」
- stay the same「同じままだ，変わらないままだ」
- more or less「多かれ少なかれ，程度の差はあれ」
- average life span「平均寿命」
- British noble「英国の貴族」
- go up「上がる」
  ⇔ go down「下がる」
- life expectancy「平均余命」
- white male「白人男性」
- the West「西洋」
- double「2倍になる」
- main「主な，中心的な」
- decline in A「Aの減少，Aの低下」
- child mortality「子どもの死亡数［率］」
- those who V ...「…する人々」
  = the people who V ...
- survive「…より長く生き延びる，…の後も生き残る」
- over that period「その期間にわたって」
- jump「急上昇」

第6パラグラフ
- explanation「説明」
- have to do with A「Aと関係がある」

- all sorts of A「あらゆる種類のA」
  = all kinds of A
- improvement「改善，改良」
- medical care「医療」
- urbanization「都市化」
- education「教育」
- common factor「共通する要因」
- ability「能力」
- amplify「…を拡大［拡張］する，…を増強する」
- in particular「特に，とりわけ」
- stuff「物」
- humans「人間，人類」
  = human beings
- tool「道具」
- prehistory「先史時代，有史前」
- argue that S V ...「…だと主張する」
- technology「テクノロジー，科学技術」
- plow「すき」
- domesticated「家畜化された」
- selective breeding「選択的交配」
- as ... as any A「どんなAにも劣らず…」
- defining「決定的な，定義となるような」
- steam engine「蒸気機関」
- agricultural「農業の」
- feed「…に食べ物を与える」
- product「製品」
- clothes「衣服」
- transportation「輸送」

第7パラグラフ
・for one thing「1つには」
　※理由を述べる場合の表現。
・goods「品物，商品」
・drive「…を推進する」
・trade「貿易」
・in turn「今度は，同様に」
・the engine of A「Aの原動力」
・comparative advantage「比較
優位」
・so that S V ...「その結果…」
・import「…を輸入する」
　⇔ export「…を輸出する」
・the rest「残り」
・productivity「生産性」
・As went S', so went S「S'が進
むのにつれてSも進んだ」

《 Vocabulary Building Exercise 》

1. The startling thing was that no one was killed in the accident.
【extremely unusual and surprising】

1.「驚くべきは，その事故で亡くなった人は誰もいなかったことだった」
【きわめて珍しく驚かされる】

2. The statistics show that the number of complaints has declined in recent years.
【a collection of information shown in numbers】

2.「統計によると，苦情の件数は近年になって減ってきている」
【数値で表される情報の集積】

3. We talked to the company's chief accountant.
【a person whose job is to keep or check financial accounts】

3.「私たちは，会社の主任会計士と話をした」
【財務会計を記録したり精査したりすることを仕事とする人】

4. It offers an excellent description of the life of women in the Jewish quarter.
【a district or part of a town】

4.「それは，ユダヤ人居住区に住む女性たちの暮らしを見事に描写している」
【町の1つの地区や部分】

5. Fortunately there are two types of vaccine against the disease.
【a substance that is put into the blood and that protects the body from a disease】

6. Much of the industry is small-scale and scattered in villages in rural areas of the country.
【far away from large towns or cities】

7. The level of sanitation and hygiene was extremely poor.
【the practice of keeping yourself and your living and working areas clean in order to prevent illness and disease】

8. Abundant labour can compensate for poor technology.
【to reduce, balance or remove the negative effect of something】

9. Reduced mortality among newborns led to an increase in life expectancy.
【death, especially on a large scale】

5.「幸いなことに，その病気に対するワクチンは2種類ある」

【血液中に注入され，病気から身体を守ってくれる物質】

6.「その産業の多くは小規模経営で，その国の地方の村々に分散している」
【大きな町や都市から遠く離れた】

7.「公衆衛生のレベルと衛生対策はとても劣悪だった」

【病気や疾患を防ぐために，自分自身や生活環境，職場などを清潔に保とうとする行為】

8.「豊富な労働力で，劣った技術を補うことができる」

【何かのマイナスの効果を減らしたり，相殺させたり，取り除いたりする】

9.「新生児の死亡件数の減少は，平均余命の延長をもたらした」

【特に大きな規模での死者数［死亡率］】

10. Insufficient explanations only 　**amplify**　 public distrust.
【to increase the strength or intensity of something】

10. 「不十分な説明は，国民の不信感を増幅するだけだ」
【何かの強さ，あるいは激しさを増す】

《 Summary 》

At first, the sheer 　magnitude　 of the change brought about by the industrial revolution wasn't fully understood because there were few 　statistics　 available. But soon it became clear that the population was exploding because wealth was spreading beyond the 　elite　 classes. While factories had some negative effects on people and the environment, the better housing, 　hygiene　 and nutrition available in cities greatly improved the lives of people who migrated to them from rural areas. As a result, there was a dramatic increase in life expectancy, mainly due to a decrease in child 　mortality　. Simply stated, machines allow us to make products that improve the quality of our lives, and then trade encourages different countries to produce what they are best at and import the rest. (125 words)

【《Summary》の訳】

当初，利用できる統計がほとんどなかったため，産業革命によってもたらされた変化の純粋な規模は十分に理解されていなかった。しかし，富が上流階級以外にも広がったために，人口が爆発的に増加していることがすぐに明らかになった。工場は人間と環境に好ましくない影響を及ぼしたが，都市部で利用できる住宅や衛生環境，栄養状態が改善されたことによって，農村部から都市へ移住してきた人々の生活が大幅に改善されたのである。その結果，主に子どもの死亡率の低下が要因となって，平均余命が劇的に延びた。簡潔に言えば，機械のおかげで私たちの生活の質を向上させる製品を作れるようになり，次に貿易によってそれぞれの国が最も得意とするものを生産し，それ以外のものを輸入することが促されているのである。

第15問　学習院大学

得　点

／50

【解答】

問1．longer

問2．②

問3．アメリカでは多額の金を費やしているのに健康の向上につながっ
　　　ていないということ。

問4．②

問5．③

問6．所得の増大が健康の向上につながる可能性があるということ。

問7．②

問8．①

問9．2014年9月にシエラレオネでマラリアの治療を受けた子どもの
　　　数は，医療従事者がエボラ出血熱の流行に対処することに忙し
　　　かったため，4か月前よりも39%減少した。

問10．④・⑦（順不同）

【配点と採点基準】（50点）

問1．3点　解答通り

問2．4点　解答通り

問3．4点
　　・「アメリカでは，多額の金を費やしても健康状態は改善していない」
　　　の内容…4点
　　　＊「アメリカで」の内容の欠落は2点減。

問4．4点　解答通り

問5．4点　解答通り

問6．4点
　　・「所得の増大が健康の向上につながる」の内容…4点

問7．4点　解答通り

問8．4点　解答通り

問9．9点
・The number of children treated for malaria in Sierra Leone in September 2014 … 3点
  ＊the number of children の誤訳は2点減
  ＊children treated for malaria の誤訳は2点減
・was 39% lower than four months earlier … 2点
  ＊39% が「差」を表していることをとらえていないものは2点減
・because health workers were busy dealing with the Ebola outbreak. … 4点
  ＊be busy *doing* の誤訳は2点減
  ＊deal with A の誤訳は2点減
  ＊the Ebola outbreak の誤訳は2点減

問10．10点（各5点×2）　解答通り

【設問別解説】

問1．
　空所を含む文が直前の文中の a country's GDP per person is linked to its life expectancy という内容をさらに具体的に言い換えた文であることを理解する。

問2．「(だが,) 平均余命は所得の増加が示唆する以上に延びてきた」
　① 「所得の増加が平均余命の延びに影響を及ぼしたかどうかは明らかではない」
　② 「おそらく所得の増加は，平均余命の延びの唯一の原因ではないだろう」
　③ 「平均余命の延びは，完全に所得の増加がもたらした結果だ」
　④ 「平均余命の延びは，所得が増加するだろうということを示唆する」

問3．
　下線部(3)の中の 'this' は，直前の文の中の，in richer countries there are ways of spending large amounts of money to no purpose の内容を指している。

問4．
　are not mutually exclusive「相互に排除し合うものではない，相容れないものではない」
　① 「容易に達成されうる」
　② 「同時に存在しうる」
　③ 「容易に作り上げることはできない」
　④ 「同時に機能することはできない」

問 5．

'This' は直前の段落の「タイ，チリ，コスタリカ，ルワンダなどの途上国で，経済発展が遅れていながらも医療制度が充実している」という内容を指している。

① 「ルワンダの乳幼児死亡率のかなりの増加」
② 「ラテンアメリカ諸国の平均余命の延び」
③ **「貧しい国々におけるより効率的な医療制度」**
④ 「OECD 加盟諸国の急速な経済成長」

問 6．

the other way around「あべこべ，その逆」ここでは，直前の better health can lead to higher incomes を逆転した higher incomes can lead to better health という内容を指す。

問 7．

下線部(7)のスイスで行われた研究は，「医療の充実が死亡率の低下と経済の成長という結果につながることを発見した」研究として紹介されている。

① 「貧しい国の国民のおよそ10分の 1 は，平均余命の向上のおかげで豊かになった」
② **「国の医療制度が発達するにつれて，その国民は長生きかつ裕福になる傾向がある」**
③ 「医療に費やす金を増やすことが経済成長にプラスの影響を及ぼすかどうかは明らかではない」
④ 「国の医療制度への出費のコストが高いことが原因で深刻な経済問題が生じる可能性がある」

問 8．

「より効率的な医療制度は個人の医療費の低下を意味していて，そのことが消費者支出を刺激する可能性がある」

① **「医療費が安くなると，人々は他のことにもっと多くの金を使えるようになる」**
② 「人々がもっと多くの金を使わない限り，医療はより効率的なものにはならない」
③ 「人々がもっと金を使うように促されれば，人々の健康は向上する可能性が高い」
④ 「医療を向上させるためには，政府は消費者支出を規制する必要がある」

問 9．

・the number of A「A の数」，A は複数名詞
・children treated for malaria「マラリアの治療を受けた子どもたち」
・was 39% lower than ...「…より39% 低かった」

- be busy *doing*「…するのに忙しい」
- deal with A「Aに対処する」
- the Ebola outbreak「エボラ出血熱の流行」

問10.

① 「健康と平均余命は，主に経済成長によって決定される」→本文全体の主旨と矛盾。

② 「日本は，かつて国民皆保険にGDPの80％に上る金額を費やしていた」→本文に言及なし。

③ 「チリとコスタリカは，米国より多くの金を医療に費やしている」→第3段落第5文と矛盾。

④ 「ルワンダは，貧しさにもかかわらず，国民皆保険をほとんど実現している」→第3段落最終文の内容に一致。

⑤ 「世界銀行の経済学者たちは，医療への出費という社会的コストについて懸念し続けている」→第4段落第3文と矛盾。

⑥ 「子どもたちを教育することの方が，病気を根絶することよりも多くの経済的恩恵をもたらす」→本文に言及なし。

⑦ 「2014年にシエラレオネでは，エボラ出血熱で亡くなった人の方が他の病気で亡くなった人よりも数が少なかった」→第6段落最終文の内容に一致。

【全訳】

　国が豊かになるにつれて，健康への支出が増える。これは「医療経済学の第一法則」として知られている。GDP（国内総生産）に占める割合としては，豊かな国々は貧しい国々の約2倍の額を健康に費やしている。しかし，このことは，世界がもっと豊かになれば国民皆保険が必ず後に続くということを意味するわけではない。また，所得の増加だけが健康の改善をもたらす唯一の要因というわけでもない。富と健康は関連しているが，それはある程度までのことに過ぎない。

　健康と経済成長の歴史的関係に関する著作『The Great Escape（大脱走）』の中で，経済学者アンガス・ディートンは，国民1人当たりのGDPはその国の平均余命と関連していると説明する。平均すると，国民1人当たりのGDPが上昇するにつれて，その国民は長く生きるようになる。所得が増えるということは，国民が食料や薬を買うためのお金が増えることと，政府が清潔な水やトイレなどの公衆衛生対策をとるための財政的な余裕が大きくなることを意味する。ところが，平均余命は，所得の増加が示唆する以上に延びてきた。ディートン氏にとって，このことは所得が唯一の要因ではないことを示す証

164

拠となる。すなわち，知識の活用方法もまた重要なのだ。「貧しい国でも良好な健康を確保するいくつかのやり方がある一方で，豊かな国でも多額の金を無駄に使ういくつかのやり方もある」と彼は言う。アメリカはその良い例である。

　まだ比較的貧しいときに，国民皆保険に近い状態を実現した国々がある。日本は，1人当たりのGDPが年間およそ5,500ドルだったときに，その割合が80％に達した。もっと最近の例では，いくつかの発展途上国が，低所得と国民皆保険が互いに排除し合うようなものではないということを示している。例えば，タイには国民皆保険プログラムがあり，平均余命はOECD（経済協力開発機構）に加盟する裕福な国々のものに近い。チリとコスタリカの両国では，1人当たりの所得は米国の約25％で，1人当たりの医療費支出はわずか12％だが，それら3か国の平均余命はほぼ同じである。ルワンダの1人当たりGDPはわずか750ドルだが，その医療保険制度は人口の90％以上をカバーしており，乳幼児死亡率は過去10年間で半減している。

　このことは好ましい流れのきっかけになるかもしれない。より良好な健康状態がより高い所得につながるということは，その逆のことと同様に，ますます明らかになってきている。世界銀行の経済学者たちは以前は健康への支出を単に社会的コストと考えていたが，現在ではそれが成長を加速させると確信していると，上級取締役の1人，ティモシー・エバンスは言う。2011年にスイスで行われた研究は1820年から2010年の間のヨーロッパの12か国に目を向けたものだったが，医療の拡大，死亡率の低下，そして1人当たりのGDPの成長の間には密接な関係があることを発見した。2人のアメリカ人経済学者，ディーン・ジャミソンとローレンス・サマーズの論文によると，1970年から2000年の間に貧しい国々で得られた所得の増加のうちの11％は，成人の死亡率の低下によるものだったことがわかった。

　もっと規模の小さいいくつかの研究も，これらの歴史的分析を裏づけている。例えば，マラリアの撲滅は，子どもたちがより多くの学校教育を受け，成人してからより多くの所得を得ることと関連している。また，より効率的な医療制度は個人の医療費の低下を意味していて，そのことが消費者支出を刺激する可能性がある。

　国民皆保険を支持する主張に新たな研究が加わり，いくつかの世界的な保健機関は，基本的な医療制度が非効率的なところでは根絶が難しい病気があるということを知るようになった。確かに，西アフリカのシエラレオネでエボラ出血熱の流行と戦うために2014年に開始されたプログラムのように，1種類の病気だけに集中するプログラムは，医療従事者を一般医療から引き離すことで，問題を悪化させる可能性がある。2014年9月にシエラレオネでマ

ラリアの治療を受けた子どもの数は，医療従事者がエボラ出血熱の流行に対処することに忙しかったため，4か月前よりも39％減少した。おそらく，エボラ出血熱自体によるよりも，エボラ出血熱への間接的な対応が招いた結果として失われた人命の方が多かっただろう。

国民皆保険への取り組みを約束するのは簡単なところだ。政府と国際機関のどちらにとっても難しいところは，限られた資源を最大限に活用する方法を見つけ出して，そこから現実的で効率的な改革を進めることなのだ。

【語句】

第1パラグラフ

- spend A on B「BにA（お金）を使う」
- be known as A「Aとして知られている」
- the first law of health economics「医療経済学の第一法則」
- share「割り当て，分担」
- roughly「およそ，大体」
- twice as ＋原級＋ as A「Aの2倍…」
- mean that S V ...「…ということを意味する」
- once S V ...「ひとたび…すると」
- necessarily「必然的に，必ず」
- follow「後に続く，引き続いて起こる」
- Nor are S ...「Sもまた…でない」
  ※接続詞 Nor の後は倒置構造になる。
- rising「上昇する，上がる，増加する」
- income「所得，収入」
- the cause of A「Aの原因」

- improve「…を改善する，…を向上させる」
- wealth「富」
- link A and B「AとBを関連づける」
- to a certain degree「ある程度まで」

第2パラグラフ

- the relationship between A and B「AとBの関係」
- historical「歴史の，歴史に関する」
- economic growth「経済成長」
- economist「経済学者」
- explain that S V ...「…だと説明する」
- per person「（国民）一人当たり（の）」
- life expectancy「平均余命」
- on average「平均して，概して」
- as S V ...「…するにつれて」
- live longer「より長く生きる」
- medicine「薬」
- government「政府」

・afford「…を持つ［とる］余裕
　がある」
・public-health measures「公衆
　衛生対策」
・increase「増える」
　⇔ decrease「減る」
・evidence that S V ...「…とい
　う証拠」
　※ evidence は不可算名詞。
・factor「要因」
・the way S V ...「…する方法［仕
　方］」
・knowledge「知識」
・apply「…を適用する，…を利用
　する」
・matter「重要である」= count
・ensure「…を保証する，…を確
　実にする」
・large amounts of money「多額
　のお金」
・to no purpose「無駄に」
・example「例，実例」

第3パラグラフ
・achieve「…を達成する，…を獲
　得する」
・relatively「比較的に，割合に」
・reach「…に達する，…に届く」
・recently「最近」= lately
・developing country「発展途上
　国」
　⇔ developed country「先進国」
・show that S V ...「…というこ
　とを示す」
　= indicate that S V ...

・mutually「相互に，互いに」
・exclusive「排他的な，両立しな
　い」⇔ inclusive「包括的な」
・programme「プログラム, 事業」
　= program
・close to A「A に近い」
・health care system「医療（保
　険）制度」
・cover「…に適用される，…をカ
　バーする」
・more than A「A 以上」
　⇔ less than A「A 未満，A 足
　らず」
・infant mortality「乳幼児死亡
　率」
・decrease「減少する」
　⇔ increase「増加する」
・by half「半分までに」
・over the last ten years「過去
　10年間にわたって」

第4パラグラフ
・positive「建設的な，前向きの」
・process「過程，手順」
・increasingly「ますます，だん
　だん」
・lead to A「A につながる，A を
　引き起こす」
・B, as well as A「A だけではな
　く B も」
　= not only A but (also) B
・the other way around「あべこ
　べ，その逆」
・used to do「…していたものだっ
　た」

※「今は…していない」の意味
　が含まれる。
・cost「費用，経費」
・speed up A「Aを加速させる，
　Aを高める」
・senior director「上級取締役」
・carry out A「Aを実行する，A
　を行う」
・close link between A, B, and
　C「AとBとCの間の密接な関係」
・expansion「拡大」
・fall in A「Aの低下［減少］」
・mortality rate「死亡率」
・gain「増加」⇔ loss「減少」
・due to A「Aの原因で，Aのた
　めで」

第5パラグラフ

・small-scale「小規模の」
　⇔ large-scale「大規模の」
・support「…を支持する，…を裏
　づける」
・analysis「分析（結果）」
　※複数形は analyses。
・eliminate「…を除去する，…を
　排除する」
・malaria「マラリア」
・associate A with B「AをBと
　関連づける，AをBと結びつけ
　る」
・receive「…を受ける」
・schooling「学校教育（を受ける
　こと）」
・go on to do「（異なることを）さ
　らに続けて…する」

※ go on *doing* は「（同じことを）
　…し続ける」の意味。
・earn「…を稼ぐ」
・efficient「効率的な，能率的な」
・encourage「…を促進する，…
　を助長する」＝ promote
・consumer spending「消費者支
　出」

第6パラグラフ

・research「調査，研究」
・add to A「Aを増やす，Aを増す」
・argument「（…に賛成する）主
　張，論拠」
・in favour of A「Aに賛成の」
　⇔ in opposition to A「Aに反
　　対の」
・global health organization「世
　界的な保健機関」
・disease「病気，疾病」
・ineffective「非効率的な」
　⇔ effective「効率的な」
・indeed「確かに，本当に」
・concentrate on A「Aに集中す
　る，Aに専念する」
・B such as A「Aのような B」
・set up A「Aの事業を始める，A
　を設立する」
・fight「…と戦う」
・the outbreak of A「A（戦争や
　病気など）の発生［勃発］」
・make O worse「Oをさらに悪
　くする」
・shift A away from B「AをB
　から引き離す」

・health worker「医療従事者」
・the number of A「A の数」
※ A は複数名詞。
・treat A for B「A の B を治療する，B の病気に対して A を治療する」
・be busy *doing*「…するのに忙しい」
・deal with A「A に対処［処置］する」
・probably「たぶん，おそらく」
・die「死ぬ」
・as a result of A「A の結果として」
・the indirect response to A「A への間接的な対応」

第 7 パラグラフ
・make a commitment to A「A に取り組むことを約束する」
・the easy part「簡単なところ」
⇔ the hard part「難しいところ」
・international「国際的な」
= global, universal
・make the best use of A「A を最大限利用する」
・limited resources「限られた資源」
・get on with A「A を進める」
・practical「現実的な, 実行可能な」
・reform「改革」

《 Vocabulary Building Exercise 》

1 . There have been many studies attempting to ⌷link⌷ obesity and depression.
【to state that there is a connection or relationship between two things or people】

1 .「肥満とうつ病を関連づけようとする数多くの研究がある」

【2つの事物や人間同士の間に結びつきや関連があることを示す】

2 . Low-income households cannot ⌷afford⌷ (to own) private vehicles.
【to have enough money or time to be able to buy or to do something】

2 .「低所得世帯は，自家用車を所有する金銭的な余裕を持てない」

【何かを買ったり行ったりできるのに十分なお金や時間がある】

3. You should ⌈ensure⌉ that patients have the opportunity to make informed choices.
【to make certain that something happens】

3.「患者たちが情報に基づいた選択を行う機会を持つことを確実にする必要がある」
【何かが起こることを確実なものにする】

4. They have built a ⌈mutually⌉ supportive relationship.
【done equally by two or more people or things】

4.「彼らは，お互いに支援し合う関係を築いている」
【2人以上の人や物によって平等に行われる】

5. Until 1994, the South African government was racially ⌈exclusive⌉.
【not very willing to allow certain people to become members】

5.「1994年まで，南アフリカ政府は人種に関しては排他的だった」
【ある人々が仲間になることをあまり認めたがらない】

6. Statistical ⌈analysis⌉ reveals an interaction between all three factors.
【the detailed study or examination of something conducted in order to understand more about it】

6.「統計的な分析により，3つの要因すべての間の相互作用が明らかになっている」
【あることについてより深く理解するために行われる詳細な研究または調査】

7. The priority should be to ⌈eliminate⌉ child poverty.
【to remove or get rid of something/somebody】

7.「優先すべきことは，子どもの貧困をなくすことだ」
【何かや誰かを取り除いたり排除したりする】

8. The system is intended to ensure effective and ⌜efficient⌝ use of resources.
【doing something well and with no waste of time, money or energy】

8.「そのシステムは，資源の効果的かつ効率的な活用を確保することを目的としている」
【時間やお金，エネルギーを浪費せずに何かをうまく実行するような】

9. She was born just three weeks before the ⌜outbreak⌝ of war.
【the sudden start of something unpleasant, especially violence or a disease】

9.「彼女は，戦争勃発のわずか3週間前に生まれた」
【特に暴力や疾病など，何か好ましくないことが突然に始まること】

10. The government made an explicit ⌜**commitment**⌝ to increasing public expenditure.
【a promise to do something or to behave in a particular way】

10.「政府は，公的支出を増やすという明確な公約をした」

【何かをしたり一定の行動をしたりするという約束】

《 Summary 》

Generally speaking, as the people of a country become richer, they live longer. This is partly because they have more money to spend on things like food and medicines. However, income may not be the only ⟨factor⟩ in determining how healthy people will be. Some poorer countries manage to provide health care that is nearly ⟨universal⟩. As a result, life ⟨expectancy⟩ has risen dramatically in those countries. Economists have found that the ⟨expansion⟩ of health care in a country can lead to a higher GDP per person. If governments find ⟨practical⟩ and efficient ways to use their limited resources, they can provide health care for their citizens that will greatly improve their lives. (113 words)

【《Summary》の訳】

　一般的に言えば，ある国の国民は裕福になるほど長生きする。その一因は，食品や医薬品などに費やせるお金が増えるからである。しかしながら，人の健康状態を左右する要因は収入だけではないのかもしれない。貧しい国々の中には，ほぼすべての国民に医療を提供することになんとか成功しているところがある。その結果，そうした国々では平均余命が飛躍的に延びている。経済学者は以前から，国の医療の拡大が1人あたりのGDPの増加をもたらす可能性があることに気づいている。もし政府が，限られた資源を実際的かつ効率的に利用する方法を見つけられれば，国民の生活を大幅に改善するような医療を提供できるだろう。

第16問　大阪府立大学

【解答】

問1.　①

問2.　水中の騒音は過去の50年ごとに2倍になっている。

問3.　①

問4.　騒音を受け入れるだけでなく，騒音を肯定的なものと見なす人々が増えているという興味をそそる兆候があるが，その兆候は消費社会がしっかりと根づいている世界でも豊かな国々において最も顕著だ

問5.　騒音は豊かな人々にも貧しい人々にも同じように影響を及ぼす可能性があり，現実に影響を及ぼしているのだが，騒音に最もさらされていて，概して騒音に対して何らかの対策をとる機会が最も少ないのは世界中のより貧しい地域社会である。

問6.　a　⑤　　b　①　　c　③　　d　④　　e　②

問7.　④

【配点と採点基準】（50点）

問1.　4点　解答通り

問2.　4点
　　　・underwater noise has doubled … 2点
　　　・for each of the past five decades … 2点

問3.　4点　解答通り

問4.　10点
　　　・There are fascinating signs, … , that S V … … 2点
　　　・most obvious in the richer countries of the world … 2点
　　　・where the consumer society has become firmly rooted, … 2点
　　　・a growing number of people not only accept noise but see it as something positive … 4点
　　　＊a growing number of people の誤訳は2点減

* not only A but B を理解していないものは 2 点減
* see it as something positive の誤訳は 2 点減

問 5 ．12点
・While noise can and does affect rich and poor alike, … 4 点
  * while の誤訳は 2 点減
  * can and does affect の誤訳は 2 点減
  * alike の誤訳は 2 点減
・it is poorer communities throughout the world that are most exposed to it … 3 点
  ＊強調構文を理解していないものは 2 点減
  * are most exposed to it の誤訳は 2 点減
・and, ... , have the least opportunity to do anything about it. … 3 点
  ＊等位接続詞 and による並置関係を理解していないものは 2 点減
  * have the least opportunity to *do* の誤訳は 2 点減
  * do anything about it の誤訳は 2 点減
・as a rule … 2 点

問 6 ．10点（各 2 点× 5 ） 解答通り
問 7 ． 6 点 解答通り

【設問別解説】

問 1 ．
・The picture とは，ここでは「騒音が人々を最も悩ませている公害である」という状況を指している。
・be consistent across the globe「世界中で一貫している」
「この状況は世界中で一貫している」
① 「世界中の多くの人々が，騒音公害にひどく悩まされている」
② 「人間は，地球上の他のどんな種よりも騒音公害に悩まされている」
③ 「騒音のレベルは世界中どこでも同じだ」
④ 「騒音のレベルは場所によって異なる」

問 2 ．
・underwater noise「水中［海中］の騒音」
・double「 2 倍になる」
・for each of the past five decades「過去の50年ごとに」

問3.

・have anything like A「A らしきものを持っている」, coherent strategy「論理の一貫した戦略」, have O in place「O を整えている, O を設置している」, deal with it（= noise）「騒音に対処する」

「それに対処するための論理一貫した戦略らしきものを整えている政府はわずかしかない」

① **「騒音対策のための分別ある戦略らしきものを採用している政府はほとんどない」**

② 「騒音対策のための明確な戦略を作りたがらないような政府はほとんどない」

③ 「騒音問題に対処するための施設を建設することに関心を持つ政府はほとんどない」

④ 「騒音問題に対処するための施設をどこに建設すべきかを知る政府はほとんどない」

問4.

・fascinating「魅力的な, 興味をそそる」

・most obvious ... firmly rooted の部分は, 直前の名詞句 fascinating signs についての情報を補足する形容詞句。

・where ... firmly rooted の部分は, 直前の名詞句 the richer countries of the world を修飾する形容詞節。where は関係副詞。

・consumer society「消費社会」

・become firmly rooted「しっかりと根づく」, root「…を根づかせる, …を定着させる」

・that a growing number ... something positive の部分は, 名詞句 fascinating signs と同格の名詞節。

・a growing number of people ...「ますます多くの人々が…する, …する人々が増えている」

・not only A but (also) B「A だけでなく B も」

・see it as something positive「それ（= 騒音）を肯定的なものと見なす」「それ（= 騒音）をいいものだと考える」, see A as B「A を B だと見なす, A を B だと考える」

問5.

・while S V ...「…だけれども」（= though S V ...）

・can and does affect ...「…に影響を及ぼす可能性があるし, 現実に及ぼしている」, does は affect を強調する助動詞。

・A and B alike「A も B も同様に」

- ・it is poorer communities throughout the world that are ...「…であるのは，世界中の貧しい地域社会だ」，are ... 以下の述部に対応する主語の名詞句 poorer communities throughout the world を強調した強調構文。
- ・be exposed to it（= noise）「それ（= 騒音）にさらされる」，expose A to B「A を B にさらす」
- ・as a rule「概して，一般に」
- ・have the least opportunity to *do*「…する機会が最も少ない」
- ・do anything about it（= noise）「それ（= 騒音）について何らかの行動［対策］をとる」

問6．

a　reflect「…を反映する，…を示す」

b　create「…を作り出す」

c　invest in A「A に投資する」

d　lay the blame at the door of A「A のせいにする，A に罪を着せる」

e　embrace「…を積極的に受け入れる」

問7．

①　「大企業は騒音規制の強化を支持するが，政府は騒音公害に対処することができていない」→第5段落の内容と矛盾。

②　「政府は世界的な騒音公害に対処するための有効な戦略を作ることを強く望んでいる」→第2段落第3〜4文，第3段落第1文の内容と矛盾。

③　「政府が騒音公害を無視するのは，大企業と環境保護論者からの相反する圧力があるからだ」→本文には，そのような因果関係についての言及はない。

④　「政府は，騒音が有害なのかどうかに関して人々の意見が一致していないのを見て，騒音を規制する必要を見過ごしているのかもしれない」→第7段落の内容に一致。

【全訳】

　騒音を困った問題だと思っているとあなたが認めたりすると，あなたは変わり者で時代遅れで現代社会の一員ではないと見られるかもしれない。しかしながら，騒音は他のどんな公害よりも日常生活の中で多くの人たちを悩ませる形の公害なのだ。この状況は世界中で一貫している。リオデジャネイロでは，騒音が通常は苦情のリストのトップにくる。ニューヨークでは，騒音が同市の電話相談の問題の中で決まって第1位になる。ヨーロッパでは，総人口の65％に相当する4億5,000万人が，世界保健機関（WHO）が許容できないとする騒音レベルに毎日さらされている。工場や鉱山や建設現場では騒音

は依然として重大な問題の1つであり，それは特に貧しい国々に当てはまる。

　さらには，気候変動が制御不能な地球温暖化をもたらす恐れがあるのとほとんど同様に，騒音は地球の自然界の音環境に害を及ぼす恐れがある。過去40年間で，地球の生態系のおよそ3分の1が騒音公害のために消滅し，水中の騒音は過去の50年ごとに2倍になっていると推定されている。それでも，世界的な騒音公害に対処するための行動を強く求めるような大衆運動はなく，それを政治課題の最上位近くに位置づけている政府はわずかしかない。ほとんどの政府にとって，騒音は「忘れられた汚染源」のままなのだ。

　騒音がいたるところで問題となっていて，私たちの健康と生活の質，そして地球に対する影響が証明されているにもかかわらず，それに対処するための論理一貫した戦略らしきものを整えている政府はわずかしかない。そして，環境保護運動にとってそれが問題になることはめったにない。環境保護論者側のこのような無関心は，社会が騒音問題を十分に優先してこなかった状況が原因なのかもしれない。しかし，それはまた，騒音がどれほど深刻に人々から自然界の平穏と静寂を楽しむ機会を奪っているかというだけでなく，騒音がどれほど深刻に地球の脅威となりつつあるかということについて現実的な知識が環境保護運動の中に欠けていることを反映しているのかもしれない。

　では，なぜほとんどの政府が騒音問題に対処できないのだろうか。

　大企業からの圧力が一定の役割を果たしている。航空産業からタイヤ製造業にいたるまで，多くの業界の企業は騒音規制の強化に抵抗してきた。グローバル化した市場もまた，騒音に対処する努力に逆らう働きをしている可能性がある。グローバル化した市場は，できるだけ低コストで商品を生産しなければならないというプレッシャーを生むが，そのことは，多くの事業主は騒音を低減する装置に投資しないということを意味する。その傾向は全世界の労働者の75％が雇用されている発展途上国で特に目立つ。もっと根本的に言えば，もしかするとグローバリゼーションは安価な長距離輸送に依存しなければ機能しないのかもしれない。航空機や船舶は，どちらも多くの騒音を生み出すのだが，それらが世界経済の主戦力となっているのだ。

　すべての責任を大企業とグローバリゼーションのせいにするというのは単純すぎる。消費社会が定着するにつれて，多くの一般の人々がまったく予期せぬ形で騒音を取り入れるようになっているのだ。騒音を受け入れるだけでなく，自分が価値を置く消費財と騒音が結びついているからという理由で騒音を肯定的なものと見なす人々が増えているという興味をそそる兆候があるが，その兆候は消費社会がしっかりと根づいている世界でも豊かな国々において最も顕著だ。人々を悩ませるのは騒音ではなく静寂なのだ。騒音に対する態度が，消費社会によって形成され変えられていっているように思われる

のだ。

　こうした新しい態度は，政府に対して相反する圧力をかけている。2つの世界が衝突しているのだ。一方は消費社会の騒音を広く楽しむ人々，そしてもう一方はますます騒音に悩まされる同じ市民たちだ。相反する見方に直面して，各国政府は騒音への対処の重要性を見落とし，その結果，多くの人々が騒音問題の苦悩を抱えて生活し続けることになるのかもしれない。

　騒音は豊かな人々にも貧しい人々にも同じように影響を及ぼす可能性があり，現実に影響を及ぼしているのだが，騒音に最もさらされていて，概して騒音に対して何らかの対策をとれる機会が最も少ないのは世界中のより貧しい地域社会だ。政府が騒音に対処できなければ，最も大きな影響は低所得の弱い立場の人々に及び，すべての中で最悪の影響を受けるのは世界の貧困地域の貧困社会ということになるだろう。

【語句】

第1パラグラフ

- admit that S V ...「…ということを認める」
- regard A as B「AをBだと見なす」
- noise「騒音」
- problem「（解決すべき）問題」
- cause O to *do*「Oに…させる（原因となる）」
- see A as B「AをBだと見なす」
  = regard A as B
- peculiar「奇妙な，おかしな」
- old-fashioned「時代遅れの，古めかしい」
- B, not A「AではなくB」
  = not A but B
- part of the modern world「現代社会の一員［部］」
- the form of A「Aの形，Aの形態」
- pollution「公害」

- disturb「…を不安にさせる，…を困惑させる」
- daily「毎日の，日々の」
- picture「状況，事態」
  = situation
  ※ the picture の形で用いる。
- consistent「一貫して，首尾一貫した」
- regularly「いつも，通例は」
- top the list of A「Aのリストのトップに載っている」
- complaint「不満，不平」
- invariably「（例外なく）決まって，変わることなく」
- the number one issue「第1位の問題」
- helpline「電話相談」
- 450 million people「4億5000万人」
- total population「総人口」

178

- expose A to B「A を B にさらす」
- noise level「騒音レベル」
- World Health Organization「世界保健機関，WHO」
- unacceptable「受け入れられない」
  ⇔ acceptable「受け入れられる」
- factory「工場」
- mine「鉱山」
- construction site「建設現場」
- remain C「C のままである」
- significant「重大な，重要な」
- particularly「特に，とりわけ」

第2パラグラフ
- moreover「さらに，その上」
  = besides, furthermore
- threaten to *do*「…すると脅す」
- harm「…を害する」
- the planet「地球」= the earth
- natural sound system「自然界の音環境」
- in much the same way that S V ...「…するのとほとんど同様に」
  ※ much = almost
- climate change「気候変動」
- bring about A「A を引き起こす」
  = cause A
- uncontrolled「制御不能な」
- global warming「地球温暖化」
- it is estimated that S V ...「…だと推定される」
- over the past forty years「過去40年間にわたって」

- roughly「およそ，概略で」
- a third of A「A の3分の1」
- ecosystem「生態系」
- extinct「絶滅して，消滅して」
- due to A「A のせいで，A の理由で」= because of A
- underwater noise「水中［海中］の騒音」
- double「2倍になる」
- for each of the past five decades「過去の50年ごとに」
  ※ decade は「10年間」の意味。
- mass movement「大衆運動」
- push for A「A を強く求める，A を要求する」
- action「行動」
- deal with A「A に対処［対応］する」
- government「政府」
- anywhere near A「A の近く（のどこか）に」
- the top of A「A の最上位」
- political agenda「政治課題」
  ※ agenda は「議題，会議事項」の意味。
- for most「大半にとって」
- forgotten「忘れられた」
- pollutant「汚染物質，汚染源」

第3パラグラフ
- despite the fact that S V ...「…であるにもかかわらず」
  = in spite of the fact that S V ...
- everywhere「いたるところで」
- proven「証明された」

- impact on A「Aへの（強い）影響」
- quality of life「生活の質」
- have O in place「O を整えている，O を設置している」
- anything like A「A らしきもの」
- coherent「筋の通った，首尾一貫した」
- strategy「戦略，方針」
- environmental「環境（上）の」
- rarely「めったに（…）ない」
- (the) lack of interest from A「A の無関心さ」
- environmentalist「環境保護主義者」
- result from A「（結果として）A から生じる，A に起因する」
  = arise from A
- the way S V ...「…する様子［状況］」
- fail to do「（意志に反して）…しない」
- priority「優先（権），優先度」
- reflect「…を反映する,…を示す」
- real knowledge「現実的な知識」
- seriously「深刻に」
- B as well as A「A だけでなく B も」
  = not only A but (also) B
- deprive A of B「A から B を奪う」
- the chance to do「…する機会」
  = the opportunity to do
- enjoy「…を楽しむ」
- peace「平穏」

- quiet「静寂，静けさ」
- the natural world「自然界」

第5パラグラフ

- pressure「圧力」
- big business「大企業」
- play a role「役割を果たす」
- company「会社」
- industry「産業，製造業」
- aviation「航空産業」
- tire manufacture「タイヤ製造業」
- fight against A「A と戦う」
  ※活用は【fight / fought / fought / fighting】
- tight「厳格な，厳しい」
- noise regulation「騒音規制」
- globalized market「グローバル化した市場」
- work against A「A に逆らう働きをする」
- effort to do「…する取り組み［活動］」
- generate「…を発生させる，…を生み出す」
- create「…を作り出す」
- goods「商品，品物」
- as cheaply as possible「できるだけ安く」
- mean that S V ...「…ということを意味する」
- employer「雇用主，雇い主」
  ⇔ employee「従業員」
- invest in A「A に投資する」
- noise-reducing device「騒音を

・低減する装置」
・developing country「発展途上国」
　⇔ developed country「先進国」
・employ「…を雇う，…を雇用する」
・perhaps「ことによると，もしかすると」
・fundamentally「基本的に，根本的に」
・globalization「グローバリゼーション，国際化」
・depend on A「A に依存する」
　= rely on A
・cheap long-distance transport「安価な長距離輸送」
・function「機能する，役割を果たす」
・aircraft「航空機」
・workhorse「馬車馬，主戦力」
・economy「経済」

第6パラグラフ
・It is too simple to *do*.「…するのは単純すぎる」
・consumer society「消費社会」
・establish「…を確立する」
・ordinary people「一般の人々」
・come to *do*「…するようになる」
・embrace「…を積極的に受け入れる」= accept
・in a quite unexpected way「まったく予想しないやり方で」
・fascinating「魅力的な，興味をそそる」

・sign that S V ...「…という兆候〔表れ〕」
・obvious「明らかな，明白な」
・firmly「しっかりと」
・root「…を根づかせる，…を定着させる」
・a growing number of people「ますます多くの人々」
・not only A but (also) B「A だけでなく B も」= B as well as A
・accept「…を受け入れる」
・positive「肯定的な」
　⇔ negative「否定的な」
・associate A with B「A を B と関連づける」
・value「…に価値を置く，…を重んじる」
・It is not A that ..., but B.「…なのは A ではなく B だ」
　= It is not A but B that ....
　※強調構文の形。
・silence「静寂，静かさ」
　= quiet
・It seems that S V ...「…のように思われる」
・attitude towards A「A に対する態度」
・be being shaped and changed「形成され変えられている」
　※進行形の受動態 be being *done* の形。

第7パラグラフ
・put pressure on A「A に圧力をかける」

・competing「相反する，両立しえない」
・collide「衝突する」
・broadly「広範囲に，広く」
・fellow citizen「同市民」
　※ fellow は「同類の」の意味。
・increasingly「ますます，だんだん」
・(be) faced with A「A に直面して（いる）」
・view「見方，考え方」
・the importance of A「A の重要性」
・thus「したがって，そういうわけで」
・leave O to do「O に…させておく」
・with the misery of A「A の苦悩とともに」

第 8 パラグラフ

・while S V ...「…だけれども」
　= though S V ...
・can and does affect「…に影響を及ぼす可能性があるし，現実に及ぼしている」
　※ does は affect を強調する助動詞。
・A and B alike「A も B も同様に」
・community「地域社会」
・as a rule「概して，一般に」
　= in general
・the least opportunity to do「…する最も少ない機会」
・low-income「低所得の」
・vulnerable「弱い，脆弱な」
・worst「最も悪く」
・the poorer parts of the world「世界の貧困地域」
　※ part は「地域」の意味。

182

《 Vocabulary Building Exercise 》

1. If left untreated, the infection is invariably fatal.
【in every case; every time】

2. Try not to expose babies to strong sunlight.
【to put somebody/something in a place or situation where they are not protected from something harmful or unpleasant】

3. It is 250 years since the wolf became extinct in Britain.
【no longer in existence】

4. Environmental issues first rose to the top of the political agenda in the late 1960s.
【the main aims that an organization, a society or a person wants to achieve】

5. They have yet to come up with a coherent policy on this issue.
【logical and well organized; easy to understand and clear】

1.「治療をしないままだと，その感染症は必ず死をもたらす」
【いかなる場合でも／毎回のように】

2.「赤ん坊を強い日光にさらすことのないようにしてください」
【誰かや何かを，有害なものや不快なものから守られない場所や状況に置く】

3.「英国でオオカミが絶滅してから250年になる」
【もはや存在しない】

4.「環境問題は，1960年代後半になって初めて政治課題の最優先事項となった」
【組織や社会，人が実現することを望む主な目標】

5.「彼らはまだ，この問題に対する首尾一貫した政策を思いついていない」
【論理的でよく整理されている／わかりやすく明快な】

6. Computer viruses 　threaten　 the survival of computer networks.
【to be a danger to something; to be likely to harm something】

6.「コンピューター・ウイルスは，コンピューター・ネットワークの存続を脅かしている」
【何かに対して危険なものとなる／何かに害を及ぼす可能性がある】

7. There have been several unsuccessful attempts to 　regulate　 working conditions.
【to control something by means of rules】

7.「これまで，労働条件を統制しようとしたが失敗に終わったいくつかの試みがある」
【規則という手段を用いて何かを統制する】

8. They regularly 　collide　 over policy decisions.
【to disagree strongly】

8.「彼らは，政策決定をめぐってたびたび衝突する」
【強く反対する】

9. It is unlikely that such countries will 　embrace　 capitalist ideas.
【to accept an idea, a proposal, a set of beliefs, etc, with enthusiasm】

9.「そのような国々が資本主義的な考えを進んで受け入れる可能性は低い」
【ある考えや提案，一連の信条などを熱心に受け入れる】

10. Infants are particularly 　vulnerable　 to influenza infections.
【weak and easily hurt physically or emotionally】

10.「乳幼児はインフルエンザの感染に特に脆弱である」
【弱くて，肉体的もしくは精神的に傷つきやすい】

《 Summary 》

Noise pollution is a serious problem that harms not only people's health but the natural environment around the globe. In fact, it is estimated that a third of the planet's ecosystems have gone extinct due to noise pollution. However, even though noise pollution is a problem everywhere, including underwater, few governments have a coherent strategy to deal with it. This is partly because environmentalists have not given enough priority to the problem and partly because companies have fought against tighter noise regulation. But ordinary people also share some of the blame, since some people associate it in a positive way with consumer goods. If governments fail to deal with the problem because of these views, vulnerable people in poor communities will suffer the most. (124 words)

【《Summary》の訳】

騒音公害は，人々の健康だけでなく，世界中の自然環境に害を及ぼす深刻な問題である。実際のところ，地球の生態系の3分の1が騒音公害のために失われたと推定されている。しかしながら，騒音公害が海中を含むあらゆる場所で問題になっているにもかかわらず，それに対処するための首尾一貫した戦略を持っている政府はほとんどない。その理由の一端は，環境保護論者たちがこの問題の重要性を十分に優先してこなかったことや，企業が騒音規制の厳格化に反対してきたことにある。しかし，一般の人たちも，その責任の一部を担っている。というのも，騒音を消費財と肯定的に関連づけている人たちがいるからである。こうした相反する考え方のせいで政府がこの問題への対処を怠るならば，被害を受けやすい貧しい地域社会に住む人たちが最も苦しむことになるだろう。

第17問　北海道大学

【解答】

問1．それから数時間，私は，ただ異なるというだけの理由による恐ろしい大量虐殺を詳しく教えてくれる史跡と展示物を歩き回った。

問2．人の死や災害などの不幸の現場を観光地化して金銭的な利益を得る観光業［旅行］。

問3．これらの場所のすべてが死に関係しているが，史跡の歴史的な意義があるのだから，これらの場所への観光旅行は歴史に基づく他の種類の観光旅行とほとんど変わらないと論じることができる。

問4．①

問5．公認のビジターセンターに関わっている犠牲者の遺族たちは，現場の周囲をうろついて安っぽい粗悪な印刷物や土産物を売っている非公認の露天商たちに気分を害している。

問6．①・④（順不同）

【配点と採点基準】（50点）

問1．8点
・For the next few hours … 1点
・I wandered around the sites and exhibits … 2点
・detailing the horrific mass slaughter of people … 3点
　＊detailing … 以下が直前の the sites and exhibits を修飾する形容詞句であることをとらえていないものは2点減
・just for being different. … 2点

問2．6点
・「人が死んだり苦しんだりした場所や災害が起こった場所を観光地にする」「不幸なことが起こった現場を利用する」などの内容 … 4点
・「利益を得る」「金を稼ぐ」の内容 … 2点

問3．10点
　　　・Although all these places are related to death, … 2点
　　　・it can be argued that S V ... … 2点
　　　・the historical significance of the site makes tourism to these places little different from other kinds of historically based tourism. … 6点
　　　　＊ S make O C の文構造をとらえていないものは4点減
　　　　＊ the historical significance of the site の誤訳は2点減
　　　　＊ little different from A の誤訳は2点減
　　　　＊ other kinds of historically based tourism の誤訳は2点減
問4．6点　解答通り
問5．10点
　　　・victims' families associated with the official Visitor Center … 2点
　　　・are unhappy with unofficial street salespeople … 2点
　　　・who hang around the site … 2点
　　　・offering cheap and poorly made publications and souvenirs … 4点
　　　　＊この部分が付帯状況を表す分詞構文であることをとらえていないものは2点減。
　　　　＊ cheap and poorly made の誤訳は2点減
　　　　＊ publications and souvenirs の誤訳は2点減
問6．10点（各5点×2）　解答通り

【設問別解説】

問1．
　・for the next few hours「その後の数時間の間」
　・wander around A「A を歩き回る」
　・detail「…を詳しく説明する，…の詳細を表す」
　・detailing ... 以下は，直前の名詞句 the sites and exhibits「史跡と展示物」を修飾する形容詞句。
　・horrific「恐ろしい，ゾッとするような」
　・mass slaughter「大量虐殺」
　・just for being different「単に異なっているというだけの理由による」

問2.

　'dark tourism' は tourism「観光業，観光旅行」の一形態である。具体的な内容は，直前の文の many places associated with mass death, human suffering and disasters have become popular tourist sites と，直後の文の turning death and suffering into financial profit に書かれている。解答としては，「不幸なことが起こった現場を観光地化し利益を得る」の内容を書く。

問3.

- ・be related to A「Aに関連している」
- ・it can be argued that S V ...「…だと主張することができる」
- ・S make O C「SはOをCにする」「Sが原因となって，OがCになる」
- ・the historical significance of the site「その場所の歴史的重要性，その史跡の歴史的意義」
- ・tourism to these places「これらの場所への観光旅行」
- ・little different from A「Aとほとんど違わない」
- ・historically based tourism「歴史に基づいている観光業」

問4.

　「人々がダーク・ツーリズムの観光地に魅かれる理由」についての筆者の考えは，第5段落の最後の2つの文 there may well be an aspect of the human psyche that draws people towards death and suffering, but it is important to remember that most of these places also have a historical significance. Individual tourists who visit them are likely to have complex motives. に表れている。

- ① 「ダーク・ツーリズムが歴史的重要性と人間性の暗い側面を結びつけているからだ」
- ② 「人々がこれらの史跡の歴史的価値を正しく理解しているからだ」
- ③ 「公開処刑が多くの国における歴史的な伝統と娯楽の一部だったからだ」
- ④ 「人間の心理は死や破壊から人々が目を背けるようにさせる要素を含んでいるからだ」

問5.

- ・victims' families associated with the official Visitor Center「公認のビジターセンターに関わっている犠牲者の家族［遺族］たち」
- ・be unhappy with A「Aに嫌な気持ちを持っている，Aに不満である」
- ・unofficial street salespeople「非公認の露天商たち」
- ・who hang around ... 以下は，直前の名詞句 unofficial street salespeople を修飾する形容詞節。
- ・hang around A「Aをぶらつく」

・offering ... 以下は，who hang around the site に対して付帯状況を補足する分詞構文。
・offer「…を売りつけようとする」
・cheap and poorly made「安っぽくて粗悪な」
・publications and souvenirs「印刷物や土産物」

問6．

① 「世界的な重要性を持つダーク・ツーリズムの目的地は，地域的な重要性を持つ目的地よりも正当性がある」→本文中にこのような比較についての言及はない。

② 「死に関連した場所には多くの人々が引きつけられ続けるから，ダーク・ツーリズムが消滅することはないだろう」→最終段落最終文の内容に一致。

③ 「商業化されたダーク・ツーリズムが容認されるかどうかは，議論の的になっている」→最終段落第1文の内容に一致。

④ 「ダーク・ツーリズムの観光地の中には，展示が現実離れしていて不適切だという理由で非難されているものがあった」→本文中に展示の不適切さに関する言及はない。

⑤ 「ダーク・ツーリズムの動機の中には，人間の心理の側面に根づいているものがあるのかもしれない」→第5段落の内容に一致する。

⑥ 「筆者は，個人的にダーク・ツーリズムに参加したことがある」→第1段落の内容に一致する。

【全訳】

　数年前のある寒い秋雨の日，気がつくと私はアウシュビッツ・ビルケナウの門前にたたずんでいた。ポーランドにあったあの悪名高いナチの死の収容所，約100万人ものユダヤ人，ポーランド人その他の人々がガス室で殺された所だ。じめじめして寒い灰色の天候が，雰囲気をいっそう暗いものにしていた。それから数時間，私は，ただ異なるというだけの理由による恐ろしい大量虐殺を詳しく教えてくれる史跡と展示物を歩き回った。それはまったく憂うつなものだった。ただし，私は休暇中のはずだったのだが。

　観光旅行は楽しむことを連想させる。事実，観光旅行の一般に受け入れられている大まかな定義は，楽しみと余暇を目的とした旅というものだ。しかし，大量死や人々の受難や災害に関連している多くの場所が，何十万人もの人々が訪れる観光客向けの名所となっているのだ。これは，「ダーク・ツーリズム」と呼ばれるようになっている。では，そのような場所を観光ビジネスに商業的な機会をもたらす観光地に変貌させ，死と災難を金銭的な利益に変えてい

る魅力とは，何なのだろうか。こんなやり方で金もうけをするなんて，倫理に反すると考えられるのではないだろうか。

いくつかの史跡は，例えばアウシュビッツ・ビルケナウ，あるいは広島，あるいは世界貿易センター跡地のニューヨーク市のグラウンドゼロでさえも，単にそこで起こった人の死だけにとどまらず，それらの場所が人類の歴史に大きな転換点を記しているという点でもっと大きな意味を持っている。世界の大部分の人々は，これらの場所について聞いたことがある。その他の大量死の場所，例えば，ルワンダの少数部族であるツチ族に対する大虐殺の跡を残す場所や，あるいは局地戦や地域戦の古戦場などは，ナショナル・アイデンティティをもっと局地化して語る物語として重要な意味がある。これらの場所はすべて死に関係しているが，史跡の歴史的な意義があるのだから，これらの場所への観光旅行は歴史に基づく他の種類の観光旅行とほとんど変わらないと論じることができる。

有名な暗殺，殺人あるいは悲惨な事件に関連する場所も，旅行客を引き寄せる。例えばロンドンでは，ビクトリア朝時代の悪名高き連続殺人犯だった切り裂きジャックが犯した残酷な殺人の跡をたどるツアーに参加することができる。ジョン・F・ケネディ，マーチン・ルーサー・キング，ジョン・レノンが殺害された地点には，記念プレートや非公式の記念物などで印がつけられている。ダイアナ妃のような著名人が悲惨な，あるいは非業の最期を迎えた邸宅や大通りは，しばしば彼らのファンにとっての聖地となっている。彼らの墓所がそうであるように。

それでは，人々はなぜ，そのような場所に引き寄せられるのだろうか。ある人々は，ダーク・ツーリズムは人間性の暗い側面に訴えるのだと論じる。人々は交通事故現場の周囲に群がったり，火事を見物するために立ち止まるだろう。それは，私たちの中に，死や破壊に興味をそそられる部分があることを示唆している。例えば，昔は多くの国々で，死刑を宣告された罪人たちはしばしば公開の場で処刑された。人々はそれを見物するために，何マイルも旅をしてきたものだ。評論家はほとんどいつも，そのような群衆のお祭り気分的な雰囲気について語る。現代のいくつかのダーク・ツーリズムの名所は，積極的に死を強調してインパクトを最大にしている。例えば，犠牲者が殺害された現場で犠牲者たちの頭蓋骨や骨を展示しているルワンダの大虐殺の現場跡がそうだ。そうすると，人々を死や苦難に引き寄せるような人間心理の一面はおそらく存在するのかもしれないが，これらの場所の大部分が歴史的な重要性をも有していることを忘れないことが重要である。それらの場所を訪れる個々の旅行者は，複雑な動機を持っているのであろう。

動機がどんなものであれ，そのような出来事や場所を，特に近い過去に関

190

連する出来事や場所を営利目的で利用することは無神経であり倫理に反することだと考える人々もいる。例えば，ニューヨーク市のグラウンドゼロでは，公認のビジターセンターに関わっている犠牲者の遺族たちは，現場の周囲をうろついて安っぽい粗悪な印刷物や土産物を売っている非公認の露天商たちに気分を害している。しかしながら，否定できないことは，ダーク・ツーリズムが苦難を利益に変え，死と破壊を営利目的に利用し消費する潜在能力を持っているということである。例えば，250万人を超える人々が2012年までにグラウンドゼロのビジターセンターを訪れたという需要から判断して，そのような場所を経験したいという現代の観光客の欲望が衰えることはなさそうだ。

【語句】

第1パラグラフ
- find *oneself doing*「気づくと…している」
- on a cold, rainy autumn day「ある寒い秋雨の日」
- stand in front of A「A の前に立つ」
- gate「門」
- infamous「いまわしい，悪名高い」
- death camp「死の収容所」
- around a million「約100万（の）」
- Jew「ユダヤ人」
- Pole「ポーランド人」
- murder「…を殺す」
- gas chamber「ガス室」
- raw「じめじめして寒い」
- grey「灰色の」
- weather「天候」
- add to A「A を増す，A を増やす」 = increase A

- dark atmosphere「暗い雰囲気」
- for the next few hours「その後の数時間（の間）」
- wander around A「A を歩き回る」
- site「遺［史］跡，跡地，現場」
- exhibit「展示物，陳列品」
- detail「…を詳しく説明する，…の詳細を著す」
- horrific「恐ろしい，ぞっとする」 = terrifying
- mass slaughter「大量虐殺」
- just for being different「異なっているというだけの理由の［で］」
- profoundly「ひどく，心から，大いに」
- depressing「憂うつな，意気消沈させる」
- be supposed to be C「C のはずだ」
- on holiday「休暇中の，休暇を取って」

第2パラグラフ

- tourism「観光旅行，観光業」
- associate A with B「A で B を連想する，A を B と関連づける」
- have fun「楽しむ」
- indeed「本当に，実に」
- generally accepted broad definition「一般に受け入れられている広い定義」
- for the purpose of A「A の目的のために」
- pleasure and leisure「楽しみと余暇」
- mass death「大量（の）死」
- human suffering「人間の苦しみ[受難]」
- disaster「災害」
- popular tourist site「観光客向けの名所」
- hundreds of thousands of A「何十万もの A」
- come to be known as A「A として知られるようになる」
- attraction「魅力」
- transform A into B「A を B に変形させる」
- offer「…を提供する」
- commercial「商業的な」
- opportunity「機会」= chance
- tourist business「観光ビジネス」
- turn A into B「A を B に変える」= change A into B
- financial profit「金銭的な利益」
- consider O C「O を C だと考える」
- unethical「非倫理的な」
  ⇔ ethical「倫理的な」
- make money「金を儲ける」

第3パラグラフ

- B, such as A「A のような B」
- the World Trade Center「世界貿易センター」
- more than A「A 以上のもの，A にとどまらないもの」
- occur「起こる，生じる」
- significance「意味，意義，重要性」
- in that S V ...「…という点で」
- mark「…に印をつける，…を特徴づける」
- major「大きな，主要な」
- turning point「転換点」
- in human history「人類の歴史において」
- genocide「大量虐殺」
- minority「少数民族」
- battlefield「戦場」
- local「地元の，現地の」
- regional「地域の」
- localized「局所的な，局部的な」
- identity「独自性，本質」
- relate A to B「A を B と関係づける」
- argue that S V ...「…だと主張する，…だと論じる」
- little different from A「A とほとんど違わない」
- other kinds of A「他の種類の

A」
- historically「歴史的に」
- base「…の基礎を置く」

第4パラグラフ
- location「場所」= place
- assassination「暗殺」
- murder「殺人」
- tragic「悲惨な,痛ましい」
- attract「…を引きつける」
- for instance「例えば」
  = for example
- join a tour「ツアーに参加する」
- trace「…の跡をたどる,…を追跡する」
- brutal「残酷な,残忍な」
- commit「…を犯す」
- serial「連続的な」
- spot「場所,地点,現場」
- informal memorial「非公式の記念物」
- celebrity「有名人,著名人,セレブ」
- violent end「非業の最期」
- sacred place「聖地」
- grave「墓場,墓所」

第5パラグラフ
- appeal to A「Aに訴える」
- dark side「暗い側面」
- human nature「人間性」
- crowd around A「Aの周りに集まる」
- traffic accident「交通事故」
- stop to watch a fire「火事を見物するために立ち止まる」

※ stop to *do* は「…するために止まる」の意味。
- suggest that S V ...「…ということを示唆[暗示]する」
- fascinate A with B「AをBで魅了する」
- destruction「破壊」
- in the past「昔の[に],過去の[に]」
- criminal「罪人」
- execute「…を処刑する」
- in public「人前で,公の場で」
  ⇔ in private「非公式に,内密に」
- would travel for miles「何マイルも旅をしてきたものだ」
  ※ would は「過去の習慣」を表す助動詞。
- commentator「評論家」
- nearly always「ほとんどいつも」
- describe「…を描写する,…の特徴を述べる」
- festive「お祭り気分の,祭りの」
- atmosphere「雰囲気」
- crowd「群衆」
- actively「活発に,積極的に」
- emphasize「…を強調する」
- make the maximum impact「最大の衝撃[インパクト]を与える」
- display「…を展示する,…を陳列する」
- skull「頭蓋骨」
- bone「骨」
- victim「犠牲者」

- There may well be S.「おそらくSは存在するかもしれない」
- aspect「側面，面」
- human psyche「人間心理」
- draw A towards B「AをBの方に引きつける」
- individual「個々の」
- be likely to *do*「…する可能性が高い」
- complex「複雑な」
- motive「動機」

第6パラグラフ

- whatever S may be「Sがたとえ何であろうと」
  = no matter what S may be
- motivation「動機」= motive
- commercialize「…を営利［商業］化する，…を営利目的で利用する」
- event「出来事」
- those connected with the recent past「近い過去に関連する出来事や場所」
  ※those は the events and locations を表す。connect A with B は「AをBにつなぐ」の意味。
- consider O to be C「OをCだと見なす」
- insensitive「鈍感な，無神経な」

- ⇔ sensitive「敏感な」
- official「正式の，公認の」
- be unhappy with A「Aに不満である，Aに気分を害している」
- unofficial「非公認の」
  ⇔ official「公認の」
- street salespeople「露天商の人々」
- hang around A「Aをぶらつく」
- cheap and poorly made「安っぽくて粗悪な」
- publication「印刷物，出版物」
- souvenir「土産物」
- undeniable「否定できない」
- have the potential to *do*「…する潜在能力を持っている」
- profit「利益，収益」
- consume「…を消費する」
- judging from A「Aから判断して」
- demand「需要」⇔ supply「供給」
- visit to A「Aへの訪問」
- it appears that S V ...「…のようだ」
- the desire of A to *do*「Aの…したいという欲望［欲求］」
- experience「…を経験する」
- be unlikely to *do*「…しそうにない」
- diminish「減少する，小さくなる」

《 Vocabulary Building Exercise 》

1. He was found guilty of
murder.
【the crime of killing somebody deliberately】

1.「彼は殺人で有罪判決を受けた」

【意図的に人を殺害する罪】

2. We were helpless to stop the **slaughter**.
【the cruel killing of large numbers of people at one time, especially in a war; the killing of animals for their meat】

2.「私たちはその殺戮をくい止めることができなかった」
【特に戦争において一度に大勢の人を残酷に殺すこと／食肉のために動物を殺すこと】

3. The government has announced the proposed **site** for the airport.
【a place where something has happened or that is used for something】

3.「政府は空港の（建設）候補地を発表した」

【何かが起こった場所，あるいは何らかの目的で使われる場所】

4. **Regional** differences between urban and rural areas have widened.
【related to a particular area of a country or of the world】

4.「都市部と農村部の地域的な格差が拡大してきた」

【国や世界における特定の地域に関する】

5. Hindus regard cows as **sacred** and not to be consumed.
【connected with God or a god and thought to deserve special respect】

5.「ヒンズー教徒はウシを神聖なものと見なし，食べてはいけないとしている」
【神と関係があったり，特別な尊敬を受けるに値するものと考えられている】

6. They are the victims of this brutal suppression of anti-government protests.
【violent and cruel】

7. New technology never fails to fascinate young people.
【to attract or interest somebody very much】

8. This is an area notorious for drugs, crime and violence.
【well known for being bad】

9. She knew, at some deep level of her psyche, that what she was doing was wrong.
【the mind; your deepest feelings and attitudes】

10. He was punished for a murder he did not commit.
【to do something wrong or illegal】

6.「彼らは，反政府デモに対するこの残忍な弾圧の犠牲者だ」

【暴力的で残酷な】

7.「新しい技術はいつでも若者を魅了する」
【大いに人の関心を引きつけたり，興味を持たせたりする】

8.「ここは麻薬や犯罪，暴力で悪名高い地域だ」
【悪いことでよく知られた】

9.「彼女は心の奥底では，自分のしていることは間違っているとわかっていた」
【心／人の胸の奥にある感情や態度】

10.「彼は犯してもいない殺人の罪で罰せられた」
【間違ったことや違法なことをする】

《 Summary 》

Large numbers of people visit famous places associated with mass death, human suffering and disasters. This type of "dark tourism" is considered ⌞unethical⌟ by some people because it turns these sites into financially ⌞profitable⌟ tourist businesses. Since many of these places have historical ⌞significance⌟, they can be considered similar to other kinds of tourist destinations. Other places, like the sites of ⌞brutal⌟ murders or tragic accidents, may attract people because they appeal to the dark side of human nature. Whatever people's motives for visiting these kinds of places may be, it is ⌞undeniable⌟ that dark tourism has great commercial potential. (100 words)

【《Summary》の訳】

多くの人たちが，多数の死者や人的被害，災害にまつわる名所を訪れる。この種の「ダーク・ツーリズム」については，そうした現場を経済的な利益を得るための観光ビジネスに変えてしまうとして，非倫理的だと考える人たちもいる。こうした場所の多くは，歴史的な重要性を持っているため，それ以外の観光地と同列に考えることができる。また，残忍な殺人事件や悲劇的な事故の現場のような場所も，人間の本性の暗黒面に訴えかけるので人々を引きつけるのかもしれない。このような場所を訪れる人たちの動機が何であれ，ダーク・ツーリズムに大きな商業的な潜在能力があることは否定できない。

第18問　大阪大学

【解答】

問1．クローン技術や遺伝子操作を使って絶滅した種を復元する試み。
（29字）

問2．②

問3．復活した種は，現代の環境の中で，絶滅した種がいない状態で
進化してきた在来種に対して，問題を引き起こす可能性がある。

問4．一部の環境保護活動家もまた，数十年に及ぶ生態学的変化と人
類の発展を考えてみると環境は復活した個体群を支えることがで
きないだろうという懸念を表明している。

問5．土地を損ねることなく，1つの土地に暮らすこと。

問6．人間の限界と自己抑制の価値について私たちに教える能力。

問7．(a) ①　　(b) ③　　(c) ④　　(d) ③

【配点と採点基準】（50点）

問1．6点
・「クローン技術や遺伝子操作を使って絶滅した種を復元する」の内容
… 6点
＊「クローン技術や遺伝子操作を使って」「テクノロジーを使って」
の内容が欠けているものは2点減。

問2．6点　解答通り

問3．8点
・Revived species could create problems … 2点
・in contemporary environments … 1点
・and for native species that have evolved in the absence of the
vanished ones. … 5点
＊等位接続詞 and による並置関係をとらえていないものは2点減。
＊that have evolved ... 以下が native species を修飾する形容詞
節であることをとらえていないものは2点減。

＊ in the absence of A の誤訳は 2 点減。

＊ vanished ones（＝ vanished species）の誤訳は 2 点減。

問 4．8点

・Some conservationists also express the fear that S V... … 2 点

・given decades of ecological change and human development, … 4 点

＊ given A の誤訳は 2 点減。

＊ decades of A の誤訳は 2 点減。

＊等位接続詞 and による並置関係をとらえていないものは 2 点減。

・the environment won't be able to support the revived populations. … 2 点

問 5．5点

・「土地に害を与えずに生活する」の内容… 5 点

問 6．5点

・「人間の限界と自制の価値について私たちに教える」の内容… 5 点

問 7．12点（各 3 点× 4 ） 解答通り

【設問別解説】

問 1．

直後の文 By applying techniques such as cloning and genetic engineering, ... we can and should return lost species ... to the landscape. の中に，"de-extinction" が何の試みなのかが端的に書かれている。

問 2．

第 3 段落には "de-extinction" を肯定する論点が列挙されている。同段落最終文の中の the revived species will restore lost ecological functions and enhance the diversity of ecosystems の内容が，選択肢②に合致する。

問 3．

・revived species「復活した種，再生した種」

・contemporary environment「現代の環境」

・native species「在来種」

・that have evolved ... 以下は，直前の名詞句 native species を修飾する形容詞節。

・in the absence of A「A が存在しない状態で」

・vanished ones ＝ vanished species「絶滅した種」

問4.
   ・conservationist「環境保護論者」
   ・express the fear that S V ...「…という不安を表明する」，名詞と that 節の同格関係。
   ・given A「A を考慮すると」(= considering A)
   ・decades of A「数十年間の A」，ecological change「生態学的変化」，human development「人類の発展」
   ・revived populations「復活した個体群」

問5.
   「人類の歴史の中で最も古い任務」の具体的な内容は，直後のコロン（:）の後の to live on a piece of land without spoiling it を指している。

問6.
   「その自然の能力」の具体的な内容は，直後の挿入部分（including ... with us）の後の to teach us something profound about human limits and about the value of self-restraint に書かれている。

問7.
   (a)   see to it that S V...「…になるように気をつける［取り計らう］」(= ensure that S V ... / make sure that S V ...「確実に…になるようにする」)
   (b)   atone for A「A（過ち）を償う」(= make up for A「A を埋め合わせる」)
   (c)   distressing「人を苦しめる，人を悩ませる」(= worrying「人を不安にさせる」)
   (d)   drive「…を推進する」(= promote「…を促進させる，…を助長する」)

【全訳】

　　歴史に関する記述によれば，北米の空はかつてはリョコウバトに黒く覆われていた。しかしながら，ハンターたちは19世紀後半までに空からこれらの鳥を一掃するようにした。この種の最後の個体であったマーサは，1914年にシンシナティ動物園で息を引き取った。文筆家たちは，姿を消したこの鳥の死を，長きにわたって悼んできた。偉大な環境保護活動家であり哲学者でもあったアルド・レオポルドは，1949年の著書『サンド郡年鑑』の中で，この上なく感動的な賛辞を発表した。だが，大量のこの鳥たちが再びあの空を飛ぶのを今一度見られるとしたらどうだろうか。

　　レオポルドがこの本を書いたわずか数十年後に，我々人類が種の絶滅を逆行させる取り組みの中で科学的革命の間際に迫ることになろうとは，彼には知るよしもなかった。科学者や未来学者とその仲間たちの著名なグループに

よる「絶滅種再生」運動は，絶滅が終末であるということを私たちが受け入れる必要がなくなったと主張する。クローン技術や遺伝子操作といった技術の応用により，リョコウバトのように失われた種を風景に戻すことは可能だし，また戻すべきだと彼らは考えている。これこそが，その「再生復元」プロジェクトの中で絶滅した鳥を再生させる科学的取り組みを積極的に支援している，サンフランシスコに拠点を置くロング・ナウ協会の目標なのだ。しかしこの目標はそこでは終わらない。スペインの科学者たちは，2000年に最後の1頭が死んだシロイワヤギの一種のピレネー・アイベックスのクローン化に近づいていると言う。他の種も目標となっていて，その中にはタスマニア・タイガーやケナガマンモスさえも含まれている。

絶滅種再生運動の主張には説得力がある。中でも最も力強い主張は，私たちの正義感に訴える。つまり，絶滅種再生は，私たちが過去の過ちを正し，私たちの道徳的失敗を償う機会だというのだ。推奨者たちはまた，絶滅種の再生が一般市民の間に促すかもしれない驚異の感覚を示唆する。絶滅種再生論者はさらに，種の復活は失われた生態系の機能を回復させ，生態系の多様性を高めることになるとも主張している。

同時に，この絶滅種再生案はかなりの懸念を生み出している。復活した種は，現代の環境の中で，絶滅した種がいない状態で進化してきた在来種に対して，問題を引き起こす可能性がある。どんな種であっても新しい環境に入り込む場合にはそうであるように，病気の伝染や生物学的侵入のリスクがあるのだ。一部の環境保護活動家もまた，数十年に及ぶ生態学的変化と人類の発展を考えてみると環境は復活した個体群を支えることができないだろうという懸念を表明している。

そして，そのような野生生物の強引な操作が現存種を保存しようとする私たちの欲求（および，私たちの限られた資源）を実際に縮小させる結果になるかもしれず，また，動物の生命に対する有害な干渉となるだろうという特に悩ましい懸念もある。しかしながら，絶滅種再生の最も厄介な一面は，それが私たちにとって持つ意味だ。失われた種を復活させる試みは，多くの点で，自然における私たちの道徳的および技術的な限界を受け入れることを拒否することなのだ。

レオポルドは，新技術に関する倫理観のことを先に考えずに新技術を利用する私たちの傾向に気づいていた。1930年代の末に彼は次のように警告した。「私たちの道具は，私たちよりも優れているし，私たちよりも早く進化する。新しい道具は，核分裂を起こすことも，潮を思い通りにすることもできる。だが，新しい道具があっても私たちは，人類の歴史の中で最も古い課題を遂行できない。その課題とは，1つの土地を損なうことなく，その土地に暮ら

すということだ」と。真の課題とは，もっと優しくその土地に暮らし，持続が不可能で環境に害を及ぼすような行動を推進する道徳的・文化的な力に立ち向かうことなのだ。

だからこそ，絶滅した種を絶滅したままにしておくことには大きな利点があるのだ。これらの種の喪失について考えることは，私たちは人間が過ちを犯す可能性があるということや，人間には限界があるということを思い起こさせる。人類は悪賢い種であり，時には英雄的な種であったり，並外れた能力を持つ種でさえあったりもする。だが，私たちは自分自身が持つ力にしばしば魅了されてしまう種なのだ。

そのような能力を持つ現実を否定するのは愚かなことだろう。だが，すでに私たちが失っている自然の一部も含めて，人間の限界について，そして自制の価値について，深いことを私たちに教えてくれる自然の力を大切にして守るべきだ。このような地球上の謙虚さを私たちに教えてくれるものは，もはやほとんど存在していないのだ。

【語句】

第1パラグラフ
・according to A「Aによれば」
・historical account「歴史に関する記述」
・hunter「ハンター，狩りをする人」
・see to it that S V ...「…になるように目をつける［取り計らう］」
・be clear of A「Aがない，Aがいない」
・by the second half of A「Aの後半までに」
・individual「個体」
・species「種」
　※単複同形。
・writer「著述家」
・mourn「…を悲しむ，…を哀悼する」

・vanished「消滅した」
・conservationist-philosopher「環境保護活動家であり哲学者」
・issue「…を出す，…を発する」
・moving「感動的な，心を動かす」
・tribute「賛辞，賞賛の印」
・What if S V ...「…ならどうだろうか」
　※ What（would happen）if S Vと考える。
・see O doing「Oが…しているのを見る」
・huge「莫大な，膨大な」

第2パラグラフ
・only a handful of decades「ほんの数十年」
・on the verge of A「Aの間際に，

Aの寸前で」
- scientific「科学（上）の，科学的な」
- revolution「革命，大変革」
- effort「努力，取り組み」
- reverse「…を逆行させる，…を逆にする」
- de-extinction「絶滅種再生」
- movement「運動，活動」
- prominent「有名な，著名な」
- futurist「未来学者」
- ally「盟友，味方」
- argue that S V ...「…だと主張する」
- no longer「もはや（…）ない」
- accept「…を受け入れる」
- finality「最終的なこと，終局」
- extinction「絶滅」
- apply「…を応用する，…を適応する」
- technique「テクニック，技術」
- B such as A「Aのような B」
- cloning「クローン化」
- genetic engineering「遺伝子操作」
- return「…を戻す，…を回復させる」
- landscape「風景，景色」
- goal「目標，目的」
- San Francisco-based「サンフランシスコに拠点が置かれた」
- foundation「財団，協会，施設」
- actively「積極的に，活発に」
- support「…を支援する，…を支える」

- recreate「…を再生［再現］する」
- "Revive & Restore" project「『再生復元』プロジェクト」
  ※ revive は「…を再生する」，restore は「…を復元する」の意味。
- be close to A「Aに近い」
- clone「…をクローン化する，…からクローンを作る」
- mountain goat「シロイワヤギ」
- take one's last breath「死ぬ」
  ⇔ take one's first breath「生まれる」
- target「…を目標にする」
- including A「Aを含めて」
- woolly「毛に覆われた」
- mammoth「マンモス」

第3パラグラフ
- persuasive「説得力のある」
  = convincing
- argument「主張，論拠」
- the most powerful「最も力強いもの［主張］」
- appeal to A「Aに訴える」
- one's sense of justice「自分の正義感」
- opportunity to do「…する機会」
  = chance to do
- right「…を正す，…を直す」
- past wrong「過去の過ち」
- atone for A「A（過ち）を償う」
  = compensate for A, make up for A
- moral failing「道徳的失敗」

- advocate「支持者，推奨者」
- point to A「A を示す，A を示唆する」
- the sense of wonder「驚異の感覚」
- revival「再生，復活」
- extinct「絶滅した，絶えた」
- encourage「…を促進する，…を促す」= promote
- the public「一般の人々，大衆」
- further「さらに，それ以上に」= moreover, furthermore
- lost「失われた」
- ecological「生態（上）の，生態学の［的な］」
- function「機能，働き」
- diversity「多様性」
- ecosystem「生態系」

第4パラグラフ
- at the same time「同時に」
- proposal「提案」
- raise「…を引き起こす」
- considerable「かなりの，相当な」
- concern「懸念，心配」
- create「…を生み出す，…を引き起こす」
- contemporary「現代の」
- environment「環境」
- native species「在来種」
- evolve「進化する」
- in the absence of A「A が存在しない状態で」
- vanished ones「絶滅した種」
  ※ここでの ones は species を指す。

- as with A「A の場合と同様に」
- risk「危険の恐れ，リスク」
- disease transmission「病気の伝染」
- biological invasion「生物的な侵入」
- express the fear that S V ...「…という不安を表明する」
- given A「A を考慮すると」= considering A
- human development「人類の発展」
- revived populations「復活した個体群」

第5パラグラフ
- particularly「特に」
- distressing「人を苦しめる，人を悩ませる」
- aggressive「積極果敢な,攻めの」
- manipulation「操作」
- wildlife「野生動物」
- end up *doing*「結局…することになる，ついには…する羽目になる」
- diminish「…を縮小する，…を減らす」
- desire to *do*「…したい欲求」
- limited resources「限られた資源」
- conserve「…を保護する，…を保存する」
- living「生きている」
- harmful「有害な，害を及ぼす」

204

- interference「干渉」
- troubling「厄介な，悩ませる」
- aspect「一面，面」
- however「しかしながら」
  = nevertheless
- mean「…を意味する」
- attempt to *do*「…しようと試みる」= try to *do*
- in many ways「多くの点で」
- refusal to *do*「…することの拒否」
- technological「技術（上）の」
- limit「限界，限度」

第6パラグラフ
- be aware of A「Aを知っている，Aに気づいている」
- tendency to *do*「…する傾向」
- consider「…を考慮に入れる」
- concerning A「Aに関して（の)」= regarding A
- caution that S V ...「…だと警告する」
- crack the atom「核分裂を起こす」
- command「…を支配する，…を制する」= control
- tide「潮」
- enable O to *do*「Oが…するのを可能にする」
- perform「…を行う」
- task「課題」
- a piece of land「1つの土地」
- spoil「…を損なう，…をだめにする」

- challenge「課題，難問」
- lightly「軽やかに，静かに」
- confront「…と立ち向かう」
- cultural「文化的な」
- force「力，強さ」
- drive「…を推進する」
- unsustainable「持続不可能な」
- destructive「破壊的な，有害な」
- practice「活動，（規則的な）常習行為」

第7パラグラフ
- That is why S V ...「そういうわけで…」
- virtue「利点，長所」= merit
- meditation「熟考，熟慮」
- remind A of B「AにBのことを思い起こさせる［気づかせる］」
- fallibility「誤りやすいこと」
- finitude「有限（性)」
- wickedly「意地悪く」
- smart「賢い，利口な」
- occasionally「時折，ときたま」
- heroic「英雄的な」
- exceptional「並外れた，特にすぐれた」
- enchanted「魅了されて，魅せられて」

第8パラグラフ
- silly「愚かな，ばかな」
  = foolish
- deny「…を否定する」
- reality「現実」= actuality
- cherish「…を大事にする」
- protect「…を守る」

- ・capacity「能力」= ability
- ・profound「深い，深みのある」
- ・value「価値」
- ・self-restraint「自制，克己」

- = self-control
- ・sort「種類」= kind
- ・earthly「地上の，地球の」
- ・modesty「謙虚さ，慎み深さ」

《 Vocabulary Building Exercise 》

1. The book gives a clear ⌞account⌟ of current knowledge in the field.
【an explanation or a description of an idea, a theory or a process】

1. 「その本は，その分野における現在の知識について明確な説明をしてくれている」
【あるアイデア，理論，あるいは方法などの説明や描写】

2. They still ⌞mourn⌟ their father.
【to feel and show sadness because somebody has died】

2. 「彼らは今でも父親を悼んでいます」
【誰かが亡くなったことで悲しんだり，それを表現したりする】

3. There is a fear that these indigenous languages will ⌞vanish⌟.
【to stop existing】

3. 「これらの先住民言語は消滅する恐れがある」

【存在しなくなる】

4. The company was on the ⌞verge⌟ of bankruptcy.
【the point where something is about to happen】

4. 「その会社は倒産する寸前だった」

【何かがまさに起ころうとしている時点または地点】

5. The messages were persuasive enough to encourage a lot of people to join.
【able to make somebody believe something or do what you ask】

5.「そのメッセージは説得力が十分にあり，多くの人々に参加するよう促した」

【人に何かを信じさせたり，あなたが求めることをやらせることができる】

6. These measures are intended to restore public confidence in the economy.
【to bring back a situation or feeling that existed before】

6.「これらの措置は，経済に対する国民の信頼を回復することを目的としている」

【以前に存在していた状況や気分を取り戻すこと】

7. This is an opportunity to enhance the reputation of the company.
【to increase or further improve the good quality, value or status of somebody/ something】

7.「これは会社の評判を高めるチャンスだ」

【誰か，あるいは何かの質，価値，地位を高めたり，さらに向上させたりすること】

8. Memory loss is generally extremely distressing for the individual and the family.
【making you feel anxious or upset】

8.「記憶障害はたいてい，その人や家族にとって非常につらいものだ」

【不安や動揺を引き起こすような】

9. She invented a nifty little gadget for undoing stubborn bolts.
【a small machine or device which does something useful】

9.「彼女は，きつく締まったボルトを外すための気のきいた小さな道具を発明した」

【何か役に立つことをする小型の機械や装置】

10. He was deep in ⌈meditation⌉ and didn't see me come in.

【the activity of thinking deeply about something】

10.「彼は深い瞑想にふけっていて，私が入ってくるのに気づかなかった」

【何かについて深く考える行為】

《 Summary 》

A prominent group of scientists, ⌈futurists⌉ and their allies have started something called the "de-extinction" movement. By applying techniques such as cloning and genetic engineering, they are trying to revive extinct species. ⌈Advocates⌉ of this movement make persuasive arguments for their efforts, but these species could create problems in contemporary environments or be responsible for the ⌈transmission⌉ of diseases. Aggressive ⌈manipulation⌉ of wildlife might make us less willing to live in an ecologically sustainable way. It would be better to remain aware of human ⌈fallibility⌉ and try to cherish and conserve nature as it is. (95 words)

【《Summary》の訳】

　著名な科学者，未来学者，そして彼らの支持者のグループが，「絶滅種再生」運動と呼ばれるものを開始した。彼らはクローン再生や遺伝子工学などの技術を駆使することで，絶滅した生物種の復活を試みている。この運動の支持者たちはその試みに説得力のある議論を行っているが，そうした生物種は現代の環境で問題を引き起こしたり，疾病を伝染させる原因となったりする可能性がある。野生生物を強引に操作することは，私たちに生態学的に持続可能な形で生活しようとする意欲を失わせるかもしれない。人間は誤りを犯しがちであることを自覚し，ありのままの自然を大切にして保全する努力をする方が賢明だろう。

第1問の【語句】リスト

第1パラグラフ

- *set out to do*「…しようと試みる，…し始める」
- *improve*「…を改善する，…を向上させる」
- *take a familiar path*「なじみのある方法をとる」
- *healthy diet*「健康的な食事」
- *adopt*「…を採用する」
- *workout*「トレーニング，練習」
- *routine*「日課，決まってすること」
- *behavior*「行動」
- *focus on A*「Aに焦点を当てる，Aに集中する」
- *physical*「肉体の，身体の」
- *a body of A*「多数［量］のA，Aの集まり」
- *growing*「増加する，増大する」
- *research*「研究，学術研究」
- *suggest that S V...*「…だと示唆する」
- *B, if not A*「AではないにしてもB」
- *overall*「全体の，全般的な」
- *well-being*「健康，幸福，健康で安心なこと」

第2パラグラフ

- *recent*「最近の，近頃の」
- *publish*「…を公表する，…を正式に発表する」
- *journal*「定期刊行物，学術雑誌」
- *strength*「強さ，力，強み」
- *social circle*「社交（の場），人の輪，人との交際」
- *measure*「…を測る，…を計測する」
- *inbound*「受信（型）の，入ってくる」
- *cell phone*「携帯電話」
- *activity*「活動」
- *predictor*「予測するもの，予言するもの」
- *self-reported*「自己報告の，自己申告の」
- *happiness*「幸福（感）」
- *level*「水準」
- *fitness date*「健康データ」
- *heart rate*「心拍数」
- *finding*「発見（物），明らかになったこと」
- *the amount of A*「Aの量」
- *endless*「終わりのない，際限のない」
- *tell the whole story*「一部始終がわかる，すべてを教える」
- *co-author*「共著者」

第3パラグラフ

- *enjoyment*「楽しみ」
- *indicator*「指標，指示するもの」

第4パラグラフ

- *theory*「説，理論」
- *support*「…を支える，…を裏づける」
- *plenty of A*「たくさんのA」
- *prior*「先行する，以前の」
- *social support*「他人からの支援，社会的支援」
- *spouse*「配偶者」
- *associate A with B*「AをBと関連づける」
- *robust*「活発な，活気のある」
- *lower*「…を減らす，…を下げる」

- mood「気分，気持ち」
- encourage「…を促進する，…を助長する」
- positive「肯定的な」
- illness recovery rate「病気からの回復（速度）」
- aid「…を助ける，…を援助する」
- virtually「ほとんど，ほぼ」
- in between「中間の，間に存在する」
- component「構成要素」
- boost「…を高める，…を増加する」
- effect「効果，影響」
- B(,) such as A「AのようなB」
- exercise「運動」

第5パラグラフ

- isolation「孤立，隔離」
- meanwhile「一方では，同時に」
- link A to B「AをBに関連づける」
- rate「（比）率，割合」
- chronic「慢性の」
- acute「急性の」
- disease「病気，疾患」
- condition「状態，状況」
- detrimental「有害な」
- loneliness「孤独，寂しさ」
- compare A to B「AをBにたとえる，AをBと同等とみなす」
- a day「1日につき」
- significant「重大な」
- especially「特に，とりわけ」
- since S V...「…という理由のために」
- emerge「出現する，現れる」
- public health「公衆衛生（の）」
- epidemic「流行病，伝染病」
- according to A「Aによれば」

- survey「調査，検査」
- including A「Aを含めて」
- lonely「孤独な，寂しい」

第6パラグラフ

- conduct「…を行う」
- determine「…を決定する」
- unsurprisingly「驚きもしないが，意外でもなく」
- limit「…を制限する」
- face-to-face communication「対面コミュニケーション」
- tie A to B「AをBに結びつける」
- while S V...「（〜）だが一方で…」
- meaningful「意味のある，意義のある」
- in-person「対面の，直接の」
- interaction「触れ合い，交流」
- committed「深く関わる，傾倒した」
- relationship「人間関係」
- gender「性（別），ジェンダー」
- income「収入」
- tend to do「…する傾向にある」
- decrease with age「年齢とともに減少する」
- perhaps「ことによると，おそらく」
- wisdom「知恵，賢明（性）」
- perspective「客観的な見方，見識」
- afford「…を与える」
- author「著者」

第7パラグラフ

- underscore「…を強調する，…の下に線を引く」
- the importance of A「Aの重要性」
- inversely「正反対に，逆に」
- relate A to B「AをBに関係づける」

210

- *revive*「…を再生させる，…を復活させる」
- *passive*「受動的な，不活発な」
- *enjoyable*「楽しめる，愉快な」
- *like A*「Aのような」
- *volunteer*「進んで事に当たる，ボランティア活動をする」
- *share a meal*「一緒に食事をする」

第8パラグラフ

- *stress that S V ...*「…だと力説する」
- *strategically*「戦略的に」
- *replacement*「代用品，取替え品」
- *interpersonal*「対人関係の，個人間の」
- *instead*「その代わりに，そうではなくて」
- *technology*「テクノロジー，科学技術」
- *seek out A*「Aを（骨を折って）捜し出す」
- *connection*「つながり，交流」
- *sphere*「範囲，領域」
- *particularly*「特に，とりわけ」
- *common*「普通の，よく起こる，いつもの」

第9パラグラフ

- *finally*「最後に，終わりに当たって」
- *claim that S V...*「…だと主張する」
- *strike up A*「A（会話など）を（初対面の人と）始める」
- *post-meeting conversation*「会議の後の会話」
- *engage in A*「Aに従事する，Aに参加する」

- *brief*「短時間の，短い」
- *stranger*「見知らぬ人」
- *rewarding*「やり甲斐がある，有益な」

第10パラグラフ

- *opportunity*「機会」
- *grow A into B*「AをBに育てる，A を育ててBにする」
- *quick exchange*「短いやり取り」
- *friendship*「友情」
- *over time*「やがて（の），時とともに（やってくる）」
- *wherever S V...*「…する所ならどこでも」
- *by nature*「生まれつき」
- *program O to do*「Oが…するようにプログラムする」
- *from birth*「生まれたときから」
- *connect*「つながる，接続する」
- *beneficial*「有益な，ためになる」

第２問の【語句】リスト

第1パラグラフ

- *language*「言語」
- *shape*「…を形成する」
- *thought*「思考，考え」
- *linguist*「言語学者」
- *pay attention to A*「A に注意を払う」
- *name O C*「O に C と名前をつける」
- *Native American language*「アメリカ先住民の言語」
- *northeastern Arizona*「アリゾナ北東部」
- *(be) based on A*「A に基づく」
- *claim that S V ...*「…だと主張する」
- *because of A*「A（という理由）のために」
- *difference*「相違，違い」

第2パラグラフ

- *the answer to A*「A への答え［回答］」
- *complicated*「複雑な，ややこしい」
- *to some extent*「ある程度（まで）」
- *chicken-and-egg*「どちらが後か先かわからない，因果関係のわからない」
- *be unable to do*「…することができない」
- *lack*「…を欠いている，…に乏しい」
- *part of A*「A の一部」
- *problem*「問題，疑問」
- *be involved*「関わっている，関係している」
- *culture*「文化」
- *tradition*「伝統，慣習」
- *lifestyle*「生活様式，ライフスタイル」
- *habit*「(個人的な) 習慣」
- *and so on*「…など」

- *pick up A*「A（習慣など）を身につける」
- *interact with A*「A と触れ合う，A と交流する」
- *the way S V ...*「…する仕方［方法］」

第3パラグラフ

- *describe*「…を記述［表現］する，…を描写する」
- *location*「位置，場所，所在」
- *direction*「方向，方角」
- *in front of A*「A の正面に，A の前に」
- *instead*「その代わりに，そうではなく」
- *for example*「たとえば」
- *no doubt*「疑いもなく，確かに」
- *think of A as B*「A を B だと考える［見なす］」
- *affect*「…に影響する，…に作用する」
- *A's way of doing*「A の…する仕方［方法］」
- *cultural*「文化の，文化的な」
- *most likely*「最もありそうなことに(は)，十中八九」
- *grow up together*「一緒に成長［発達］する」

第4パラグラフ

- *restrict A to B*「A を B に制限する」
- *individual*「個々の，個別的な」
- *the form of the verb in a sentence*「文中の動詞の形」
- *tell whether S V ...*「…するかどうかを教える［示す］」
- *a past or present event*「過去あるいは現在の出来事」

- require「…を求める，…を要求する」
- come to do「…するようになる」
- information「情報」
- first-hand「直接の，直接得た［入った］」
- knowledge「知識」
- generally「一般（的）に，既知の」
- choose to do「…することに決める，…する方を選ぶ」
- include「…を含む，…を入れる」
- as in A「たとえばAのように，Aなどの場合」
- pass「…に合格する」
- focus more on A「Aにより多くの重点を置く，Aをより重視する」
- source「出所，源」

第5パラグラフ

- object「物，物体」
- treat「…を扱う」
- differently「異なって，違って」
- as well「同様に」
- noun「名詞」
- bean「豆」
- countable「数えられる，可算の」
- plural「複数（形）」
- while S V …「（～），だが一方で…」
- mass「集合的な，集合体の」
- distinction「区別，識別」
- researcher「研究者，調査員」
- study whether S V …「…するかどうか研究する」
- property「特性，性質」
- aware「気づいて，知って」
- substance「物質」

第6パラグラフ

- example「例，実例」
- treat A as B「AをBとして扱う［見なす］」
- break up A into B「AをBに分ける，AをBに分割する」
- chunk「（大きな）塊」
- count「…を数える」
- tend to do「…する傾向がある」
- second「秒」
- instead of as A「Aとしてではなく」
- smooth「なめらかな，円滑に動く」
- unbroken「とぎれない，連続の」
- stream「流れ，水流」
- make O do「Oに…させる」
- stuff「物」
- save「…を節約する，…を省く」
- waste「…を浪費する」
- term「言葉，用語」
- continuous「連続的な，絶え間のない」
- cycle「循環，一巡」
- not necessarily「必ずしも…ない」
- mean that S V…「…ということを意味する」
- force A on B「AをBに押しつける」
- a certain view of A「Aに対する特定の見方」
- It could be that S V …「…だという可能性がある」
- reflect A in B「AをBに反映する」
- deal with A「Aを扱う，Aに取り組む」
- both A and B「AもBも両方とも」
- It seems likely that S V …「…だという可能性が高いように思われる」
- strand「（より合わせる）糸，ひも」

第3問の【語句】リスト

第1パラグラフ

- *popular*「大衆に受けのよい，人気がある」
- *tale*「物語，話」
- *heartwarming*「心暖まる，ほほえましい」
- *real-life*「実在の，現実の」
- *devoted*「献身的な，忠実な」
- *late*「最近死んだ」
- *master*「主人，雇い主」
- *spend O doing*「…するのに（お金・時間）を使う」
- *sit on A*「Aに座る」
- *grave*「墓」
- *sell well*「よく売れる」
- *explain that S V...*「…だと説明する」
- *author*「著者，作家」
- *hold*「…を開く，…を開催する」
- *treat A as B*「AをBとして扱う［見なす］」
- *household pet*「家庭で飼うペット」
- *storyteller*「物語作家」
- *social critic*「社会批評家」
- *write that S V...*「…ということが（本などの中に）書かれている」
- *It is impossible to do*「…することはできない」
- *be reminded of A*「Aを思い出す」

第2パラグラフ

- *trend*「風潮，傾向」
- *coincide with A*「Aと同時に起こる，Aに一致する」
- *the rise of A*「Aの台頭，Aの繁栄」
- *humanitarianism*「人道主義」

- *largely*「主に，大部分は」
- *movement*「運動，活動」
- *advocate that S V ...*「…だと主張［支持］する」
- *Christian*「キリスト教徒」
- *be concerned with A*「Aに関心がある」
- *plight*「窮状，苦境」
- *the less fortunate*「より恵まれない人々」
- *anti-slavery campaigner*「奴隷制反対の運動家」
- *champion*「（社会的運動・主義などの）擁護者，推進者」
- *academic*「学者，大学教員」
- *early*「初期の，早期の」
- *feminist*「女権拡張論者，フェミニスト」
- *identify with A*「Aと一体と考える，Aと自分を同一視する」
- *lobby*「運動団体，圧力団体」
- *come to do*「…するようになる」
- *identify A as B*「AをBであると認定［確認］する」
- *victim*「犠牲者，被害者」
- *male*「男性の」
- *rationality*「合理性，理屈」

第3パラグラフ

- *at the same time*「同時に」
- *research into A*「Aの研究」
- *evolutionary process*「生物進化の過程」
- *make A into B*「AをBに変える」
- *natural history*「博物学」
- *pastime*「娯楽，気晴らし」

214

- *develop*「…を発達させる，…を発展させる」
- *a sort of* A「ある種の A，一種の A のようなもの」
- *respect*「尊敬，敬意」
- *renowned*「有名な，高名な」
- *zoologist*「動物学者」
- *the Catholic Church*「(ローマ) カトリック教会」
- *teach that* S V...「…だと教える」
- *insensitive*「鈍感な，無感覚な」
- *beast*「獣，(人間に対して) 動物」
- *understanding*「理解 (すること)，理解力」
- *once* S V...「いったん…すると」
- *scientifically*「科学的に」
- *enlightened*「啓蒙された，知識を持った」
- *culture*「文化，教養」
- *see* A *as* B「A を B だと見なす」
- *creature*「生き物」
- *feeling*「感情，気持ち」

第4パラグラフ
- *soften*「…を和らげる，…を柔らかくする」
- *stance*「態度，立場」
- *the disadvantaged*「恵まれない人々」
- *slavery*「奴隷制度」
- *abolish*「…を廃止する」
- *over* A「A 以上 (の)」
- *vote*「選挙権，参政権」
- *right*「権利」
- *gain acceptance*「人気を博す，人気が出る」
- *kind-hearted*「親切心のある，心の優しい」

- *dealing*「取り扱い，待遇」
- *director*「所長，管理者」
- *ethic*「倫理，道徳」
- *suffering*「苦しみ，苦痛」
- *matter*「重要である」
- *the comparison between* A *and* B「A と B の比較」
- *infant*「幼児」
- *withdraw*「…を撤回する，…を取り消す」
- *consent*「同意，承諾」
- *similarly*「同様に」
- *protect*「…を守る，…を保護する」
- *obvious*「明白な，明らかな」
- *concern*「気遣い，懸念」
- *rational*「合理的な，分別のある」
- *apply to* A「A に当てはまる」
- *innocent*「無罪の，潔白の」
- *guilty*「有罪の」
- *consent*「(よく考えた上でしぶしぶ) 同意する」
- *comprehend*「…を理解する」
- *represent*「…を表す，…を表現する」
- *interest*「利益」
- *phase*「段階，時期」
- *increasing*「(ますます) 増加する」
- *affection for* A「A の愛情」
- *conceivably*「考えられる限りでは，ことによると」
- *the granting of* A「A を与えること」
- *in the same way that* S V...「…するのと同様に」

第5パラグラフ
- *meanwhile*「一方では，同時に」
- *anthropomorphism*「擬人化」

- *as if S V...*「まるで…であるかのように」
- *characteristic*「特徴，特性」
- *continue to this day*「今日まで続く」
- *thanks to A*「A のおかげで，A のために」
- *joint*「共同の，共通の」
- *filmmaker*「映画制作者」
- *animated*「アニメ［動画］の」
- *feature*「…を呼び物にする，…を主役にする」
- *a (whole) heap of A*「たくさんの A，多数の A」
- *encourage O to do*「O を…するように励ます」
- *think of A as B*「A を B だと考える［見なす］」
- *result*「結果，成果」
- *film adaptation*「映画化」
- *bestselling*「ベストセラーの」
- *misbehave*「無作法に振る舞う，不品行なことをする」
- *rescue dog*「救助犬」
- *prompt*「…を刺激する，…を促す」
- *surge*「高まり，殺到，急上昇」
- *dog adoption*「犬の里親斡旋」

第6パラグラフ
- *sentimentalized attitude*「感傷的な態度」
- *consequence*「（必然の）結果」
- *become substantially better off*「暮らし向きが以前よりも相当良くなる」
- *at dawn*「夜明けに，明け方に」
- *plough a field*「畑を耕す」
- *bake bread*「パンを焼く」

- *generally*「概して，大抵」
- *on one's hands*「自由に使える」
- *take care of A*「A の世話をする」
- *feed O_1 O_2*「O_1 に O_2 を（エサとして）与える」
- *fish-shaped*「魚の形をした」
- *biscuit*「ビスケット」
- *treats*「おやつ」
- *partly*「部分的に，一部分は」
- *explain why S V...*「…である理由を説明している」
- *nation*「国，国家」
- *widespread*「広範囲に及ぶ，広く行き渡った」

第4問の【語句】リスト

第1パラグラフ

- *social mistake*「社交上の誤り，人付き合いにおけるミス」
- *none*「何も…ない」
- *common*「よく起こる，ありふれた」
- *exchange names*「名前を交換する」
- *promptly*「すぐに，即座に」
- *force O to do*「O に…することを強制する」
- *either A or B*「A か B かのいずれか」
- *swallow one's pride*「プライドを捨てる，恥を忍ぶ」
- *suffer*「苦しむ，悩む」
- *in uncertainty*「不安の中で，半信半疑で」

第2パラグラフ

- *keep going*「…し続ける」
- *possible*「可能性のある，ありうる」
- *explanation*「説明」
- *that*「それほど，そんなに」
- *interested*「関心があって，興味があって」
- *be good at doing*「…するのが上手だ」
- *be poor at doing*「…するのが下手だ」
- *remember*「…を思い出す，…を記憶する」
- *motivate O to do*「O に…する動機[刺激]を与える」
- *more of a passing thing*「どちらかというと[むしろ]一時的なこと」

第3パラグラフ

- *not always*「いつも…（である）とは限らない」
- *the case*「事実，真相」

- *do want to do*「本当に…したい」
- *anyway*「それでもやはり，とは言うものの」
- *underestimate*「…を過小評価する」
- *seemingly*「見たところでは，表面的には」

第4パラグラフ

- *forgettable*「忘れられがちな」
- *strike A as B*「A に B という印象を与える」
- *multiple*「多数の」
- *on the other hand*「他方では」
- *rare*「珍しい，まれな」
- *recognize*「…を認める，…を承認する」
- *recall*「…を思い出す」
- *fight for A*「A のために戦う，A を求めて争う」
- *space*「スペース，場所」
- *brain*「脳，頭」
- *given A*「A を考慮すると」
- *factor*「要素，要因」
- *effort*「努力」
- *lock down A*「A を閉じ込める」

第5パラグラフ

- *in relation to A*「A に関係して，A と関連づけて」
- *even if S V...*「たとえ…だとしても」
- *get A in*「A を取り込む，A を（頭の）中に入れる」
- *competition between A and B*「A と B との競争」
- *overconfident*「自信過剰な」
- *later on*「もっと後で，後になって」

第6パラグラフ

- *distract*「…の気をそらす」
- *make a good impression*「良い印象を与える」
- *hold a conversation*「会話をする」
- *fall into A*「A に陥る，A の中に入る」
- *camp*「同志たち，グループ，陣営」
- *in doing*「…する中で，…する際に」
- *focus*「…を集中させる」
- *elsewhere*「どこか他へ」
- *neglect to do*「…することを怠る」
- *file away A*「A をファイルする，A を整理する」
- *struggle to do*「…しようと四苦八苦する，…しようともがく」
- *mentally*「心の中で，頭の中で」
- *return to A*「A に戻る」
- *interaction*「（相手との）やり取り，交流」

第7パラグラフ

- *effective*「効果的な，有効な」
- *helpful*「助けになる，有用な」
- *recommend doing*「…することを勧める」
- *distinctive*「（他と）明確に区別できる，特有の」
- *characteristic*「特徴，特性」
- *relate A (back) to B*「A を（あらためて）B と関連づける」
- *categorize A as B*「A を B として分類する」
- *jogger*「ジョギングをする人」
- *stick out*「突き出る，目立つ」

第8パラグラフ

- *test*「…をテストする，…に問題を出す」
- *(even) as S V...*「…する時（でも）」

- *ongoing*「継続［進行］している」
- *add that S V...*「…だとつけ加えて言う」
- *take note of A*「A に留意［注目］する」
- *quiz A on B*「B に関して A に簡単な試験［クイズ］をする」
- *immediately*「すぐに，ただちに」
- *soon after S V...*「…する後すぐに」
- *the act of doing*「…するという行為」
- *actually*「実際に，現実に」
- *help O to do*「O が…するのに役立つ」
- *retain*「…を記憶する，…を保持する」
- *in the long run*「長い目で見れば，結局は」

第9パラグラフ

- *repeat*「…を繰り返して言う」
- *trigger*「…の引き金を引く，…を引き起こす」
- *powerful*「強力な，有用な」
- *effect*「効果，影響」
- *generate*「…を生み出す，…を作り出す」
- *passively*「受動的に」
- *take A in*「A を取り込む，A を中に入れる」
- *produce*「…を作る，…を生み出す」

第10パラグラフ

- *envision*「…に思いを巡らす，…を心に描く」
- *setting*「背景，場面」
- *and so on*「…など」
- *retrace one's steps*「…の足跡をたどる」

第11パラグラフ

- *fail*「失敗する，うまくいかない」
- *miracle*「奇跡，驚異」

第5問の【語句】リスト

第1パラグラフ

- *commuting hours*「通勤時間」
- *count*「数える，計算する」
- *as part of A*「Aの一部として」
- *workday*「一日の労働時間」
- *suggestion*「提言，提案」
- *university researcher*「大学の研究者」
- *commuting habit*「通勤行動［習慣］」
- *thousands of A*「数千もの A」
- *business people*「会社員，ビジネスパーソン」

第2パラグラフ

- *It is no secret that S V...*「…ということは周知の事実だ」
- *the expansion of Wi-Fi*「Wi-Fiの拡大」
- *plane*「飛行機」
- *automobile*「自動車」
- *lead to A*「Aにつながる，Aを引き起こす」
- *tie A to B*「AをBに縛りつける」
- *employee*「従業員」
- *electronic device*「電子機器」
- *as S V ...*「…する中で，…するにつれて」
- *send and receive*「…を送受信する」
- *countless*「数え切れない，無数の」
- *work email*「業務メール」
- *clock out from one's job*「仕事を終える，退出時刻を記録する」

第3パラグラフ

- *work-life balance*「仕事と生活のバランス」

- *popular catchphrase*「人気のあるキャッチフレーズ」
- *the modern era*「現代」
- *employer*「雇用主，企業主」
- *provide B for A*「AにBを提供［用意］する」
- *a range of A*「さまざまな(種類の)A」
- *get rid of A*「Aを取り除く」
- *accumulated*「(徐々に)蓄積された」
- *stress*「ストレス，圧迫」
- *amid A*「Aの真ん中に，Aの只中に」
- *emphasis on A*「Aの強調［重点］」
- *wellness program*「健康増進プログラム」
- *alarming*「不安にさせる，警戒心を抱かせる」
- *tale*「話，物語」
- *Japanese worker*「日本人労働者」
- *amass*「…を蓄積する」
- *more than A*「A以上」
- *overtime*「残業，超過時間」
- *work oneself to death*「過労死する」
- *official*「役人，当局者」
- *move to do*「…する方向に動き出す」
- *crack down on A*「Aを厳しく取り締まる」
- *overwork*「働きすぎる」

第4パラグラフ

- *workweek*「1週間の労働(時間)」
- *introduce*「…を導入する，…を取り入れる」
- *law*「法律，法」
- *require O to do*「Oに…することを要求する」

- *large company*「大企業」
- *the right to do*「…する権利」
- *disconnect*「接続を切る」
- *block email*「メールをブロックする［締め出す］」
- *off duty*「勤務時間外で，非番で」

第5パラグラフ

- *similar*「よく似た，類似の」
- *limit*「制限，限度」
- *test*「…を試す，…を検証する」
- *the Labor Ministry*「労働省」
- *order O not to do*「O に…しないように命令する」
- *supervisor*「監督［管理］者，上司」
- *contact*「…と連絡をとる，…と接触する」
- *outside office hours*「勤務時間外に［の］」
- *Volkswagen*「フォルクスワーゲン社」
- *shut off A*「A を遮断する，A を切り離す」
- *at the end of A*「A の終わりに」
- *stop O from doing*「O が…するのをやめさせる［妨げる］」

第6パラグラフ

- *Britain*「英国」
- *spend O doing*「…するのに O（時間・お金）を使う」
- *on average*「平均して，概して」
- *get to and from one's job*「職場に行って帰ってくる」
- *not everyone V...*「すべての人が…するというわけではない」
- *productive*「生産性の高い」

- *rail car*「（鉄道の）車両」
- *temptation*「誘惑，誘い」

第7パラグラフ

- *over A*「A に渡って，A の間」
- *commuter*「通勤者」
- *travel*「…を移動する」
- *up to A*「最大 A まで」
- *a day*「1 日につき」
- *line*「（鉄道の）路線」
- *northwest*「北西に」
- *scrutinize*「…を綿密に調べる」
- *free wireless internet*「無料の無線インターネット」
- *get O done*「O を…してしまう」
- *accomplish*「…を成し遂げる」
- *check*「…をチェックする，…を確かめる」
- *work-related*「仕事に関連した」
- *during the trip*「移動中に」

第8パラグラフ

- *exploratory*「予備調査の，予備的な」
- *stage*「段階」
- *length*「長さ」
- *the British government*「英国政府」

第9パラグラフ

- *European country*「ヨーロッパの国」
- *propose*「…を提案する」
- *regulatory*「規制上の，規制［統制］する」
- *take account of A*「A を考慮する」
- *commute*「通勤（時間）」
- *seemingly*「表面上は，一見…のように見える」
- *permanent*「永続する，永久の」

- *availability*「利用できること，利用の可能性」
- *mobile*「移動可能な，移動性のある」
- *court case*「訴訟」
- *decide*「…に判決を下す」
- *legal commission*「法務委員会」
- *affect*「…に影響する」
- *working time*「労働時間」
- *calculate*「…を計算する，…を算出する」
- *across the continent*「ヨーロッパ大陸全体にわたって」
- *rule that S V...*「…だと裁定する，…という判決を下す」
- *count A as B*「A を B に数える，A を B だと見なす」
- *rationale*「理論的根拠」
- *strictly speaking*「厳密に言うと」
- *at the disposal of A*「A が自由に使える，A の思うままに」

第10パラグラフ

- *France's highest court*「フランスの最高裁判所」
- *euro*「ユーロ」
- *compensation*「補償（金），賠償（金）」
- *have A on*「A をオンの状態にしている」
- *at all times*「いつも，常に」
- *complaint*「苦情，不満」
- *client*「顧客」
- *subordinate*「部下」
- *remind O that S V...*「O に…ということを思い出させる［気づかせる］」
- *ought to do*「…すべきである」
- *reasonable attitude*「良識ある態度」
- *lawyer*「弁護士」

- *have access to A*「A にアクセスできる，A を利用できる」
- *around the clock*「まる一日中，24時間ぶっ通しで」
- *mean that S V...*「…ということを意味する」
- *all the time*「常に，いつも」

第6問の【語句】リスト

第1パラグラフ

- *especially*「とりわけ，特に」
- *be susceptible to A*「Aの影響を受けやすい，Aに感染しやすい」
- *temptation*「誘惑」
- *come up with A*「Aを思いつく，Aを見つける」
- *stress out A*「Aを緊張させる，Aにストレスをかける」
- *result*「結果，結末」
- *imagine*「…を想像する」
- *a trip to A*「Aに行くこと，Aに移動すること」
- *dentist*「歯科医，歯医者」
- *experience*「…を経験する」
- *extreme*「極度の，過度の」
- *give a speech*「演説をする」
- *in public*「人前で，公然と」
- *in private*「人目がないときに，内密に」
- *crave*「…を切望［渇望］する」
- *high-fat*「高脂肪の」
- *sugary*「砂糖を含んだ」

第2パラグラフ

- *lead to A*「Aにつながる，Aを引き起こす」
- *rescue mission*「救助活動，救助任務」
- *prompt*「…を引き起こす，…を促す」
- *fight-or-flight response*「戦うか逃げるかという二者択一の反応」
- *a set of A*「一連のA」
- *coordinated*「調整的な，よく調整された」
- *allow O to do*「Oが…することを可能にする」

- *defend*「…を守る，…を防御する」
- *danger*「危険，危険状態」
- *motivate O to do*「Oに…する動機を与える」
- *mood*「気分，気持ち」
- *point A toward B*「AをBに向ける」
- *neuroscientist*「神経科学者」
- *negative emotion*「否定的な感情」
- *anger*「怒り，立腹」
- *sadness*「悲しみ，悲哀」
- *self-doubt*「自己不信，自信喪失」
- *anxiety*「心配，懸念」
- *shift A into B*「AをBに移す，AをBに移行させる」
- *reward-seeking state*「褒美を求める状態」
- *end up doing*「最終的に…する，結局は…する」
- *substance*「物質」
- *activity*「活動」
- *associate A with B*「AをBと関連づける」
- *the promise of reward*「褒美の見込み」
- *convince A that S V...*「Aに…だと確信させる」
- *criticize*「…を非難する」
- *activate*「…を活性化する，…を活発にする」
- *intense*「強烈な，激しい」
- *release*「…を放出する」
- *excitability*「興奮性，興奮しやすさ」
- *dopamine neuron*「ドーパミンを放出する神経単位」

- *mean that S V…*「…ということを意味する」
- *run into A*「A に出くわす，A に偶然出会う」
- *tempting*「魅力的な，心をそそる」
- *compare*「…を比較する」
- *appeal*「魅力」
- *personal*「個人的な，個人としての」
- *failure*「失敗」
- *suddenly*「突然，急に」
- *expect that S V …*「…だと期待［予想］する」

第3パラグラフ

- *moment*「(特定の) 時，瞬間」
- *far away from A*「A から遠く離れて」
- *clarity*「明晰さ，明快さ」
- *scream at A that S V …*「A に…だと叫ぶ［絶叫する］」
- *freezer*「冷凍庫」
- *the wrong A*「間違った A, 不適切な A」
- *direction*「方向，方角」
- *clear-headed*「頭脳明晰な，頭の切れる」
- *wisdom*「知恵，賢明 (さ)」
- *least + 形容詞*「最も…でない」
- *helpful*「役立つ，助けになる」
- *instinct*「本能」
- *be drawn back to A*「A へと引き戻される」
- *coping strategy*「対処戦術」
- *primitive*「原始的な」
- *persistently*「頑固に，しつこく」
- *the gateway to A*「A への道，A への手段」
- *bliss*「至福，無上の幸福」

第4パラグラフ

- *combine A with B*「A を B と結合させる」
- *relief*「救済，救助」
- *all sorts of A*「あらゆる種類の A」
- *illogical behavior*「非論理的な行動」
- *economic survey*「経済学の調査」
- *finances*「財源，財政状態」
- *shop*「買い物をする」
- *cope with A*「A をうまく処理する」
- *depression*「憂うつ」
- *defy*「…を受け入れない，…を無視する」
- *reason*「理性，道理」
- *add to A*「A を増やす」
- *debt*「負債，借金」
- *overwhelmed*「圧倒されて」
- *down the road*「今後，やがて，ゆくゆくは」
- *make perfect sense*「完全に筋が通る」
- *at some level*「ある程度」
- *relieve*「…を取り除く，…を軽減する」
- *debt-induced*「債務に誘発される」
- *feel ashamed of A*「A を恥ずかしいと思う」
- *one's lack of control*「自制心のなさ」
- *turn to A*「A に向かう，A に走る」
- *fix*「…を治す，…を回復させる」
- *behind*「遅れて」
- *put A off*「A を延期する」
- *avoid doing*「…することを避ける」
- *goal*「目的，目標」
- *conquer*「…を征服する」
- *self-control*「自制，克己」

第7問の【語句】リスト

第1パラグラフ

- *manipulate*「…を操作する，…を操る」
- *photography*「写真撮影」
- *begin with A*「(順序として) A から始まる」
- *the recognition that S V...*「…という認識」
- *inherent*「本来備わっている」
- *manipulation*「操作」
- *process*「加工，工程」
- *stage*「段階」
- *(be) subject to A*「A の影響を受ける，A を受けやすい」
- *bias*「偏見」
- *interpretation*「解釈」
- *photographer*「写真家」
- *printer*「印刷者」
- *editor*「編集者」
- *viewer*「見る人，鑑賞者」
- *absolute*「絶対的な」
- *relative*「相対的な」
- *reality*「現実」
- *unqualified*「無条件の，絶対的な」
- *purely*「純粋に」
- *objective*「客観的な」
- *subjective*「主観的な」
- *distortion*「歪曲，曲解」
- *creation*「創作，創造」
- *practitioner*「専門家，実践している人」
- *be concerned with A*「A に関心がある」
- *fantasy*「空想，幻想」
- *document*「…を記録する，…を立証する」

第2パラグラフ

- *throughout A*「A の間ずっと，A の初めから終わりまで」
- *branch*「分野，分科」
- *loosely*「漠然と，大ざっぱに」
- *define*「…を定義する」
- *acquire*「…を得る，…を獲得する」
- *standing*「地位」
- *confidence that S V...*「…という信頼」
- *reflect*「…を映し出す，…を反映する」
- *uniquely*「独特に，比類なく」
- *compelling*「説得力のある，人を引き付ける」
- *credible*「信頼される，信用される」
- *public faith*「大衆の信頼」
- *veracity*「真実性，信憑性」
- *origin*「起源，始まり」
- *typically*「一般的に，主として」
- *transfer A to B*「A を B に転写する」
- *prior to A*「A の前に」
- *recognize*「…を認識する，…を認める」
- *basis*「根本 [基本] 原理」
- *regard A as B*「A を B だと見なす」
- *reliable*「信頼できる」
- *depiction*「描写」
- *actual event*「実際の出来事」

第3パラグラフ

- *realistic*「現実的な」
- *average citizen*「一般市民」
- *point A at B*「A を B に向ける」
- *view A as B*「A を B だと見なす」
- *legitimate*「本物の，真正の」
- *capture*「…を捕らえる，…を獲得する」
- *meaningful*「意味のある，意義のある」

- *countless millions of A*「数え切れないほど多くの A」
- *pass A on to B*「A を B に伝える」
- *future generation*「未来の世代」
- *not only A but (also) B*「A だけでなく B も」
- *evidence*「証拠」
- *fire*「火事，火災」
- *save*「…を救う，…を救出する」
- *fear that S V...*「…ではないかと心配する」

第4パラグラフ

- *argument that S V...*「…という議論」
- *take A for granted*「A を当然のことと思う」
- *on the other hand*「一方で」
- *sensible*「賢明な，分別のある」
- *subjectivity*「主観性」
- *B as well as A*「A 同様 B も，A だけでなく B も」
- *undeniable*「否定できない」
- *potential*「可能性，潜在能力」
- *authenticity*「真実［信頼］性，信憑性」
- *pleasure*「楽しみ，喜び」
- *transfiguration*「変容，変形」
- *plain*「平凡な，普通の」
- *indispensable*「欠くことのできない，不可欠な」
- *may well be C*「おそらく C であろう」
- *paradox*「パラドックス，逆説」
- *lovely*「すてきな，素晴らしい」
- *ignore*「…を無視する」
- *profound*「深い，深遠な」
- *solve*「…を解決する，…を解く」

第5パラグラフ

- *entirely*「完全に，全く」
- *unbiased*「偏りのない，偏見のない」
- *critic*「批評家」
- *dismiss*「…を退ける，…を捨てる」
- *quality*「特質，性質」
- *altogether*「完全に，全く」
- *despite A*「A にもかかわらず」
- *aspect*「側面，状況」
- *occasional*「時折の，時々の」
- *consider O (to be) C*「O を C だと思う」
- *misleading*「誤解を招きやすい，人を誤らせる」
- *distorted*「ゆがめられた，歪曲された」
- *exception*「例外」
- *evidence*「…を証明する」
- *common*「一般的な，よく知られた」
- *B such as A*「A のような B」
- *staged*「演出された」
- *doctored*「細工された」
- *subject*「被写体」
- *be capable of A*「A の能力がある」
- *deception*「だますこと，ごまかし」
- *literally*「文字通り」
- *whole world*「世界全体」
- *outside the frame of A*「A のフレーム［枠］の外に」
- *interfere with A*「A を妨げる，A を邪魔する」
- *say*「例えば」
- *revealing*「明らかにするような」
- *be based on A*「A に基づいている」
- *as long as S V...*「…する限り」
- *correspond to A*「A に一致する」

第8問の【語句】リスト

第1パラグラフ

- *commercially*「商業上，商業的に」
- *available*「購入できる，入手できる」
- *launch*「…を売り出す，…を発売する」
- *the decade that followed*「それに続く10年，その後の10年」
- *create*「…を引き起こす，…を巻き起こす」
- *anxiety*「不安，心配」
- *photographer*「写真家」
- *photography*「写真撮影」
- *scholar*「研究者，学者」
- *go as[so] far as doing [to do]*「…するところまで行く，…しさえする」
- *declare O C*「O が C であると断言［公言］する」
- *shift*「変更，変化」
- *initially*「当初は，最初に」
- *consider O C*「O を C だと見なす」
- *steep*「急（激）な，途方もない」
- *classify A as B*「A を B に分類する」
- *see A as B*「A を B だと見なす」

第2パラグラフ

- *duplicate*「…を複写する」
- *edit*「…を編集する」
- *the latter*「後者」
- *make O C*「O を C にする」
- *flexibility*「柔軟性，適応性」
- *represent*「…を表現する，…を描写する」
- *additional*「追加の，付加された」
- *shot*「早撮り（写真）」
- *cost*「費用，経費」
- *snap*「スナップ写真，早撮り写真」

- *given*「一定の，特定の」
- *sort through A*「A を分類する」
- *in addition to A*「A に加えて，A だけではなく」
- *transform*「…を変える」
- *individual*「個々の」
- *alter*「…を変える」
- *emotional*「感情的な」
- *meaning*「意味」
- *attribute A to B*「A を B に帰する，A を B に起因すると考える」
- *get rid of A*「A を取り除く」
- *loved ones*「最愛の人々」
- *even if S V...*「たとえ…だとしても」
- *out of focus*「焦点が外れて，ピンボケの」
- *blurry*「ぼやけた，ぼんやりした」
- *development*「（写真の）現像」
- *in the context of A*「A の状況で」
- *the massive amount of A*「膨大な量の A，大量の A」
- *the labo(u)r of love*「愛情を示すための骨折り」
- *clean*「（写真）を調整する」
- *sort*「…を選択する」
- *tag*「…にタグを付ける」
- *categorize*「…を分類する」
- *delete*「…を削除する，…を消す」
- *majority*「大多数，大部分」
- *occasionally*「時折，時々」
- *claim that S V...*「…だと主張する」
- *emergent*「現れた，出現した」
- *be indicative of A*「A の徴候がある，A を表示する」

- *diminished*「減少した」
- *social worth*「社会的価値」
- *plenty of A*「たくさんの A, 十分な A」
- *display A as B*「A を B として表示する」
- *device*「装置」
- *background*「背景」
- *overall*「全体として, 全般的に言えば」
- *digitalization*「デジタル化」
- *focus*「重点, 焦点」

第3パラグラフ

- *date back to A*「(起源などが) A までさかのぼる」
- *report*「報道する, 伝える」
- *cell phone*「携帯電話」
- *invent*「…を発明する, …を考案する」
- *offer*「…を提案する, …を申し出る」
- *peculiar invention*「奇抜な発明品」
- *teenager*「10代の若者」
- *outfit*「衣装一式, 服装ひとそろい」
- *prove that S V...*「…ということを証明する」
- *set up A on a date*「A のデートのお膳立てをする」
- *pretty*「かなり, 相当」
- *pointless*「無意味な」
- *practical aid*「実用的な道具」
- *spy*「スパイをする」
- *take a sneak picture of A*「A を盗撮する」
- *competitor's produce*「競争相手の製品」
- *injury*「負傷」
- *keep in touch with A*「A と連絡を取り合う」
- *hobbyist*「趣味に熱中する人」

- *collection*「収集物, コレクション」
- *favourite*「お気に入り (のもの)」
- *include*「A を (全体の一部として) 含む」
- *commenter*「投稿者, 回答者」
- *can't wait for A to do*「A が…するのが待ち遠しい」
- *so S can do*「S が…できるように」
- *friendly*「愛想のよい, 人なつっこい」
- *suggest that S V...*「…だと提案する」
- *allow for A*「A を考慮する, A を計算に入れる」
- *video call*「ビデオ通話」
- *happen in practice*「現実に起こる, 実現する」

第4パラグラフ

- *the fact that S V...*「…という事実」
- *propose that S V...*「…だと提案する」
- *capture*「…を捕らえる, …を保存する」
- *memory*「記憶」
- *maintain*「…を維持する」
- *relationship*「(人間) 関係, 結びつき」
- *express oneself*「自分を表現する」
- *in contrast*「対照的に」
- *argue that S V...*「…だと主張する」
- *portable*「携帯用の, 持ち運びができる」
- *communication*「コミュニケーション, 意思疎通」
- *social function*「社会的機能 [役目]」
- *remain*「残っている, 残されている」
- *despite A*「A にもかかわらず」
- *technology*「科学技術, テクノロジー」
- *prediction*「予測, 予想」

第9問の【語句】リスト

第1パラグラフ

- *city dweller*「都市に住む人，都市生活者」
- *share A with B*「A を B と共有する，A を B と共同で使う」
- *elegant*「上品な，優雅な」
- *loving*「愛情深い」
- *sweet*「かわいい，愛らしい」
- *occasional*「時折の」
- *mice*「ネズミ」
- *regular*「いつもの，通常の」
- *spider*「クモ」
- *unsettling*「心を乱す，動揺させる」
- *harmless*「害のない，無害の」
- *cockroach*「ゴキブリ」
- *hop*「ぴょんぴょん跳ぶ」
- *bite*「かみつく，かむ」
- *farmer*「農民，農家」
- *agriculturist*「農業従事者」
- *domesticated*「家畜化された」
- *mammal*「哺乳動物」
- *agriculture*「農耕，農業」
- *hunt*「狩猟する」
- *in one's turn*「自分の番になって，今度は自分になって」
- *prey upon[on] A*「A を餌食にする，A を捕食する」
- *beast*「獣」
- *surround*「…を取り囲む，…を囲む」
- *no matter A*「A がどうであれ」
- *attitude*「態度，心構え」

第2パラグラフ

- *make A of B*「B について A だと理解する，B を A だと思う」
- *mind*「心，精神」
- *conscious*「意識を有する，知覚のある」
- *treat*「…を扱う，…と見なす」
- *nonetheless*「それにもかかわらず」
- *tendency to do*「…する傾向」
- *view A as B*「A を B だと見なす」
- *form*「形，形状」
- *ancient*「大昔からある，太古からの」
- *irresistible*「抑えきれない，抵抗できない」
- *urge*「衝動，本能的な欲望」
- *artwork*「芸術作品」
- *painting*「絵，絵画」
- *cave*「洞窟，ほら穴」
- *southern France*「南フランス」
- *date back*「さかのぼる」
- *depict*「…を描く，…を描写する」
- *suggest that S V...*「…だと暗示 [示唆] する」
- *quality*「性質，特性」
- *defy*「…を無視する，…を受け入れられない」
- *adopt*「（態度など）を取る」
- *involve doing*「…することを伴う [含む]」
- *convincingly*「納得のいくように，もっともらしく」
- *simulate*「…をシミュレートする，…を模擬実験する」
- *behavior*「行動，振る舞い」
- *never [not] (...) for one [a] moment*「一瞬も（…しない），少しも（…しない）」

- *tug*「引力，強く引くこと，（突然の）強い感情」

第3パラグラフ

- *spontaneous*「無意識的な，自発的な」
- *consider*「…をよく考える」
- *observe*「…を観察する」
- *reflect on* A「Aについて考察する」
- *for a little while*「少しの間」
- *beard*「あごひげ」
- *emotionally*「感情的に」
- *satisfying*「満足のいく，納得のいく」
- *in the case of* A「Aの場合に」
- *species*「（分類上の）種」
- *overlap with* A「Aと重なる」
- *satisfactorily*「満足のいくように，申し分なく」
- *role*「役割」
- *reflection*「熟考」
- *naïve*「単純な，無邪気な」
- *psychology*「心理，心理学」
- *in one's own right*「他から独立して，独自に」

第4パラグラフ

- *recognize that* S V...「…だと認める[承認する]」
- *can't* [*cannot*] *help doing*「…せずにはいられない」
- *perspective*「（総体的な）見方，視点」
- *just as* S' V'.... *so* S V〜「…であるのと同様に〜」
- *the foreign*「異質なもの，よく知らないこと」
- *make a comparison with* A「Aと比較する」

- *home*「本国，自国」
- *inevitably*「必然的に，必ず」
- *intelligent*「知能のある，高い知能を持つ」
- *state*「状態，有様」
- *subtle*「理解しがたい，微妙な」
- *be free from* A「Aを免れている，Aを持たない」
- *astronomer*「天文学者」
- *gradually*「次第に，徐々に」
- *come to do*「…するようになる」
- *at the center of* A「Aの中心に」
- *the solar system*「太陽系」
- *develop*「…を展開する，…を進展させる」
- *cosmology*「宇宙論」
- *our planet*「地球」
- *appropriately*「適切に，ふさわしく」
- *at a particular point*「特定の地点に」
- *galaxy*「銀河，星雲」
- *move* A *from* B「AをBから動かす[移動させる]」
- *position*「位置，場所」
- *see* A *as* B「AをBだと見なす」

第10問の【語句】リスト

第1パラグラフ

- get a sense of A「Aを感じ取る」
- completely「完全に」
- revolutionary「革命の，変革的な」
- it helps to do「…することが役立つ」
- have a long view of A「Aを長期間にわたって見る」
- demography「人口統計学」
- appoint O C「OをCに任命する」
- domain「領域，領土」
- stretch from A to B「（土地が）AからBに広がる［及ぶ］」
- what is called C「Cと呼ばれているもの」
- as far north as A「北はAまで」
- the rest of A「Aの残り，残りのA」
- the Mediterranean「地中海」
- region「地域，地帯」
- contain「…を（中味の全体として）含む」
- include「…を（中味の一部として）含む」
- population「人口，住民数」
- vast「広大な，非常に広い」
- comprise「…から成る，…を構成する」
- approximately「およそ，約」
- the British throne「イギリスの王位」
- the number of A「Aの数」
- something like A「Aくらい，約A」
- fourfold「4倍の」
- increase「増加」
- less than A「A未満，A足らず」
- in a tenth of the time「10分の1の期間で」

- latter「後者の」
- multiplication「（数量の）増加」
- astonishingly「驚くほど」
- rapid「早い，急速な」
- transformative「変化させる，変革的な」
- impact「影響，衝撃」

第2パラグラフ

- give birth to A「Aを産む」
- previous「以前の，前の」
- monarch「君主」
- pregnancy「妊娠」
- tragedy「悲劇」
- not a single A(単数名詞) V …「ひとつのAも…しない」
- produce「（子）を産む」
- neatly「きちんと，適切に」
- represent「…を表す，…を示す」
- trend「傾向，動向」
- subsequently「後に，その後」
- spread across the world「世界中に広がる」

第3パラグラフ

- precipitous「急激な，急勾配の」
- drop「低下，下落」
- infant mortality「乳幼児死亡率」
- mercifully「情け深く，幸いにも」
- irregular「不規則な，不定期の」
- common「よく起こる，普通の」
- agony「苦悩，激しい苦痛」
- follow「（結果として）次に起こる［来る］」
- dramatic「劇的な」

- reduction「減少，縮小」
- the average number of A「A の平均数」
- per A「A につき」
- have a large brood「多くの子どもを産む」
- norm「標準，基準」
- survival「生存，生き残ること」
- unusual「まれな，普通でない」
- luck「幸運」
- wealth「富，財産」
- in A's favo(u)r「A に味方して」
- shortly「すぐに，やがて」
- interwar「両大戦（第一次・第二次大戦）間の」
- A's expectation that S V ...「…という A の期待」
- normal「標準の，通常の」
- at least「少なくとも」

第 4 パラグラフ

- indigenous「現地の，原住民の」
- uncertain「不確実な，よくわからない」
- estimate「…と見積もる，…と推定する」
- range from between A to B「A から B の範囲」
- at the start of A「A の初めに」
- while S V ...「（〜）だが一方で…」
- of European origin「ヨーロッパ系の」
- number「…の数になる」
- transformation「変化，変形」
- the size and composition of A「A の規模と構成」
- continental「大陸の」
- occur「起こる，生じる」
- forever「永久に」
- significant「重要な，重大な」

- come to do「…するようになる」
- play a major role in A「A において重要な役割を果たす」
- British efforts「イギリスの活動」
- similar「同様の，よく似た」

第 5 パラグラフ

- startling「驚くべき，びっくりさせる」
- selective「選択的な」
- acceleration「加速」
- growth「増加，成長」
- plummet「急落する，急に下がる」
- rate「（比）率，割合」
- fertility「出生率，出産率」
- outpouring「流出」
- connect「…を関連づける，…をつなぐ」
- be born of A「A から生まれる」
- profound「重大な，深い」
- accompany「…に付随して起こる，…に伴って起こる」
- the industrial revolution「産業革命」
- prove to be C「（結果として）C になる」
- formidable「恐ろしい，恐るべき」
- influence「影響（力）」
- the course of history「歴史の流れ」
- empower「…に権限を与える，…に政治的権限を持たせる」
- community「地域社会，共同体」
- at the expense of A「A を犠牲にして」
- determine「…を決定する」
- fate「運命」
- empire「帝国」
- lay the foundation(s) of A「A の基盤を置く」

第11問の【語句】リスト

第1パラグラフ

- *approach*「近づく，接近する」
- *be out at work*「仕事に出ている」
- *in search of A*「A を捜して」
- *safety pin*「安全ピン」
- *open onto A*「（部屋が）A に面している，A に通じている」
- *keep O locked*「O に鍵をかけている」
- *unlock*「…の鍵を開ける」
- *step in*「中に入っていく」
- *against A*「A によりかかって」
- *bicycle*「自転車」
- *balloon tire*「バルーンタイヤ」
- *recognize*「…に見［聞き］覚えがある」
- *second-hand*「中古の」
- *admire*「…に見とれる，感心して…を眺める」
- *horribly*「ひどく，身の毛もよだつほど」
- *something like A*「約 A，だいたい A」
- *somehow*「何らかの方法で，何とかして」
- *manage to do*「何とか…する，どうにか…する」
- *save*「…をたくわえる」
- *mean to do*「…するつもりである」
- *surprise A with B*「A を B で驚かせる」

第2パラグラフ

- *overwhelm*「…を圧倒する，…を困惑させる［苦しめる］」
- *the discovery that S V ...*「…という発見」
- *spend A on B*「B に A（お金）を使う」
- *sicken*「…をうんざりさせる，…を閉口させる」
- *the knowledge that S V ...*「…ということを知ること」
- *burst into A*「A に乱入する」
- *rob A of B*「A から B を奪う」
- *the pleasure of doing*「…する楽しみ」
- *astonished*「喜んで，うれしがって」
- *lovely*「すてきな，すばらしい」
- *secret*「秘密」
- *still*「それでも，それにもかかわらず」
- *stumble upon[on] A*「A を偶然見つける［発見する］」
- *feel as though [if] S V ...*「まるで…かのように感じる」
- *strike a blow against A*「A にダメージを与える，A に打撃を与える」
- *back out*「後退する，後ずさりする」
- *ponder*「熟考する」
- *privately*「ひそかに，内密に」

第3パラグラフ

- *resolve that S V ...*「…だと決心［決意］する」
- *absolutely*「絶対に，完全に」
- *reveal*「…を示す，…を明らかにする」
- *the slightest hint of A*「A をほんの少しでもほのめかすこと」
- *avoid*「…を避ける」
- *the least word*「ほんのささいな言葉」
- *the faintest intonation*「ほんのわずかな声の抑揚」
- *the weakest gesture*「ほんのささいな身振り」
- *possession*「入手，所有」
- *deny O$_1$ O$_2$*「O$_1$ に O$_2$ を与えない」
- *stunned*「あぜんとして，ぼうぜんとして」

- amazement「驚き，驚嘆」

第4パラグラフ

- in the privacy of A「Aの中でひそかに」
- compose「…を作文する，…を創作する」
- test「…をテストする，…を試す」
- exclamation「感嘆（の言葉）」
- delight「歓喜，うれしさ」
- wow「うわあ」
- and so on「…など」
- realize that S V ...「…だと理解する，…だと悟る」
- lack of A「Aの不足」
- acting talent「演技の才能」
- sound false「嘘っぽく聞こえる」
- at the critical moment when S V ...「…する重大な時に」
- cry out A「Aを大声で叫ぶ」
- spontaneously「自然に，自発的に」
- from the heart「心から」
- maybe「ことによると，ひょっとしたら」
- escape「…を免れる，…を逃れる」
- hand-held mirror「手鏡」
- the whole range of A「あらゆる種類のA，すべての種類のA」
- expression「（顔などの）表情」
- slap「…をぴしゃりと打つ」
- firmly「しっかりと」
- cheek「ほお」
- keep O from doing「Oに…させないようにする」
- jaw「あご」
- fall off「（離れて）落ちる」
- ear-to-ear grin「満面の笑み」
- while doing「…しながら」

- hug「…をしっかり抱きしめる」
- practice「…を練習する」
- confident「自信があって，自信に満ちた」
- see if S V ...「…かを見る」
- naturally「自然に，ひとりでに」

第5パラグラフ

- rouse「…を目覚めさせる，…を起こす」
- tone「口ぶり，口調」
- irony「皮肉，アイロニー」
- indicate that S V ...「…であることを示す」
- place A under B「AをBの下に置く」
- during the night「夜中に」
- glitter「きらきら輝く，ぴかぴか光る」
- package「包み，小包」

第6パラグラフ

- it looks like S V ...「…するようだ」
- do well by A「Aを優遇する」
- halfhearted「気乗りのしない，いいかげんな」
- count「重要である」
- bitter disappointment「辛い失望」
- suppose that S V ...「…だと思う，…だと推定する」
- intolerably「耐えられないほどに，我慢できないほどに」
- expensive「（値段が）高い」
- send A back「Aを返品する」

第7パラグラフ

- snap one's fingers「指を鳴らす」

第8パラグラフ

- beckon「手招きする，合図する」

- a moment later「すぐに, すぐあとに」
- wheel「…を運ぶ, …を動かす」
- two-wheeler「二輪自転車」
- fake「…をでっち上げる, …を偽造する」
- after all「結局」
- breed O to do「O を…するように育てる」
- repress「(感情など) を抑える」
- emotional「感情的な, 感情の」
- startle「…をびっくりさせる」
- throw one's arms around A「A に腕を回す」

第9パラグラフ
- carry on about A「A について騒ぎたてる [はしゃぐ]」

第10パラグラフ
- be happy to do「…して嬉しい」

第12問の【語句】リスト

第1パラグラフ

- *get O to do*「Oに…してもらう［させる］」
- *citizen*「国民」
- *social conservative*「社会的保守主義者」
- *generally*「一般に，概して」
- *centrist*「中道主義者」
- *tentatively*「一応，暫定的に」
- *agree*「同意する」
- *worry that S V …*「…ではないかと心配する」
- *financial burden*「金銭的負担」
- *pay for A*「Aの費用を払う」
- *aging*「老齢化している」
- *population*「人口，住民」
- *intolerable*「耐えられない」
- *shrinking*「縮小している」
- *base*「層，基盤」
- *liberal*「リベラル派の人」
- *counter that S V …*「…だと反論する」
- *put pressure on A*「Aに圧力をかける」
- *environment*「環境，自然環境」
- *solve*「…を解決する」
- *immigration*「移民，移住」

第2パラグラフ

- *The truth is that S V …*「実際は…ということだ」
- *the right answer to A*「Aに対する正解［答え］」
- *probably*「おそらく，たぶん」
- *vary from country to country*「国によって異なる」

- *boost*「…を押し上げる，…を上げる」
- *fertility rate*「出産率，出生率」
- *priority*「優先事項」
- *total fertility rate*「合計特殊出生率」
- *per A*「Aにつき」
- *be close to A*「Aに近い」
- *reasonably*「かなり，満足のいく程度に」
- *i.e.*「すなわち，言い換えれば」
- *lead to A*「Aにつながる，Aを引き起こす」
- *long-term population stability*「長期的な人口の安定」
- *tend to do*「…する傾向がある」
- *be welcoming to A*「Aを歓迎する」
- *immigrant*「移民，移住者」
- *at least*「少なくとも」
- *up until [till] now*「今までは」
- *attract*「…を引きつける，…を引き寄せる」
- *skilled*「熟練した，特殊技能を持つ」
- *contribute to A*「Aに貢献する」
- *fiscal and financial sustainability*「国庫と金融の持続可能性」

第3パラグラフ

- *the picture*「全体像，状況，実態」
- *rosy*「バラ色の，楽観的な」
- *historically*「歴史的に」
- *define*「…を定義する」
- *national identity*「国民のアイデンティティ，国民性」
- *less in terms of A and more in terms of B*「AよりもBの観点から」

- *universal ideal*「普遍的な理想」
- *shared*「共通の，共有の」
- *ancestry*「祖先，先祖」
- *ethnicity*「民族性，民族的背景」
- *B such as A*「A のような B」
- *can't [cannot] do ... without doing ～*「～することなしに…することはできない，…すれば必ず～する」
- *import enough people to do*「…するのに十分な人を受け入れる」
- *cancel out A*「A を相殺する，A を埋め合わせる」
- *aging*「高齢化，（年）老いること」
- *increased nationalism*「ナショナリズムの高まり［高揚］」
- *be in a much worse situation*「はるかにより悪い状況にある」
- *startlingly*「驚くほど，驚いたことに」
- *economy*「経済」
- *be in danger*「危険な状態にある」

第4パラグラフ
- *government*「政府」
- *failure*「失敗，不首尾」
- *encourage*「…を促進［助長］する」
- *pay O to do*「O にお金を払って…させる［してもらう］」
- *publicize*「…を公表する，…を公にする」
- *lead O to do*「O を…するように仕向ける」
- *policy*「政策，方針」
- *promote*「…を促進する」
- *childbirth*「出産」
- *useless*「役に立たない，むだな」
- *special case*「特殊なケース」

- *city-state*「都市国家」
- *extremely*「極度に，極端に」
- *density*「密度，密集」
- *room for A*「A のための余地［余裕］」
- *suburbs*「郊外」

第5パラグラフ
- *obvious*「明らかな，明白な」
- *solution*「解決策，問題解決」
- *cause*「…を引き起こす，…を生じさせる」
- *short-term*「短期（間）の」
- *spike*「急上昇，突出」
- *birth rate*「出生率」
- *due to A*「A の原因で，A のせいで」
- *plan to do*「…するつもりである」
- *in order to do*「…するために」
- *claim*「…を要求する，…を請求する」
- *benefit*「給付金，手当」
- *immediately*「すぐに，即座に」
- *over the long run*「長期的に見れば」
- *direct*「直接の」
- *childbearing subsidy*「出産給付金」
- *leave O unchanged*「O を変えないでおく」
- *effect*「効果，効力」
- *remove*「…を取り除く，…を除く」
- *modest*「ささやかな，控えめな」

第6パラグラフ
- *promise*「見込み，有望」
- *booster*「高めるもの，後押しするもの」
- *child-care*「保育，育児」
- *paid-parental leave*「有給育児休暇」
- *make it easier to do*「…することをより容易にする」

236

- *bear the burden of* A「A の負担に耐える」
- *allow* O *to do*「O が…するのを可能にする」
- *maintain one's job*「仕事を続ける」
- *lose one's position*「地位［立場］を失う」
- *career ladder*「昇進の階段, 昇進の道」
- *take care of* A「A の世話をする」

第7パラグラフ
- *There is evidence that* S V ...「…という証拠がある」
- *encouraging*「励みとなる, 好意的な」
- *demographer*「人口統計学者」
- *survey*「…を調査する」
- *facilitate*「…を促進する, …を容易にする」
- *the work-family balance*「仕事と家庭のバランス」
- *have a strong influence on* A「A に強い影響力を持つ」
- *the decision to do*「…するという決心［決意］」
- *in other words*「言い換えれば」
- *confirm*「…を確認する, …を確証する」
- *finding*「研究結果, 発見」

第8パラグラフ
- *have a way out of* A「A から抜け出す方法がある」
- *trap*「罠」
- *require*「…を要求する, …を求める」
- *potentially*「潜在的に」

- *destabilizing*「社会を不安定にさせる（ような）」
- *subsidize*「…に補助金［助成金］を与える」
- *day care*「託児所」
- *pressing*「差し迫った, 急を要する」
- *issue*「問題（点）」
- *consider doing*「…することを考慮する」
- *reduce*「…を減少させる」
- *struggle*「もがく, 奮闘する」
- *adopt*「…を採用する, …を取り入れる」
- *pro-family*「家族擁護の, 家族主義を支持する」

第13問の【語句】リスト

第1パラグラフ

- *simultaneously* 「(…と) 同時に」
- *common* 「ありふれた，一般的な」
- *the least* + 形容詞「最も…ない」
- *elegant* 「優雅な，上品な」
- *begin a conversation with* A「Aと会話を始める」
- *stranger* 「見知らぬ人」
- *sure* 「確かに」
- *pervade* 「…の一面に広がる，…全体に浸透する」
- *one's sense of self* 「自己意識」
- *begin with* A 「(順序として) Aから始まる」
- *determine* 「…を決定する」
- *employment* 「(雇われてする) 仕事，職」
- *ancestor* 「祖先，先祖」

第2パラグラフ

- *switch jobs* 「仕事を変える」
- *routine* 「いつもの，日常の」
- *opportunity* 「機会」
- *self-expression* 「自己表現」
- *development* 「成長，発達」
- *outside of work* 「仕事以外の」
- *expect* O *to do* 「Oが…すると予想[期待]する」
- *identification with* A 「Aと自己との一体化」
- *diminish* 「減少する，小さくなる」
- *figure* 「数字」
- *college graduate* 「大卒者」
- *increasingly* 「ますます，だんだん」
- *automated* 「自動化された，オートメーション化された」

- *the nature of work* 「仕事の性質」
- *present* 「…を起こす，…を生じさせる」
- *start to do* 「…することを始める」
- *examine* 「…を調べる」
- *mean much to* A 「Aにとって大いに意味がある」
- *effect* 「影響」

第3パラグラフ

- *realise how* S V … 「いかに…かを理解[実感]する」
- *employer-employee* 「雇用者と被雇用者[従業員]の」
- *relationship* 「関係，関連」
- *stretch back thousands of years* 「数千年前までにさかのぼる」
- *the concept of doing* 「…するという概念」
- *distinct* 「はっきりとした，はっきり認識できる」
- *profession* 「職業」
- *for a set number of hours* 「定まった時間 (の間)」
- *relatively* 「比較的」
- *recent* 「最近の，近ごろの」
- *medieval Europe* 「中世ヨーロッパ」
- *the rise of* A 「Aの出現[台頭]，Aの増大」
- *differentiate* 「…を区別[認識]する」
- *lead to* A 「Aにつながる，Aを引き起こす」
- *invention* 「発明」
- *surname* 「姓，名字」
- *one's sense of belonging* 「帰属意識」
- *be likely to do* 「…する可能性が高い」

238

- religion「宗教」
- leisure「余暇, 自由時間」
- paid「有給の」
- the notion of A「Aという概念 [考え]」
- end「目的」
- in itself「それ自体」
- source「源, 根源」
- crop up「(突然に) 現れる, (思いがけなく) 生じる」

第4パラグラフ

- wind forward to A「Aまで早送りする, Aまで時間を進める」
- for sure「確かな [に]」
- fill「…を満たす, …に充満する」
- the average amount of time「平均時間」
- decline「減少する, 低下する」
- according to A「Aによれば」
- factor「要因」
- B such as A「AのようなB」
- paid leave「有給休暇」
- account for A「Aの原因となる, Aの理由を説明する」
- white-collar worker「ホワイトカラーの労働者」
- on vacation「休暇を取って」
- dominate「支配する, 優勢である」
- proportion「割合」
- high-skilled「高い技能を持つ」
- at least「少なくとも」
- a week「1週間につき」
- hit「…に達する」
- since「その時以来」
- go down a bit「少し下がる」
- analysis「分析 (結果)」

- publish「…を公表する, …を発表する」
- show that S V ...「…ということを示す [明らかにする]」
- extreme「極端な」

第5パラグラフ

- at work「仕事中で, 働いて (いる)」
- off work「仕事を休んで」
- it can feel like S V ...「…であるかのように感じることがある」
- smartphone「スマートフォン」
- mean that S V ...「…ということを意味する」
- connect A to B「AをBに結びつける, AをBと関係させる」
- at all times「いつも, 常に」
- modernist「近代 [現代] 主義の」
- distinction「区別, 識別」
- home-office「家庭と職場の」
- public-private「公と私の」
- self-other「自己と他者の」
- no longer「もはや…ない」
- hold C「Cのままだ」
- fast「固定した, ぐらつかない」
- sociologist「社会学者」
- mobile technology「モバイル技術」
- always-on culture「常時オン [作動] の状態の文化」
- spread「広まる, 広がる」
- enormously「大いに, ものすごく」

第6パラグラフ

- see A as B「AをBだと見なす」
- stressful「ストレスの多い, 緊張に満ちた」
- boring「うんざりするような, 退屈な」

· *plain hard*「ただただ辛い」

第7パラグラフ

· *miserable*「みじめな，悲惨な」
· *unemployment*「失業」
· *pretty well*「かなり十分に」
· *document*「…を文書で立証する，…を記録する」
· *social scientist*「社会科学者」
· *go beyond A*「Aを越える，Aにまさる」
· *simply*「単に，ただ」
· *poverty*「貧困，貧乏」
· *accompany*「…に付随して起こる，…に伴う」
· *colleague*「同僚，同業者」
· *previous study*「以前の研究，過去の研究」
· *job satisfaction*「仕事への満足度」
· *in particular*「特に，とりわけ」
· *experience*「…を経験する」
· *depression*「うつ病，うつ状態」
· *anxiety*「不安，心配」
· *self-esteem*「自尊心，自己評価」
· *compared with A*「Aと比較して」
· *those*「人々」
· *(be) satisfied with A*「Aに満足して（いる）」
· *review*「再調査」
· *carry out A*「Aを行う，Aを実施する」
· *government*「政府」
· *stress*「ストレス，緊張」
· *create*「…を引き起こす，…を巻き起こす」
· *on balance*「すべてを考慮すると，結局」
· *outweigh*「…にまさる，…を上回る」

· *problem*「問題，悩み」

240

第 14 問の【語句】リスト

第 1 パラグラフ

· *exactly*「正確に（は）」
· *industrial revolution*「産業革命」
· *historian*「歴史家」
· *debate*「…を討論する，…を議論する」
· *notice that S V ...*「…だと気づく」
· *startling*「驚くべき，びっくりさせる」
· *happen to A*「A に起こる」
· *growth rate*「(経済)成長率」
· *obvious*「明らかな，明白な」
· *manufacturing*「製造(業)」
· *boom*「急拡大，急激な増加」
· *the magnitude of A*「A の規模，A の大きさ」
· *sheer*「真の，純然たる」
· *immediately*「すぐに，ただちに」
· *in part*「一つには，部分的に」
· *statistics*「統計(のデータ)」
· *accountant*「会計士」
· *observe*「…を観察する」
· *simply*「まさに，文字通り」
· *explode*「爆発する」
· *for the first time in history*「歴史上初めて」
· *wealth*「富」
· *spread beyond A*「A の枠を越えて広がる」
· *royalty*「王族」
· *elite*「上流階級」

第 2 パラグラフ

· *triple*「3 倍になる」
· *average*「平均の」
· *income*「収入，所得」
· *adjust*「…を調整する」

· *grow tenfold*「10倍になる」
· *connect A to B*「A を B と関連づける，A を B と結びつける」
· *somehow*「なんらかの形で」
· *quarter*「地域，区域」
· *increasingly*「ますます，だんだん」
· *dominating*「支配的な，優勢な」
· *fast-growing*「急成長の，成長の速い」
· *mechanization*「機械化」
· *lead to A*「A につながる，A を引き起こす」
· *to say nothing of A*「A は言うまでもなく」
· *boom*「急上昇する，急に発展する」
· *figure out A*「A を解決する，A を理解する」

第 3 パラグラフ

· *There is more to A than B*「A は B だけでもたらされたわけではない」
· *of course*「もちろん，確かに」
· *improve*「…を改善する，…を改良する」
· *farming methods*「農法」
· *including A*「A を含めて」
· *the fencing-in of A*「A を柵で囲い込むこと」
· *pasture*「牧草地，放牧場」
· *avoid*「…を避ける」
· *have a lot to do with A*「A と大いに関係がある」
· *adulthood*「成人期」
· *thanks to A*「A のおかげで」
· *invention*「発明」
· *vaccine*「ワクチン」

- *medical advance*「医学的な進歩」
- *industrialization*「工業化」

第4パラグラフ

- *think of A as B*「AをBだと考える［見なす］」
- *dark satanic mills*「暗い悪魔の工場」
- *poison*「…を害する」
- *move from A to B*「AからBに移動する」
- *rural*「田園の，農村の」
- *community*「地域社会」
- *industrial town*「工業都市」
- *mud-walled cottage*「泥壁の小屋」
- *brick building*「レンガ造りの建物」
- *protect A from B*「AをBから守る」
- *damp*「湿気」
- *diseae*「病気，疾病」
- *mass-produced*「大生産された」
- *cotton clothing*「綿の衣類」
- *good-quality soap*「品質良い石鹸」
- *allow O to do*「Oが…するのを可能にする」
- *practice*「…を実行［実践］する」
- *hygiene*「衛生（状態）」
- *wool*「羊毛」
- *add A to B*「AをBに加える［付け足す］」
- *increased*「増加した，増えた」
- *varied*「変化に富んだ，さまざまな」
- *diet*「常食，（日常の）食事」
- *access to A*「Aへのアクセス，Aへの面会［入手／利用］方法」
- *shared*「共有の，共用の」
- *migration*「移住」
- *ill*「悪い」

- *result from A*「（結果として）Aから生じる，Aに起因する」
- *more than*「十二分に」
- *compensate for A*「Aを埋め合わせる」
- *positive*「好意的な，肯定的な」
- *clear*「あいまいでない，明白な」
- *tough*「辛い，骨の折れる」
- *condition*「状況，環境」
- *suggest that S V...*「…だと暗示［示唆］する」
- *worse*「より悪い」

第5パラグラフ

- *the difference between A and B*「AとBの違い」
- *period*「期間，時期」
- *amazing*「驚嘆すべき，びっくりするような」
- *modern*「現代の，近ごろの」
- *expectation*「期待，予見」
- *continual*「連続的な，断続的な」
- *stay the same*「同じままだ，変わらないままだ」
- *more or less*「多かれ少なかれ，程度の差はあれ」
- *average life span*「平均寿命」
- *British noble*「英国の貴族」
- *go up*「上がる」
- *life expectancy*「平均余命」
- *white male*「白人男性」
- *the West*「西洋」
- *double*「2倍になる」
- *main*「主な，中心的な」
- *decline in A*「Aの減少，Aの低下」
- *child mortality*「子どもの死亡数［率］」
- *those who V ...*「…する人々」

242

- survive「…より長く生き延びる，…の後も生き残る」
- over that period「その期間にわたって」
- jump「急上昇」

第6パラグラフ

- explanation「説明」
- have to do with A「Aと関係がある」
- all sorts of A「あらゆる種類のA」
- improvement「改善，改良」
- medical care「医療」
- urbanization「都市化」
- education「教育」
- common factor「共通する要因」
- ability「能力」
- amplify「…を拡大［拡張］する，…を増強する」
- in particular「特に，とりわけ」
- stuff「物」
- humans「人間，人類」
- prehistory「先史時代，有史前」
- argue that S V ...「…だと主張する」
- plow「すき」
- domesticated「家畜化された」
- selective breeding「選択的交配」
- as ... as any A「どんなAにも劣らず…」
- defining「決定的な, 定義となるような」
- steam engine「蒸気機関」
- agricultural「農業の」
- feed「…に食べ物を与える」
- clothes「衣服」
- transportation「輸送」

第7パラグラフ

- for one thing「1つには」
- goods「品物，商品」
- drive「…を推進する」
- trade「貿易」
- in turn「今度は，同様に」
- the engine of A「Aの原動力」
- comparative advantage「比較優位」
- import「…を輸入する」
- the rest「残り」
- productivity「生産性」
- As went S', so went S「S'が進むのにつれてSも進んだ」

第15問の【語句】リスト

第1パラグラフ

- *spend A on B*「BにA（お金）を使う」
- *be known as A*「Aとして知られている」
- *the first law of health economics*「医療経済学の第一法則」
- *share*「割り当て，分担」
- *roughly*「およそ，大体」
- *twice as + 原級 + as A*「Aの2倍…」
- *mean that S V ...*「…ということを意味する」
- *once S V ...*「ひとたび…すると」
- *necessarily*「必然的に，必ず」
- *follow*「後に続く，引き続いて起こる」
- *Nor are S ...*「Sもまた…でない」
- *rising*「上昇する，上がる，増加する」
- *income*「所得，収入」
- *the cause of A*「Aの原因」
- *improve*「…を改善する，…を向上させる」
- *wealth*「富」
- *link A and B*「AとBを関連づける」
- *to a certain degree*「ある程度まで」

第2パラグラフ

- *the relationship between A and B*「AとBの関係」
- *historical*「歴史の，歴史に関する」
- *economic growth*「経済成長」
- *economist*「経済学者」
- *explain that S V ...*「…だと説明する」
- *per person*「（国民）一人当たり（の）」
- *life expectancy*「平均余命」
- *on average*「平均して，概して」
- *as S V ...*「…するにつれて」

- *live longer*「より長く生きる」
- *medicine*「薬」
- *government*「政府」
- *afford*「…を持つ［とる］余裕がある」
- *public-health measures*「公衆衛生対策」
- *increase*「増える」
- *evidence that S V ...*「…という証拠」
- *factor*「要因」
- *the way S V ...*「…する方法［仕方］」
- *knowledge*「知識」
- *apply*「…を適用する，…を利用する」
- *matter*「重要である」
- *ensure*「…を保証する，…を確実にする」
- *large amounts of money*「多額のお金」
- *to no purpose*「無駄に」
- *example*「例，実例」

第3パラグラフ

- *achieve*「…を達成する，…を獲得する」
- *relatively*「比較的に，割合に」
- *reach*「…に達する，…に届く」
- *recently*「最近」
- *developing country*「発展途上国」
- *show that S V ...*「…ということを示す」
- *mutually*「相互に，互いに」
- *exclusive*「排他的な，両立しない」
- *programme*「プログラム，事業」
- *close to A*「Aに近い」
- *health care system*「医療（保険）制度」

244

- *cover*「…に適用される，…をカバーする」
- *more than* A「A 以上」
- *infant mortality*「乳幼児死亡率」
- *decrease*「減少する」
- *by half*「半分までに」
- *over the last ten years*「過去10年間にわたって」

第4パラグラフ
- *positive*「建設的な，前向きの」
- *process*「過程，手順」
- *increasingly*「ますます，だんだん」
- *lead to* A「A につながる，A を引き起こす」
- *B, as well as* A「A だけではなく B も」
- *the other way around*「あべこべ，その逆」
- *used to do*「…していたものだった」
- *cost*「費用，経費」
- *speed up* A「A を加速させる，A を高める」
- *senior director*「上級取締役」
- *carry out* A「A を実行する，A を行う」
- *close link between* A, B, and C「A と B と C の間の密接な関係」
- *expansion*「拡大」
- *fall in* A「A の低下［減少］」
- *mortality rate*「死亡率」
- *gain*「増加」
- *due to* A「A の原因で，A のためで」

第5パラグラフ
- *small-scale*「小規模の」
- *support*「…を支持する，…を裏づける」
- *analysis*「分析（結果）」

- *eliminate*「…を除去する，…を排除する」
- *malaria*「マラリア」
- *associate* A *with* B「A を B と関連づける，A を B と結びつける」
- *receive*「…を受ける」
- *schooling*「学校教育（を受けること）」
- *go on to do*「（異なることを）さらに続けて…する」
- *earn*「…を稼ぐ」
- *efficient*「効率的な，能率的な」
- *encourage*「…を促進する，…を助長する」
- *consumer spending*「消費者支出」

第6パラグラフ
- *research*「調査，研究」
- *add to* A「A を増やす，A を増す」
- *argument*「（…に賛成する）主張，論拠」
- *in favour of* A「A に賛成の」
- *in opposition to* A「A に反対の」
- *global health organization*「世界的な保健機関」
- *disease*「病気，疾病」
- *ineffective*「非効率的な」
- *indeed*「確かに，本当に」
- *concentrate on* A「A に集中する，A に専念する」
- *B such as* A「A のような B」
- *set up* A「A の事業を始める，A を設立する」
- *fight*「…と戦う」
- *the outbreak of* A「A（戦争や病気など）の発生［勃発］」
- *make* O *worse*「O をさらに悪くする」

- shift A away from B「AをBから引き離す」
- health worker「医療従事者」
- the number of A「Aの数」
- treat A for B「AのBを治療する，Bの病気に対してAを治療する」
- be busy *doing*「…するのに忙しい」
- deal with A「Aに対処［処置］する」
- probably「たぶん，おそらく」
- die「死ぬ」
- as a result of A「Aの結果として」
- the indirect response to A「Aへの間接的な対応」

第7パラグラフ

- make a commitment to A「Aに取り組むことを約束する」
- the easy part「簡単なところ」
- international「国際的な」
- make the best use of A「Aを最大限利用する」
- limited resources「限られた資源」
- get on with A「Aを進める」
- practical「現実的な，実行可能な」
- reform「改革」

第16問の【語句】リスト

第1パラグラフ

- *admit that* S V ... 「…ということを認める」
- *regard* A *as* B 「AをBだと見なす」
- *noise* 「騒音」
- *problem* 「(解決すべき) 問題」
- *cause* O *to do* 「Oに…させる (原因となる)」
- *see* A *as* B 「AをBだと見なす」
- *peculiar* 「奇妙な, おかしな」
- *old-fashioned* 「時代遅れの, 古めかしい」
- B, *not* A 「AではなくB」
- *part of the modern world* 「現代社会の一員 [部]」
- *the form of* A 「Aの形, Aの形態」
- *pollution* 「公害」
- *disturb* 「…を不安にさせる, …を困惑させる」
- *daily* 「毎日の, 日々の」
- *picture* 「状況, 事態」
- *consistent* 「一貫して, 首尾一貫した」
- *regularly* 「いつも, 通例は」
- *complaint* 「不満, 不平」
- *invariably* 「(例外なく) 決まって, 変わることなく」
- *the number one issue* 「第1位の問題」
- *helpline* 「電話相談」
- *450 million people* 「4億5000万人」
- *total population* 「総人口」
- *expose* A *to* B 「AをBにさらす」
- *noise level* 「騒音レベル」
- *unacceptable* 「受け入れられない」

- *mine* 「鉱山」
- *construction site* 「建設現場」
- *remain* C 「Cのままである」
- *significant* 「重大な, 重要な」
- *particularly* 「特に, とりわけ」

第2パラグラフ

- *moreover* 「さらに, その上」
- *threaten to do* 「…すると脅す」
- *harm* 「…を害する」
- *the planet* 「地球」
- *natural sound system* 「自然界の音環境」
- *in much the same way that* S V ... 「…するのとほとんど同様に」
- *climate change* 「気候変動」
- *bring about* A 「Aを引き起こす」
- *uncontrolled* 「制御不能な」
- *global warming* 「地球温暖化」
- *roughly* 「およそ, 概略で」
- *a third of* A 「Aの3分の1」
- *ecosystem* 「生態系」
- *extinct* 「絶滅して, 消滅して」
- *due to* A 「Aのせいで, Aの理由で」
- *underwater noise* 「水中 [海中] の騒音」
- *double* 「2倍になる」
- *for each of the past five decades* 「過去の50年ごとに」
- *mass movement* 「大衆運動」
- *push for* A 「Aを強く求める, Aを要求する」
- *deal with* A 「Aに対処 [対応] する」
- *anywhere near* A 「Aの近く(のどこか)に」

- the top of A「Aの最上位」
- agenda「議題，会議事項」
- for most「大半にとって」
- forgotten「忘れられた」
- pollutant「汚染物質，汚染源」

第3パラグラフ

- despite the fact that S V ...「…であるにもかかわらず」
- everywhere「いたるところで」
- proven「証明された」
- impact on A「Aへの（強い）影響」
- quality of life「生活の質」
- have O in place「Oを整えている，Oを設置している」
- anything like A「Aらしきもの」
- coherent「筋の通った，首尾一貫した」
- strategy「戦略，方針」
- environmental「環境（上）の」
- rarely「めったに（…）ない」
- (the) lack of interest from A「Aの無関心さ」
- environmentalist「環境保護主義者」
- result from A「（結果として）Aから生じる，Aに起因する」
- fail to do「（意志に反して）…しない」
- priority「優先（権），優先度」
- reflect「…を反映する，…を示す」
- seriously「深刻に」
- B as well as A「AだけでなくBも」
- deprive A of B「AからBを奪う」
- the chance to do「…する機会」
- peace「平穏」
- quiet「静寂，静けさ」
- the natural world「自然界」

第5パラグラフ

- pressure「圧力」
- big business「大企業」
- play a role「役割を果たす」
- industry「産業，製造業」
- aviation「航空産業」
- fight against A「Aと戦う」
- tight「厳格な，厳しい」
- noise regulation「騒音規制」
- globalized market「グローバル化した市場」
- work against A「Aに逆らう働きをする」
- effort to do「…する取り組み[活動]」
- generate「…を発生させる，…を生み出す」
- create「…を作り出す」
- goods「商品，品物」
- employer「雇用主，雇い主」
- invest in A「Aに投資する」
- developing country「発展途上国」
- employ「…を雇う，…を雇用する」
- perhaps「ことによると，もしかすると」
- fundamentally「基本的に，根本的に」
- globalization「グローバリゼーション，国際化」
- depend on A「Aに依存する」
- function「機能する，役割を果たす」
- aircraft「航空機」
- workhorse「馬車馬，主戦力」

第6パラグラフ

- consumer society「消費社会」
- establish「…を確立する」
- ordinary people「一般の人々」
- come to do「…するようになる」

- *embrace*「…を積極的に受け入れる」
- *in a quite unexpected way*「まったく予想しないやり方で」
- *fascinating*「魅力的な, 興味をそそる」
- *sign that S V ...*「…という兆候〔表れ〕」
- *obvious*「明らかな, 明白な」
- *firmly*「しっかりと」
- *root*「…を根づかせる, …を定着させる」
- *a growing number of A*「ますます多くの A」
- *accept*「…を受け入れる」
- *positive*「肯定的な」
- *associate A with B*「A を B と関連づける」
- *value*「…に価値を置く, …を重んじる」
- *silence*「静寂, 静かさ」
- *attitude towards A*「A に対する態度」
- *be being shaped and changed*「形成され変えられている」

第7パラグラフ

- *put pressure on A*「A に圧力をかける」
- *competing*「相反する, 両立しえない」
- *collide*「衝突する」
- *broadly*「広範囲に, 広く」
- *fellow citizen*「同市民」
- *increasingly*「ますます, だんだん」
- *(be) faced with A*「A に直面して（いる）」
- *the importance of A*「A の重要性」
- *thus*「したがって, そういうわけで」
- *leave O to do*「O に…させておく」
- *with the misery of A*「A の苦悩とともに」

第8パラグラフ

- *while S V ...*「…だけれども」
- *A and B alike*「A も B も同様に」
- *community*「地域社会」
- *as a rule*「概して, 一般に」
- *the least opportunity to do*「…する最も少ない機会」
- *low-income*「低所得の」
- *vulnerable*「弱い, 脆弱な」
- *worst*「最も悪く」
- *the poorer parts of the world*「世界の貧困地域」

第17問の【語句】リスト

第1パラグラフ

- find oneself doing「気づくと…している」
- on a cold, rainy autumn day「ある寒い秋雨の日」
- stand in front of A「Aの前に立つ」
- gate「門」
- infamous「いまわしい，悪名高い」
- death camp「死の収容所」
- around a million「約100万（の）」
- murder「…を殺す」
- gas chamber「ガス室」
- raw「じめじめして寒い」
- grey「灰色の」
- weather「天候」
- add to A「Aを増す，Aを増やす」
- dark atmosphere「暗い雰囲気」
- for the next few hours「その後の数時間（の間）」
- wander around A「Aを歩き回る」
- site「遺［史］跡，跡地，現場」
- exhibit「展示物，陳列品」
- detail「…を詳しく説明する，…の詳細を著す」
- horrific「恐ろしい，ぞっとする」
- mass slaughter「大量虐殺」
- just for being different「異なっているというだけの理由の［で］」
- profoundly「ひどく，心から，大いに」
- depressing「憂うつな，意気消沈させる」
- be supposed to be C「Cのはずだ」
- on holiday「休暇中の，休暇を取って」

第2パラグラフ

- tourism「観光旅行，観光業」
- associate A with B「AでBを連想する，AをBと関連づける」
- have fun「楽しむ」
- indeed「本当に，実に」
- for the purpose of A「Aの目的のために」
- pleasure and leisure「楽しみと余暇」
- mass death「大量（の）死」
- human suffering「人間の苦しみ［受難］」
- disaster「災害」
- popular tourist site「観光客向けの名所」
- hundreds of thousands of A「何十万ものA」
- come to be known as A「Aとして知られるようになる」
- attraction「魅力」
- transform A into B「AをBに変形させる」
- offer「…を提供する」
- commercial「商業的な」
- opportunity「機会」
- tourist business「観光ビジネス」
- turn A into B「AをBに変える」
- financial profit「金銭的な利益」
- consider O C「OをCだと考える」
- unethical「非倫理的な」
- make money「金を儲ける」

第3パラグラフ

- B, such as A「AのようなB」

- more than A「A 以上のもの，A にとどまらないもの」
- occur「起こる，生じる」
- significance「意味，意義，重要性」
- in that S V ...「…という点で」
- mark「…に印をつける，…を特徴づける」
- major「大きな，主要な」
- turning point「転換点」
- in human history「人類の歴史において」
- genocide「大量虐殺」
- minority「少数民族」
- battlefield「戦場」
- local「地元の，現地の」
- regional「地域の」
- localized「局所的な，局部的な」
- identity「独自性，本質」
- relate A to B「A を B と関係づける」
- argue that S V ...「…だと主張する，…だと論じる」
- little different from A「A とほとんど違わない」
- other kinds of A「他の種類の A」
- historically「歴史的に」
- base「…の基礎を置く」

第 4 パラグラフ

- location「場所」
- assassination「暗殺」
- murder「殺人」
- tragic「悲惨な，痛ましい」
- attract「…を引きつける」
- for instance「例えば」
- trace「…の跡をたどる，…を追跡する」
- brutal「残酷な，残忍な」

- commit「…を犯す」
- serial「連続的な」
- spot「場所，地点，現場」
- informal memorial「非公式の記念物」
- celebrity「有名人，著名人，セレブ」
- violent end「非業の最期」
- sacred place「聖地」
- grave「墓場，墓所」

第 5 パラグラフ

- appeal to A「A に訴える」
- dark side「暗い側面」
- human nature「人間性」
- crowd around A「A の周りに集まる」
- traffic accident「交通事故」
- stop to do「…するために止まる」
- suggest that S V ...「…ということを示唆 [暗示] する」
- fascinate A with B「A を B で魅了する」
- destruction「破壊」
- in the past「昔の [に]，過去の [に]」
- criminal「罪人」
- execute「…を処刑する」
- in public「人前で，公の場で」
- commentator「評論家」
- nearly always「ほとんどいつも」
- describe「…を描写する，…の特徴を述べる」
- festive「お祭り気分の，祭りの」
- atmosphere「雰囲気」
- crowd「群衆」
- actively「活発に，積極的に」
- emphasize「…を強調する」
- make the maximum impact「最大の衝撃 [インパクト] を与える」

- *display*「…を展示する，…を陳列する」
- *skull*「頭蓋骨」
- *bone*「骨」
- *victim*「犠牲者」
- *There may well be S.*「おそらくS は存在するかもしれない」
- *aspect*「側面，面」
- *human psyche*「人間心理」
- *draw A towards B*「A を B の方に引きつける」
- *individual*「個々の」
- *be likely to do*「…する可能性が高い」
- *complex*「複雑な」
- *motive*「動機」

第6パラグラフ

- *whatever S may be*「S がたとえ何であろうと」
- *motivation*「動機」
- *commercialize*「…を営利［商業］化する，…を営利目的で利用する」
- *consider O to be C*「O を C だと見なす」
- *insensitive*「鈍感な，無神経な」
- *official*「正式の，公認の」
- *be unhappy with A*「A に不満である，A に気分を害している」
- *unofficial*「非公認の」
- *street salespeople*「露天商の人々」
- *hang around A*「A をぶらつく」
- *cheap and poorly made*「安っぽくて粗悪な」
- *publication*「印刷物，出版物」
- *souvenir*「土産物」
- *undeniable*「否定できない」
- *have the potential to do*「…する潜在能力を持っている」

- *profit*「利益，収益」
- *consume*「…を消費する」
- *judging from A*「A から判断して」
- *demand*「需要」
- *visit to A*「A への訪問」
- *it appears that S V …*「…のようだ」
- *the desire of A to do*「A の…したいという欲望［欲求］」
- *experience*「…を経験する」
- *be unlikely to do*「…しそうにない」
- *diminish*「減少する，小さくなる」

第18問の【語句】リスト

第1パラグラフ

- according to A「Aによれば」
- historical account「歴史に関する記述」
- hunter「ハンター，狩りをする人」
- see to it that S V …「…になるように目をつける［取り計らう］」
- be clear of A「Aがない，Aがいない」
- by the second half of A「Aの後半までに」
- individual「個体」
- species「種」
- writer「著述家」
- mourn「…を悲しむ，…を哀悼する」
- vanished「消滅した」
- conservationist-philosopher「環境保護活動家であり哲学者」
- issue「…を出す，…を発する」
- moving「感動的な，心を動かす」
- tribute「賛辞，賞賛の印」
- What if S V …「…ならどうだろうか」
- see O doing「Oが…しているのを見る」
- huge「莫大な，膨大な」

第2パラグラフ

- only a handful of decades「ほんの数十年」
- on the verge of A「Aの間際に，Aの寸前で」
- scientific「科学（上）の，科学的な」
- revolution「革命，大変革」
- effort「努力，取り組み」
- reverse「…を逆行させる，…を逆にする」
- de-extinction「絶滅種再生」

- movement「運動，活動」
- prominent「有名な，著名な」
- futurist「未来学者」
- ally「盟友，味方」
- argue that S V …「…だと主張する」
- no longer「もはや（…）ない」
- accept「…を受け入れる」
- finality「最終的なこと，終局」
- extinction「絶滅」
- apply「…を応用する，…を適応する」
- cloning「クローン化」
- genetic engineering「遺伝子操作」
- return「…を戻す，…を回復させる」
- landscape「風景，景色」
- goal「目標，目的」
- foundation「財団，協会，施設」
- actively「積極的に，活発に」
- support「…を支援する，…を支える」
- recreate「…を再生［再現］する」
- revive「…を再生する」
- restore「…を復元する」
- be close to A「Aに近い」
- clone「…をクローン化する，…からクローンを作る」
- take one's last breath「死ぬ」
- target「…を目標にする」
- including A「Aを含めて」
- woolly「毛に覆われた」
- mammoth「マンモス」

第3パラグラフ

- persuasive「説得力のある」
- argument「主張，論拠」
- the most powerful「最も力強いもの［主張］」

- appeal to A「A に訴える」
- one's sense of justice「自分の正義感」
- opportunity to do「…する機会」
- right「…を正す，…を直す」
- past wrong「過去の過ち」
- atone for A「A（過ち）を償う」
- moral failing「道徳的失敗」
- advocate「支持者，推奨者」
- point to A「A を示す，A を示唆する」
- the sense of wonder「驚異の感覚」
- revival「再生，復活」
- extinct「絶滅した，絶えた」
- encourage「…を促進する，…を促す」
- the public「一般の人々，大衆」
- further「さらに，それ以上に」
- lost「失われた」
- ecological「生態（上）の，生態学の［的な］」
- function「機能，働き」
- diversity「多様性」
- ecosystem「生態系」

第4パラグラフ

- at the same time「同時に」
- proposal「提案」
- raise「…を引き起こす」
- considerable「かなりの，相当な」
- concern「懸念，心配」
- create「…を生み出す，…を引き起こす」
- contemporary「現代の」
- native species「在来種」
- evolve「進化する」
- in the absence of A「A が存在しない状態で」

- vanished ones「絶滅した種」
- as with A「A の場合と同様に」
- risk「危険の恐れ，リスク」
- disease transmission「病気の伝染」
- biological invasion「生物的な侵入」
- express the fear that S V ...「…という不安を表明する」
- given A「A を考慮すると」
- human development「人類の発展」

第5パラグラフ

- particularly「特に」
- distressing「人を苦しめる，人を悩ませる」
- aggressive「積極果敢な，攻めの」
- manipulation「操作」
- wildlife「野生動物」
- end up doing「結局…することになる，ついには…する羽目になる」
- diminish「…を縮小する，…を減らす」
- desire to do「…したい欲求」
- conserve「…を保護する，…を保存する」
- living「生きている」
- harmful「有害な，害を及ぼす」
- interference「干渉」
- troubling「厄介な，悩ませる」
- aspect「一面，面」
- however「しかしながら」
- mean「…を意味する」
- attempt to do「…しようと試みる」
- in many ways「多くの点で」
- refusal to do「…することの拒否」
- technological「技術（上）の」
- limit「限界，限度」

254

第6パラグラフ
- *be aware of A*「A を知っている，A に気づいている」
- *tendency to do*「…する傾向」
- *consider*「…を考慮に入れる」
- *concerning A*「A に関して（の）」
- *crack the atom*「核分裂を起こす」
- *command*「…を支配する，…を制する」
- *tide*「潮」
- *enable O to do*「O が…するのを可能にする」
- *perform*「…を行う」
- *task*「課題」
- *a piece of land*「1 つの土地」
- *spoil*「…を損なう，…をだめにする」
- *challenge*「課題，難問」
- *lightly*「軽やかに，静かに」
- *confront*「…と立ち向かう」
- *cultural*「文化的な」
- *force*「力，強さ」
- *drive*「…を推進する」
- *unsustainable*「持続不可能な」
- *destructive*「破壊的な，有害な」
- *practice*「活動，(規則的な) 常習行為」

第7パラグラフ
- *That is why S V ...*「そういうわけで…」
- *virtue*「利点，長所」
- *meditation*「熟考，熟慮」
- *remind A of B*「A に B のことを思い起こさせる [気づかせる]」
- *fallibility*「誤りやすいこと」
- *finitude*「有限（性）」
- *wickedly*「意地悪く」
- *smart*「賢い，利口な」

- *occasionally*「時折，ときたま」
- *heroic*「英雄的な」
- *exceptional*「並外れた, 特にすぐれた」
- *enchanted*「魅了されて，魅せられて」

第8パラグラフ
- *silly*「愚かな，ばかな」
- *deny*「…を否定する」
- *reality*「現実」
- *cherish*「…を大事にする」
- *protect*「…を守る」
- *capacity*「能力」
- *profound*「深い，深みのある」
- *value*「価値」
- *self-restraint*「自制，克己」
- *sort*「種類」
- *earthly*「地上の，地球の」
- *modesty*「謙虚さ，慎み深さ」